集人文社科之思　刊专业学术之声

集 刊 名：南亚问题研究
主办单位：教育部国别和区域研究中心西北大学中东研究所
　　　　　南亚研究中心

South Asian Research

学术委员会（按姓氏拼音排序）

陈利君　韩志斌　黄民兴　李福泉　李海波
李建欣　李利安　李　涛　马加力　彭树智
邱永辉　宋志辉　王邦维　王铁铮　王雪梅
魏道儒　闫　伟　叶海林　张　杰　周广荣

主　　编　韩志斌

执行主编　李福泉

执行编辑　谢志斌

编辑组（按姓氏拼音排序）

曹峰毓　黄　麟　申玉辉　谢志斌

2024年第1辑（总第1辑）

集刊序列号：PIJ-2022-457

集刊主页：www.jikan.com.cn/ 南亚问题研究

集刊投约稿平台：www.iedol.cn

中国学术期刊网络出版总库（CNKI）收录
集刊全文数据库（www.jikan.com.cn）收录

教育部国别和区域研究中心西北大学中东研究所　主办
南亚研究中心

韩志斌　主编

南亚问题研究

South Asian Research

2024 年第 1 辑（总第 1 辑）

社会科学文献出版社
SOCIAL SCIENCES ACADEMIC PRESS (CHINA)

本刊得到西北大学"双一流"建设项目
陕西省哲学社会科学重点研究基地项目   资助
陕 西 高 校 人 文 社 科 基 地 项 目

《南亚问题研究》发刊词

在深入学习习近平新时代中国特色社会主义思想，贯彻党的二十大精神之际，由西北大学主办的《南亚问题研究》起航了。推动科研创新，加强区域国别理论和对策研究，都离不开高水平的专业性学术期刊，尽管目前国内已经有《南亚研究》《南亚研究季刊》《南亚东南亚研究》等期刊，但这些期刊聚焦于南亚现状和热点问题，而《南亚问题研究》则主要刊发南亚历史的文章，突出文章的学术性、理论性，特别欢迎具有深厚学术积累、不乏思想创建的专题研究成果。

《南亚问题研究》的创刊原因在于南亚地缘政治的重要地位、南亚诸多国家（包括印度、巴基斯坦、孟加拉国、尼泊尔、不丹、斯里兰卡、马尔代夫和阿富汗）的独特战略价值，值得学者深入研究。

第一，南亚东接东南亚，西北部与西亚相邻，是印度洋东、西航运的必经之地，具有重要的地缘战略意义。

第二，南亚是中国睦邻外交的重点、和平发展的西部依托、边陲稳定的联动区。当前南亚地区格局进入大变革、大调整时期，印度崛起、反恐战略、大国博弈使南亚成为影响我国周边战略的重要区域。

第三，2022 年南亚有 19.2 亿人口（数据来源为世界银行），是我国"一带一路"推进的重要区域。虽有安全、政治等问题，但有很大的投资机遇，南亚或有可能创造中国周边战略的新范式，因此南亚地区对于推进"一带一路"具有重要意义。

第四，南亚的经济未来可期。南亚人口的平均年龄不足 27 岁，是亚洲人口最年轻的地区。根据目前的人口趋势发展，到 2030 年，预计该地区将有超过 1.5 亿的人口进入劳动力市场。如果有高质量的就业增长战略加以支持，那么庞大的年轻劳动力将成为南亚发展的重要优势。

　　第五，西北大学具有南亚研究的传统。西北大学的彭树智先生是南亚史研究的大家。1982 年，彭树智教授撰写了两卷本的《印度近代史研究》（未刊稿）、《印度革命活动家提拉克》等。此后彭先生相继撰写了《现代民族主义运动史》《阿富汗三次抗英战争》《阿富汗史》等著作。这些成果也成为西北大学南亚研究的源头。黄民兴教授研究阿富汗问题，出版了《阿富汗问题的历史嬗变》。李利安教授专注于南亚宗教的研究，出版了《印度古代观音信仰研究》《世亲大师传》《真谛大师传》《观音信仰的渊源与传播》等著作。近年来，西北大学成立了南亚研究中心、巴基斯坦研究中心、尼泊尔研究中心等研究机构，着力推动南亚研究。同时，西北大学考古队也开始对巴基斯坦、尼泊尔等国进行考古活动。

　　经过一年的紧张筹备，《南亚问题研究》如约来到了大家面前。如今这本 20 多万字的创刊号呈现给学术界，我们期待学界同仁认真呵护这帆小舟，希望它乘风破浪，驶向远方！

　　　　　　　　　　　　　　　《南亚问题研究》主编　韩志斌

目 录 Contents

区域国别研究的历史、特点、理论与方法再探讨

黄民兴[*]

摘　要　1945 年以前欧美地区的外国研究经历了从研究"文明世界"的古典学、历史学、社会科学到研究"非西方的高等文明"的东方学和研究"所谓原始民族的殖民地世界"的人类学的演变。19 世纪社会科学体系形成的标志为学科化、制度化、独立化和国际化。1945 年以后形成了新的学科格局，尤其是复杂性科学与文化研究两个学科的兴起，对传统的社会科学格局构成严峻挑战。区域国别研究即对世界其他地区和国家社会、经济、政治、军事、宗教、文化、语言文字、国际关系和历史等各方面的研究，其特点包括研究对象特殊，采用基础与应用、微观与宏观、定性与定量研究相结合的研究理论和方法，重视田野调查，对语言有特殊要求，应用性强烈。区域国别研究的价值和意义包括使人们能够认识和掌握各个具体社会的具体情形，获得客观的本土知识；为理论概括和抽象提供材料；使既有的理论得到验证，使理论的进一步发展成为可能；推动其他学科的发展。西方的区域国别研究在国际上拥有明显的优势，但也存在弱点。中国的区域国别研究有着悠久的历史，而现代的有关研究开始于 20 世纪 50 年代，近年来发展迅速，但仍存在一些问题。

关键词　区域国别研究　历史特点　理论方法　学科格局

自 20 世纪末冷战结束以来，经济全球化的浪潮兴起，中国与世界经济的联系日益密切，区域国别研究的重要性也不断凸显，尤其是在 2010 年教育部

---

*　黄民兴，西北大学中东研究所教授、博士生导师。

推动高校建立国别和区域研究中心以后。近年来，国内有关区域国别研究的文章已经发表了不少，笔者不揣浅陋，特就有关问题谈一下自己的看法。

一 独立学科的标准与 19 世纪西方学科发展的趋势

在正式介绍区域国别研究的形成与特点之前，有必要概括一下西方人文学科和社会科学的发展历史及其特点，这对我们深入了解区域国别研究学科具有重要意义。笔者主要是根据美国著名学者伊曼纽尔·沃勒斯坦（又译作华勒斯坦）为古本根基金会建议成立的"古本根重建社会科学委员会"撰写的研究报告的内容总结的。该委员会包括了五大洲的自然科学、社会科学和人文学科的 10 位知名学者，成立于 1993 年，沃勒斯坦担任委员会主席。报告于 1996 年出版。[①]

（一）近代西方社会科学和人文学科对普遍性和特殊性的追求

西方最早发展起来的是以哲学为代表的人文学科，而哲学与实际上指自然科学的科学之间形成了明显的分歧。西方学者受启蒙运动的影响，把自然科学界定为对"超越时空、永远正确的普遍自然法则的追寻"，认为其具有"确实性的知识"，而与之对应的名称混乱的人文学科（有"文科""人文科学""文学""美文学""哲学""文化"等不同名称）则是"想象性的、虚假的知识"。[②] 近代国家需要更加精确的知识以制定政策，从而出现了新的学科和大学的复兴，推动大学复兴和改造的主要是历史学、古典学和民族文学（以西欧国家的文学为研究对象，基本上相当于中国学科目录里的外国文学），人们把大学作为媒介争取国家对学术活动的支持。同时，法国大革命引发的文化巨变促使学者们致力于在一个牢固的基础之上组织社会秩序，其方法即发展精确的、具有"实证性"的社会科学，后者发展成为与人文学科不同的另一个领域。

---

① Immanuel Maurice Wallerstein, et al., *Open the Social Sciences: Report of the Gulbenkian Commission on the Restructuring of the Social Sciences*, Stanford, California: Stanford University Press (Mestizo Spaces), 1996.

② 〔美〕华勒斯坦等：《开放社会科学：重建社会科学报告书》，刘锋译，生活·读书·新知三联书店，1997，第 4~7 页。

19 世纪在欧美发展起来的历史学是以民族进而以民族国家为中心的①，它们主要发源于英、法、德、美、意，也主要研究这五国的历史。② 以描述性为特点的历史学一般被认为是人文学科，但一些历史学家对历史真实和发展规律的追求却使其类似于社会科学。同时，19 世纪西方发展起来的社会科学（社会学、政治学、经济学）也是以民族国家为中心的，致力于研究发达国家的现代性，而这些国家的现代性是"建立在一种社会领域延伸于同时又局限于民族国家的地域范式的基础上"的现代性。③ 从上述情况看，可以认为二战前西方的历史学和社会科学，包括民族文学在内，也在某种意义上具有"区域国别研究"的性质。

概括起来，从地域研究的视角看，1945 年以前欧美地区的外国研究经历了从研究"文明世界"的古典学、历史学、社会科学到研究"非西方的高等文明"的东方学（属于人文学科）和研究"所谓原始民族的殖民地世界"的人类学（属于社会科学，也研究发达国家的少数族群）的演变。④ 显然，西方文科的学科划分是按照西方与东方文明的区分进行的，表现出鲜明的欧洲中心主义以及受 19 世纪西方的进步论、进化论等思潮的影响，而且新的学科体系与大学的复兴及国家的支持密不可分。

（二）近代社会科学体系的形成及其标志

19 世纪社会科学体系正式形成于西方，其标志为学科化、制度化、独立化和国际化。⑤

学科化是指这些科学分支在学术界已经达成广泛的共识，采取统一的名称，具备明确的界定。沃勒斯坦认为，19 世纪形成的，以社会学、政治学、经济学和历史学为代表的社会科学各学科之间一般存在着三条分界线，即现代/文明世界与非现代世界（人类学与东方学）的分界，过去（历史学）与

---

① 早期的欧洲民族国家均为单一民族国家。
② 〔美〕华勒斯坦等：《开放社会科学：重建社会科学报告书》，刘锋译，生活·读书·新知三联书店，1997，第 17、21 页。
③ 〔德〕乌尔里希·贝克：《全球化时代民主怎样才是可行的？》，载〔德〕乌·贝克、哈贝马斯等《全球化与政治》，王学东等译，中央编译出版社，2000，第 54 页。
④ 参见〔美〕伊曼纽尔·沃勒斯坦《所知世界的终结——二十一世纪的社会科学》，冯炳昆译，社会科学文献出版社，2002，第 227 页。
⑤ 李安山：《华侨华人学的学科定位与研究对象》，《华侨华人历史研究》2004 年第 1 期，第 1~2 页。

现在（注重研究普遍规律的社会科学）的分界，在社会科学内部存在着对市场的研究（经济学）、对国家的研究（政治学）与对市民社会的研究（社会学）的分界。①

制度化指这些学科逐渐成为大学的主要科目，学生修完相关课程后被授予学位，成立全国性甚至国际性学会，各个学科有了具有时代性的代表人物。

独立化指这些学科已经摆脱了神权的束缚，从对王权的依附下解放出来，同时与思辨哲学分道扬镳，从而具有了相对独立的学术地位。

国际化是指交通的便利使学者间的交流、科学期刊的发行与学术会议的召开变得十分便利，尽管这种国际化主要局限在欧美。

学科的形成有利有弊。其弊端是不同的学院和学科画地为牢，学者们无意借鉴其他学科的成果和研究方法，从而不利于学术的深入发展。

（三）1945 年以后新的学科格局的形成及特点

1945 年以后世界政治格局的变化、世界人口的急剧增长、大学在世界各地的大发展及社会科学家人数的增长打破了上述格局②，导致了新的学科格局的形成。③

（1）历史学、社会科学的研究范围扩大到第三世界，欧洲中心主义的色彩削弱，尤其是 20 世纪 70 年代东亚崛起以后。上述学科的研究范围也开始从国家发展到地区甚至全球。

（2）历史学家开始从重视个别性的研究转向注重普遍规律的研究，尤其是在 20 世纪 60 年代以后，史学家更加注重对社会经济史和长时段的研究，借鉴社会科学的研究工具，加强社会文化批判。

（3）经济学、社会学和政治学开始向史学领域扩张。一批学者用社会科学的方法研究历史资料，形成"社会科学型史学"；另一批学者主要是描述和解释大规模的社会变迁，形成了"历史社会学"的不同类型，认为西方的

---

① 〔美〕华勒斯坦等：《开放社会科学：重建社会科学报告书》，刘锋译，生活·读书·新知三联书店，1997，第 31～32 页。

② 〔美〕华勒斯坦等：《开放社会科学：重建社会科学报告书》，刘锋译，生活·读书·新知三联书店，1997，第 37 页。

③ 〔美〕华勒斯坦等：《开放社会科学：重建社会科学报告书》，刘锋译，生活·读书·新知三联书店，1997，第 44～50、66～68 页。

概念无法分析完全不同的文化。

（4）历史学与社会科学也开展了讨论与合作，如经济学领域的"新经济史"、政治学领域的"新制度主义"、人类学领域的"历史人类学"和地理学领域的"历史地理学"。

（5）经济学、社会学和政治学日益重合，形成了具有跨学科色彩的新学科，如传播学和行为科学；各门社会科学也日益采用定量分析法甚至建立数学模型，从而削弱了各自方法论的独特性。

（6）自然科学和人文社会科学领域都出现了强调横向发展的跨学科方法论和新兴学科。在自然科学领域，20 世纪 80 年代中期美国形成了复杂性科学（Complexity Science），它是一门新兴的横向学科，被认为代表了第三代系统观，实现了自然科学与社会科学的真正整合①；复杂性科学对牛顿决定论的轻视、对非线性的重视、强调测量者对测量活动的影响、强调定性分析法优于定量分析法以及强调时间的重要性，似乎使自然科学更接近人文学科而非社会科学。② 在人文社会科学领域，则形成了强调跨学科的区域研究（详见下文）和文化研究。文化研究结合了社会学、文学理论、媒体研究与文化人类学来研究工业社会中的文化现象，它时常关注具体现象是如何与意识形态、种族、社会阶级或性别等议题产生关联的。文化研究的发展促使学者对进步论产生怀疑。

上述情况的出现，尤其是复杂性科学与文化研究两个学科的兴起，对传统的社会科学各学科之间存在的三条分界线构成严峻挑战。沃勒斯坦指出，文化研究对社会科学的所有学科产生了影响③，其观点从根本上破除了社会科学与人文学科的组织分界，挑战一切现存的理论范式。

二　区域国别研究的兴起

（一）定义与起源

区域国别研究（Area Studies）简单地说就是对世界其他地区和国家社

---

① 参见黄民兴《复杂性科学与中东研究》，《西亚非洲》2006 年第 3 期。
② 〔美〕华勒斯坦等：《开放社会科学：重建社会科学报告书》，刘锋译，生活·读书·新知三联书店，1997，第 65 页。
③ 〔美〕华勒斯坦等：《开放社会科学：重建社会科学报告书》，刘锋译，生活·读书·新知三联书店，1997，第 72 页。

会、经济、政治、军事、宗教、文化、语言文字、国际关系和历史等各方面的研究，如东亚研究、南亚研究、非洲研究、中东研究、拉美研究、美国研究、俄罗斯研究、日本研究等。

区域国别研究无论在东方还是西方都有悠久的历史。历史学家司马迁的《史记》是中国在该领域的一部代表性著作，它开创了中国的纪传体史书的先例，其体例为后世的史书所模仿，并对中国周边国家的历史学产生了影响，如波斯拉希德丁的《史集》。除二十四史外，中国出现的涉及外国历史、地理及东西方交通的著作、类书有《大唐西域记》《太平御览》《册府元龟》《海国图志》《瀛环志略》《岛夷志略》等。在国外，欧洲和西亚北非地区等也有相关研究的悠久历史。此外，许多东西方的旅行家撰写的游记也为此作出了重大贡献，如中国杜环的《经行记》、阿拉伯马苏第的《黄金草原》和意大利马可·波罗的《马可·波罗游记》。

在西方，以古希腊罗马文明尤其是典籍为主要研究对象、兼及古地中海世界的古典学（Classics）发源于希腊化时代，是该地区最早形成的接近区域国别研究的学科，其领域涉及文学、历史、哲学、艺术等。①

（二）现代区域国别研究的起源及背景

现代区域国别研究开始于近代的欧洲，作为一门正式学科形成于二战后的美国，其背景主要包括以下五个方面。

（1）欧洲近代开辟的新航路为世界贸易的大发展和东西方文化交流、殖民征服提供了便利条件。欧洲人从此大批进入了美洲、中国、东南亚、非洲等地区。例如，拿破仑入侵埃及使欧洲人对当地的社会、经济、文化、生态产生了浓厚的兴趣，以致在法兰西第一帝国时代出现了"帝国风格"，它把路易十六时代的新古典主义晚期风格，第一帝国的象征和代表埃及王室的蜜蜂、鹰，以及埃及象形文字图案相融合。②

（2）近代欧洲思想变迁、传教和殖民扩张的需要及影响。

首先，16~17 世纪，欧洲的思想界开始发生变化。随着启蒙运动的兴起，

① 于颖：《古典学在中国的是是非非》，《文汇报》2015 年 2 月 6 日，第 T07 版。
② Jean Marcel Humbert, et al., *Egyptomania: Egypt in Western Art, 1730–1930*, Exhibition catalogue, Paris: Réunion des Musées Nationaux, 1994.

天主教会和君主的传统权威遭受打击,启蒙思想家开始从域外寻找新的思想资源。当时的西方人把古代中国理想化了,认为它是一个开明君主制的国家,实行单一农业税制、科举制度和德治主义,重视水利①,甚至在秦汉以后就可以说是一个现代国家。此外,中国传统的民贵君轻思想对欧洲启蒙思想家战胜天主教和君主权威也有重要的启发价值。

其次,传教活动的开展。进入其他地区的传教士为母国提供了所在国的重要信息。例如,在华的西方传教士在母国出版和发表了大量有关中国地理、语言、历史、民族、文化、宗教、民俗的书籍和文章,并把中国的各种器物运回母国,在欧洲吹起了"中国风"(Chinoiserie)。

最后,殖民扩张的需要。目的是搜集殖民地情报。如伦敦大学亚非学院(School of Oriental and African Studies,SOAS),它是世界上类似学院中规模最大的,建立于1916年。该校最初的任务是搜集殖民地的情报。在亚非地区进行殖民的过程中,西方学者在殖民当局的推动下开展了人类学研究。

(3)欧洲东方学研究的兴起、古典学和圣经学(Biblical Studies)的正式形成与历史学发展的新趋势。

首先,近代欧洲的人文学科和社会科学经历了一个正规化的发展过程,出现了一些新兴学科。其中东方学起源于圣经研究及古代中世纪史、科学与哲学研究②、在东方的考古发掘及对东方古代语言的释读和对东方古代经典的翻译。1779年,英文中出现"东方学"(Orientalism)一词,而欧洲其他语言中也相继出现了对应的词语。随着时间的流逝,在欧洲形成了一系列有关亚非地区研究的东方学学科,如埃及学、赫梯学、亚述学、伊朗学、汉学、蒙古学、藏学等。沃勒斯坦认为,东方学的研究对象国具有一些共同特征,如拥有自己的文字、分布广泛的宗教系统和庞大的官僚帝国这种政治组织形态,而西方学者认为这些国家的历史表现出明显的停滞。③

其次,18世纪后期形成了作为一门现代学科的古典学。德国学者弗雷德里希·奥古斯特·沃尔夫于1795年出版著作《荷马导论》,该书被视为现代

① 武斌:《近代欧洲的"中国形象"及其乌托邦价值》,《社会科学辑刊》2004年第2期,第121页。
② Nancy E. Gallagher, *Approaches to the History of the Middle East: Interview with Leading Middle East Historians*, Ithaca Press, 1994.
③ 〔美〕华勒斯坦等:《开放社会科学:重建社会科学报告书》,刘锋译,生活·读书·新知三联书店,1997,第24、26页。

古典学开山之作。他把希腊拉丁文法、文献阐释学、校雠学、历史学、艺术史、宗教学、古钱币学、铭文学以及希腊拉丁文献学研究史等均纳入古典学研究范畴。[①] 圣经研究在18~19世纪有比较长时期的酝酿。现代意义上的圣经批评学亦称"圣经评断学"或"圣经考证学"，是利用历史学、文献学、古代语言学等学科的知识，以及典籍考证和考古发掘等研究方法来对《圣经》卷册和文句进行考证、鉴别的学科，始于19世纪上半叶德国杜宾根学派的圣经研究。[②]

最后，近代欧洲国家历史学以民族国家为中心出现了大发展。德国著名史学家兰克（1795~1886）的研究以民族国家为中心，几乎完成了所有主要欧洲国家的形成史。他主张研究那些充满活力、能够相互影响并组成一个活生生的统一体的民族的历史。显然，这指的只能是欧洲国家的历史。

（4）20世纪初及一战后欧洲马克思主义和现代社会科学的影响。20世纪初欧洲的社会政治运动、马克思主义关于阶级斗争的理论及现代社会科学的发展，促使西方学者开始关注对东方国家的社会经济史和历史发展规律的研究。

（5）冷战的推动和第三世界的独立。二战后，世界区域国别研究的中心转向西方的领头羊、超级大国美国，因为与苏东集团的竞争及争取第三世界独立国家走西方道路的需要迫使研究基础薄弱的美国加速该领域的研究，而强大的教育资源和财力，来自世界其他地区和国家的大批归化学者、访问学者和研究生为美国提供了雄厚的研究基础。中国的区域国别研究也是在新中国成立后的20世纪50年代，尤其是60年代开始的，加强与世界各国，尤其是亚非拉国家的交往成为推动中国区域国别研究的强大动力。

三 区域国别研究的定义、研究范围和特点

（一）"区域"与"国别"的概念

（1）"区域"（地区）概念。西方政治学者罗伊·马克瑞迪斯（Roy

---

① 有关古典学的起源，参见〔英〕约翰·埃德温·桑兹《西方古典学术史》，张治译，上海人民出版社，2010。
② 参见梁工《圣经叙事艺术研究》，商务印书馆，2006。

Macridis）等人认为，地区概念在大学研究中被滥用，缺乏可操作性，并往往与下述概念混淆。一是地理的，仅仅根据一些国家地理位置接近来界定地区，如西欧或远东；二是历史的，根据共同的历史任务和共同的历史经验来界定地区；三是经济的，根据可比较的经济状况和需求来界定；四是文化的，根据共同的文化传统以及在两个或多个文化碰撞中产生的共同经历来界定。他们建议根据"政治特征"或"综合特征"来界定地区：它应当包括五个操作性标准，即价值与文化的互动、地理上的相近性、经济关系、权力关系与权力团体之间的政治互动、战略考虑。①

一般而言，学术界是依据地理、历史、文化、经济和政治几个因素来划分区域的。例如，亚洲一般划分为东亚、东南亚、南亚、西亚、中亚。但是，学术界对上述地区具体包括哪些国家存在不同看法，而且这种划分受到国际政治的影响。例如，苏联解体之前中亚属于其版图，所以并未划分出来作为一个区域。另外，阿富汗一般被划入西亚地区，而该国于2005年加入了南亚区域合作联盟，此后它也被作为南亚国家对待了。同样，墨西哥可以视为北美国家，尤其是它与美国和加拿大组成了北美自由贸易区；但墨西哥作为一个发展中国家，又与中美洲和南美洲国家同属拉丁美洲的范围，拥有共同的历史和语言。此外，区域可以进一步划分为次区域，如西亚可以划分为阿拉伯半岛、新月地带和北层。

"中东"、"近东"和"远东"是三个欧洲中心主义影响下的地理概念，分别指西亚北非、地中海东岸地区和东亚，而除"中东"外另外两个词语现在已经不太使用了。②

（2）"国别"概念。"国别"一般指现代的主权国家、民族国家。学者们往往认为，受到《联合国宪章》和国际法保护的主权国家是稳定的国际社会成员。其实不然，因为一个国家内部的族群、教派冲突，国际形势的变动和外来势力的干预可能导致国家内部的剧烈动荡和解体，二战后的塞浦路斯和

---

① Roy Macridis, Richard Cox, "Research in Comparative Politics," *American Political Science Review*, No. 3, 1953, pp. 641-657. 转引自陈家喜《地区研究与比较政治学的理论革新》，《教学与研究》2007年第1期，第85页。

② 有关"中东"和"大中东"的概念，参见 Carimo Mohomed, "Rethinking the 'Middle East' as an Object of Study in Political Science," pp. 6-7, 13-24, http://rc41. ipsa. org/public/Madrid_ 2012/ mohomed. pdf。

冷战后的苏联、南斯拉夫、塞尔维亚、捷克斯洛伐克都是这方面的例子，尽管其中个别国家的分裂并没有得到大多数国家的承认。

在国别研究领域，中国与西方国家有一个重大区别，即后者主要以苏东国家和亚非拉国家为研究对象，而中国把大量的研究精力集中在西方国家和苏联，因为对中国而言，作为发达国家的西方国家和苏联具有十分重要的意义，而且有关的研究队伍相对庞大，所需掌握的语言主要为通用语言。

（3）超越"区域"和"国别"。在国际政治经济和世界史研究中，很多问题超越了一般的国别和区域，涉及跨地区、跨海洋甚至全球性的领域。

除了一般学术界和公众认知的区域外，在历史上、公众意识中和现实国际政治中还存在因为其他原因而组成的独特的"区域"，后者对当代国际政治依然发挥着影响力。

第一，历史上形成的区域。在公元 7 世纪伊斯兰教兴起后，穆斯林大军征服了西亚北非、中亚及南亚部分地区，建立了辽阔的阿拉伯帝国。此后，伊斯兰教进一步扩大到东南亚、西非等地区。根据穆斯林的观点，伊斯兰国家统治下的区域属于"乌玛"（穆斯林政权），但倭马亚王朝解体后统一的"乌玛"开始分裂，尤其是到阿拔斯王朝的中后期。由此，"乌玛"已经成为一个穆斯林心目中的观念而非国际政治的现实了。然而，它对各国穆斯林依然具有影响力，近代泛伊斯兰主义的兴起即为明证。此外，二战后建立的阿拉伯国家联盟与历史上的阿拉伯帝国也存在着某种联系。

第二，近代西方国家的殖民征服形成的殖民帝国及后续的国际组织。近代欧洲的殖民大国如英法建立了遍及世界的殖民地，由此形成了庞大的殖民帝国，这些殖民地在政治、经济、文化和语言方面都受到了宗主国的深刻影响。随着上述殖民地的独立，英法两国又先后成立了英联邦和法兰西共同体两个组织，以继续对前殖民地施加影响。同时，前殖民地也对前宗主国产生了深刻而广泛的影响。值得注意的是，由于历史的原因，以上两个组织的成员国并非在地理上连成一片的，而是一种通过国际组织形成的跨地区的联合。与英法的殖民地不同，西班牙的多数殖民地分布相当集中，主要在今天的拉丁美洲（除菲律宾、美洲的巴西及个别的英法荷殖民地外），但独立后它们完全与宗主国脱离关系，形成了前面提到的普通"区域"。

第三，移民社团。作为"跨越了以前的民族国家和地区边界"的"各种跨国散居者和网络",① 各种移民社团的社会和文化形态日益成为区域国别研究的重要课题。②

第四，跨国宗教、国际经济等。伊斯兰教、基督教、佛教、印度教、犹太教等宗教的信徒均大量分布于其发源地以外，因而有关研究也是跨国的。同样，国际贸易、投资、劳务也呈现明显的区域性和全球性。

此外，二战后世界上出现的一些国际组织也具有跨地区的性质，如不结盟运动、七十七国集团、亚太经合组织、G7峰会、G20峰会等。最后，全球化的开展推动了相关国际组织、机制的形成以及相关学术研究的出现。

（二）区域国别研究的定义和特点

美国著名的区域研究学者大卫·萨顿（David L. Szanton）在其主编的一部区域国别研究论文集的序言中，对区域国别研究给出了一个定义，即区域研究包括了一系列学术领域和行为的集合，其共同点有五个。一是精深的语言学习；二是运用方言进行深入的田野调查；三是密切关注本地的历史、观点、材料和解释；四是通过细致地观察来验证、阐释、批评或提出基础理论；五是时常跨越社会科学与人文学科的边界展开多学科对话。③ 萨顿的定义实际上更多地涉及区域国别研究的方法和特点。

随着近年来国内区域国别研究热潮的兴起，许多中国学者就该学科的性质和特点发表了自己的看法，其中一个流行观点是区域国别研究是大国发展的需要。这是一个比较贴近实际的观点。正如一些西方学者所说，世界上只有美国具备几乎涵盖世界各国的高水平的区域国别研究，而欧洲国家的有关研究往往只涉及它们的前殖民地。不过，冷战期间的苏联可能是仅次于美国的区域国别研究大国。同时，一些中等国家也有符合其自身需要的有关研究。

笔者认为，作为一门研究世界其他区域和国别的学科，区域国别研究具

---

① David L. Szanton, "Introduction: The Origin, Nature, and Challenges of Area Studies in the United States," in David L. Szanton, ed., *The Politics of Knowledge: Area Studies and the Disciplines*, GAIA Books, UC Berkeley, 2002, https://escholarship.org/uc/item/59n2d2n1.
② 李安山：《华侨华人学的学科定位与研究对象》，《华侨华人历史研究》2004年第1期。
③ David L. Szanton, "Introduction: The Origin, Nature, and Challenges of Area Studies in the United States," in David L. Szanton, ed., *The Politics of Knowledge: Area Studies and the Disciplines*, GAIA Books, UC Berkeley, 2002, https://escholarship.org/uc/item/59n2d2n1.

有如下特点。

（1）特殊的研究对象。包括世界各地区、国家的社会、经济、政治、军事、宗教、文化、语言文学、国际关系等各个方面。

（2）基础与应用、微观与宏观、定性与定量研究相结合。北京大学的王缉思教授认为，历史学、人类学、语言学、社会学、政治学、经济学、法学、地理学、环境学等构成这一领域的学科基础。他提出，区域国别研究的学科基础可分为四个维度：空间维度，即包括地理、环境、领土、网络等按照地域和空间划分的维度；历史维度，即基于世界各个民族、国家和地区历史经验的维度；文化维度，包含语言文字、宗教、文化等人文学科领域；社会维度，包含政治、经济等社会科学领域。这些维度同各个相关学科一样，是相互交融、难以截然划分的。其中，空间维度需要自然科学学者的参与，历史学者、人文学者、社会学者则分别集中于后三个维度。另外，社会维度具有明显的应用性。①

（3）独特的研究理论和方法。区域国别研究的理论和方法比较多，主要体现在以下方面。

第一，跨学科方法。从区域国别研究的起源看，历史上欧洲认识外部世界的重要途径之一，是以博物学的方法搜集域外人文与自然知识。这包括两种形式，即个人的旅行探险和集体活动，参与集体活动的如 1793 年访华的英国马戛尔尼使团成员和 1798 年拿破仑远征埃及的随军成员，其中包括众多跨学科的专家。例如，拿破仑的随军成员包括考古学家、东方学家、天文学家、几何学家、化学家、物理学家、矿物学家、文学家、工程师和画家等，他们负责调查埃及的地理、动植物、当地人的生活习俗和古代建筑物等。

研究对象和方法。研究对象的多元性决定了研究方法的多学科性。如前所述，现代社会科学的发展趋势是不同学科相互影响，这也意味着区域国别研究必然走多学科研究之路。

学术会议。主题涉及各种问题。

第二，比较研究。在研究不同地区和国家（包括发达国家与不发达国家在内）的社会、政治、经济的独特形态时，比较是一种重要的研究方法。德

---

① 《王缉思：浅谈区域与国别研究的学科基础》，澎湃新闻，https://www.thepaper.cn/newsDetail_forward_9826941。

国学者马赛厄斯·巴塞道和帕特里克·克尔纳认为，跨国家或其他经验性实体的比较可以说是"比较区域研究"（Comparative Area Studies）。他提到三种类型的比较区域研究。首先是区域内比较，即对特定区域内不同地理实体的某个方面或现象进行比较，如拉丁美洲的劳工运动及其与政治制度的联系或苏联解体后中亚的选举制度。区域内比较可能是比较区域研究中最著名、传播最广的类型。其次是区域间比较，其研究重点通常是影响世界不同地区的转型过程，例如民主化、工业化或民族主义的兴起，目标是确定区域模式并相互比较。最后是跨区域比较，涉及不同区域分析单位的比较，如对韩国、巴西、印度和尼日利亚的国家在经济发展中的作用的比较。此类比较难度很高，不容易做到精确，但有关研究极具价值，它们可以检验学科和区域研究中关于发展的理论和概念的普遍性。①

第三，现代化理论和发展理论。现代化理论本身具有跨学科性，包括经济学、政治学、社会学、心理学和历史学等学科。同时，作为发源于西方的理论，它具有鲜明的意识形态色彩。中国学者罗荣渠先生从宏观史学角度，提出现代化的实质是向现代化工业社会的全球性转变过程。② 因此，我们在研究中依然可以使用相关理论。

第四，民族国家构建理论。"民族国家构建"包括"国家构建"和"民族构建"两大进程，它们分别反映了近代以来世界范围内，尤其是第三世界现代民族国家和基于民族国家的"民族"的形成发展过程。在第三世界，多数现代国家是在近代特别是二战后才形成的，因而"国家构建"与"民族构建"是同步展开的。③

第五，不同的区域各有其侧重的研究领域和方法。巴塞道和克尔纳指出："不同区域研究的主要方法和机构框架往往不同……近距离观察，它们（各个区域）在政治、制度和思想史以及与学科的关系上都明显不同。"④ 例如，

① Matthias Basedau & Patrick Köllner, "Area Studies, Comparative Area Studies, and the Study of Politics: Context, Substance, and Methodological Challenges," *Zeitschrift für Vergleichende Politikwissenschaft*, No. 1, 2007, pp. 110-112.

② 罗荣渠：《现代化新论——世界与中国的现代化进程》，商务印书馆，2004。

③ 杨雪冬：《民族国家与国家构建：一个理论综述》，《复旦政治学评论》2005 年刊，第 90 页。

④ Matthias Basedau & Patrick Köllner, "Area Studies, Comparative Area Studies, and the Study of Politics: Context, Substance, and Methodological Challenges," *Zeitschrift für Vergleichende Politikwissenschaft*, No. 1, 2007, p. 110.

在中东研究方面，油气的地租问题、宗教与政治的关系、民族（族群）问题和冷战及其研究方法都是重要的研究领域和方法。当然，对此不宜过度解读，毕竟第三世界国家在许多方面具有共性。

除以上理论和方法，学者运用的常见理论还有后殖民理论、民主化理论、全球化理论、文明交往理论①等。

（4）对田野调查的重视。与早期强调古代历史研究、注重文献资料的东方学不同，区域国别研究强调对现实问题的研究和对实证资料的使用，因而高度重视田野调查的开展。例如，1951～1972 年，美国福特基金会发起的海外地区奖学金项目资助了全世界 2050 位人文社会科学领域的博士研究生②，这些资助包括在第三世界国家进行田野调查、搜集资料的费用。

（5）对语言的特殊要求。对获得第一手资料的强调要求从事区域国别研究的人员掌握至少一门当地语言（除国际通用语言外）。美国从事中东研究的大多数大学院系要求申报博士专业的学生掌握阿拉伯语。1958 年，美国政府通过《国防教育法》（NDEA）③，其中第六章的内容是"发展语言"，其目标是扶持大学的境外小语种及地区研究，而富布赖特—海斯国际研究项目也旨在资助境外的语言学习。④ 1963 年底至 1964 年初，中国总理周恩来访问亚非十四国。教育部于 1964 年发文，决定在高校成立一批国际问题研究所，同年建立北京第二外国语学院，开展亚非拉语言教学。

（6）强烈的应用性。区域国别研究一般都是围绕国家政治、经济、外交等方面的需要展开的，具有重要的现实意义。

美国的现代区域研究还有一个特点，就是其庞大的规模和丰富的资金导致了来自西欧、苏东国家和亚非拉地区的大批移民和学生进入其研究人员和研究生队伍。由此，该学科通过人才培养和研究方法、理论及研究活动的影响对研究人员和研究生灌输了美国的价值观和东方学的研究立场。萨顿指出："（区域研究的）美国观点倾向于定义关键问题和方法，美国大学培训了大量

---

① 参见彭树智《文明交往论》，陕西人民出版社，2002。
② 陈家喜：《地区研究与比较政治学的理论革新》，《教学与研究》2007 年第 1 期，第 85 页。
③ 法案摘要见戚立夫、巩树森译《美国国防教育法案》，《外国教育研究》1982 年第 1 期，第 67 页。
④ "The History of Title VI and Fulbright-Hays: An Impressive International Timeline," U. S. Department of Education, 2011-01-21, https://www2.ed.gov/about/offices/list/ope/iegps/history.html.

来自世界各地的学者，使他们认同美国学科的特定假设和观点。"①

但是，区域国别研究领域研究对象和研究人员的多元化在事实上会形成不同文化、观念的碰撞和交融，从而对所在国的人文社会科学研究产生多方面的影响。从事日本研究的美国学者艾伦·坦斯曼（Alan Tansman）指出，区域研究是翻译的一种形式，"一项寻求通过多学科视角了解、分析和解释外国文化的事业"②。萨顿对此评论道："但它也创造了反射性的机会，以促进甚至通过比较挑战局外人对他或她自己社会和文化的理解。"③

四　区域国别研究与社会科学的关系

（一）西方社会科学的特点

《开放社会科学：重建社会科学报告书》一书指出，与历史学相比，西方的社会科学具有五个特点。一是其目标是探讨影响"人类行为的一般法则"。二是力图把握各种必须当作个案来加以研究的现象。三是主张把人类社会划分成不同的"部类"作为研究对象。四是采用"严格的科学方法"开展研究。五是重视系统获得的证据（如调查数据）和"受控的观察"，而轻视一般文献。④

事实上，西方社会科学的一个重要特点是其从西方的单一经验归纳通用理论。由此，19世纪在欧洲和北美建立的社会科学是欧洲中心主义的。

（二）社会科学的普遍化知识与本土知识矛盾的解决路径

对社会科学中的欧洲中心论的挑战开始于20世纪60年代后半期，包括认识论和政治两个方面。政治挑战与大学内部的人员补充方式有关，学术共

---

① David L. Szanton, "Introduction: The Origin, Nature, and Challenges of Area Studies in the United States," in David L. Szanton, ed., *The Politics of Knowledge: Area Studies and the Disciplines*, GAIA Books, UC Berkeley, 2002, https://escholarship.org/uc/item/59n2d2n1.

② Alan Tansman, "Japanese Studies: The Intangible Act of Translation," in David L. Szanton, ed., *The Politics of Knowledge: Area Studies and the Disciplines*, GAIA Books, UC Berkeley, 2002, https://escholarship.org/uc/item/59n2d2n1.

③ David L. Szanton, "Introduction: The Origin, Nature, and Challenges of Area Studies in the United States," in David L. Szanton, ed., *The Politics of Knowledge: Area Studies and the Disciplines*, GAIA Books, UC Berkeley, 2002, https://escholarship.org/uc/item/59n2d2n1.

④ 〔美〕华勒斯坦等：《开放社会科学：重建社会科学报告书》，刘锋译，生活·读书·新知三联书店，1997，第32~33页。

同体人员来源范围的扩大导致了研究对象范围的扩大。更重要的挑战在于出现了一些新的声音，认为社会科学的理论里暗含种种预设，其中很多都体现了没有理论和经验依据的先验偏见和推理方法，对其进行揭露是今日社会科学的当务之急。非洲学者恩格尔贝特·姆文宣称，"社会科学和人文科学本身必须要实现非殖民化"，提出要改变造就了现存社会科学的特定制度化形态的各种权力关系。①

一种解决的途径就是开展对西方以外的地区即亚非拉国家的社会、经济、政治和文化的学术研究，在非西方知识的基础上提炼新的人文社会科学理论。

（三）区域国别研究学科形成的意义

古本根重建社会科学委员会提出："1945 年以后的最引人注目的学术创新便是出现了一个称为区域研究的领域，它是一个新的制度性范畴。"② 《开放社会科学：重建社会科学报告书》一书进一步提出，区域研究的研究人员来自社会科学和人文学科，甚至有少数来自自然科学，大家在一起培养学生，召开会议，发表论文。上述科研和教学实践揭示出区域国别研究的重要意义。③

首先，西方社会科学知识鲜明的制度性区分具有相当大的人为性。过去仅仅研究西方世界的历史学和社会科学，现在开始研究西方以外的地区，证明这些学科的方法和模型适用于发展中国家。而人类学家开始放弃作为其学科基础的人种学。东方学家甚至放弃了"东方学"的名称，而视情况进入了历史系、哲学系、古典学系、宗教系以及新建的区域研究系（其研究内容包括了现代文化成果）。

其次，历史系和社会学、政治学、经济学三个社会科学的大学院系发生了变化。许多教授开始对西方以外的地区展开研究，这导致了学者争论的问题、学生所修的课程、合法研究的主题从地理范围上大幅度扩大，学者的来源也有了地理上的扩大。学者的争论主要围绕着现代化理论展开，而经典的

---

① 参见〔美〕华勒斯坦等《开放社会科学：重建社会科学报告书》，刘锋译，生活·读书·新知三联书店，1997，第 59~60 页。
② 参见〔美〕华勒斯坦等《开放社会科学：重建社会科学报告书》，刘锋译，生活·读书·新知三联书店，1997，第 40 页。
③ 〔美〕华勒斯坦等：《开放社会科学：重建社会科学报告书》，刘锋译，生活·读书·新知三联书店，1997，第 41~44 页。

现代化理论认为，东方的传统社会在一定条件下将会按照西方的现代社会模式发展，经历不同的"发展"阶段。现代化/发展的研究模式也适用于西方。

具体而言，区域国别研究具有以下价值和意义。

第一，使人们能够认识和掌握各个社会的具体情形，也即独特性，获得客观的本土知识。这有助于打破西方中心论。

第二，为理论概括和抽象提供材料。

第三，使既有的理论得到验证，使理论的进一步发展成为可能。

第四，推动其他学科的发展。在美国，20 世纪 70 年代以来有关性别、美国黑人、民族、亚裔美国人、文化、农民问题等的研究，以及其他大批跨学科中心和项目的建立为相关研究奠定了制度上的基础。

（四）引发的社会科学的理论变化

区域国别研究把对特殊性文化的研究与对学科的一般性理解结合起来，推动了一些学科的发展，尤其是比较政治学。一些出色的区域研究提出的概念和理论推动了理论革新，如现代化理论（基于非洲研究），依附论、官僚威权理论、合作主义理论（基于拉美研究），政治文化理论、新兴工业国家理论（基于东亚研究），极权主义理论、民主转型理论（基于东欧和苏联研究），等等。[1]

而且，西方的一些区域研究学者用更具关联性的理论取代了西方中心论的常识和既有理论，具有代表性的成就包括鲁道夫的"传统的现代性"、格尔兹的"剧场国家"、安德森的"想象的共同体"、特纳的"阈限空间"和斯科特的"弱者的武器"等。[2] 因此，区域研究被认为代表了学科内主要的学术创新成就。

（五）社会科学界与区域国别研究学界的辩论

在西方，尽管社会科学与区域研究开始互相影响，但双方的矛盾依旧存在。从事区域研究的学者认为，社会科学家沉溺于概念和理论框架的构建，

---

[1] 陈家喜：《地区研究与比较政治学的理论革新》，《教学与研究》2007 年第 1 期，第 87 页。

[2] David L. Szanton, "Introduction: The Origin, Nature, and Challenges of Area Studies in the United States," in David L. Szanton, ed., *The Politics of Knowledge: Area Studies and the Disciplines*, GAIA Books, UC Berkeley, 2002, https://escholarship.org/uc/item/59n2d2n1.

而无法解释复杂的行为模式或事件。根本原因在于人们忽视了社会科学不同于自然科学的特性，因为人类社会事物的独特性和多样性几乎是无限的。

社会科学家则指出区域研究学者对运用普遍化的社会科学理论兴味索然，而且区域研究的概念和研究方法粗糙落后。有西方学者认为，社会科学学科的学生瞧不起区域研究的同行，后者被称为提供"大量描述"（低级政治）的"本土情报员"，其作用是便于"上级"成员进行关于世界（高级政治）的宏大理论概括。[①] 在美国，由于缺乏传统的学科框架，区域研究系一直受到其他系教师和管理人员的蔑视和攻击。

（六）引发的社会科学的组织变化

这表现在两个方面。

第一，西方研究型大学拥有专门的区域国别研究院系和地区（或国别）研究中心，区域研究由此在大学中确立了制度化的体系。

第二，区域研究专业学会的建立。美国的五大区域研究专业学会如下：斯拉夫研究促进学会（1948）、亚洲研究学会（1957）、非洲研究学会（1957）、拉丁美洲研究学会（1966）和中东研究学会（1966）。上述学会拥有各自的刊物、年会和专职人员。

五　西方的区域研究及其发展近况

（一）西方区域研究的优势和弱点

如前所述，西方国家的区域研究在国际上拥有明显的优势，主要体现在其长期的历史积累、大量资金支持、对亚非拉语言的掌握、拥有来自亚非拉国家的大批归化研究人员和研究生、在研究对象国的细致的实地调查以及本国人文学科和社会科学理论的支撑。

但是，西方国家的区域研究也存在明显的弱点，主要表现在以下三个方面。

第一，最重要的研究范式是现代化理论。经典的现代化理论在 20 世纪五

---

① A. Aganthangelou & L. H. M. Ling, "The House of IR: From Family Power Politics to the Poisies of Worldism," *International Studies Review*, Vol. 6, No. 4, 2004, p. 30; Cited from Pinar Bilgin, "What Future for Middle Eastern Studies?" *Futures*, Vol. 38, No. 5, p. 582.

六十年代主导了美国的区域研究。

第二，过分服务于政府，即功利化。由此削弱了研究的科学性和客观性。在美国，大学的区域研究相对客观，如中东研究领域萨义德对东方学的批判在大学教师中影响很大，而智库的观点则与政府十分接近。另外，西方国家对区域研究的资助也随着国际形势的变化而呈现重大波动（详见下文）。

第三，海外移民学者主导区域研究。据说在美国，来自中东国家的学者占到50%。[①] 这导致了来自不同国家、不同族群，意识形态不同的学者相互间的矛盾，如阿拉伯、犹太裔学者的对立，而阿以冲突也成为一个敏感议题。

（二）发展近况[②]

随着20世纪90年代初冷战的结束和苏联解体，俄罗斯和东欧的国际影响力下降，西方的区域研究一度走向衰落，各国政府投入的经费减少。区域研究学者也随之通过比较和归纳的方法开始探讨一些新的具有普遍意义的研究课题，如苏东国家的"民主化转型"、欧洲和北美的区域一体化、移民、文化变迁及全球化问题等。

"9·11"事件之后，区域研究重受重视，特别是伊斯兰教研究。2002年，在美国高校中，选修伊斯兰教类和中东语言课程的学生人数比上年猛增100%。[③] 从"9·11"事件发生到2009年，美国新建了8个伊斯兰教研究中心，设立了至少6个伊斯兰教讲座教授。[④] 在英国，2002~2003学年到2005~2006学年，在中东研究专业学习的学生人数增长了19%。[⑤]

六　中国区域国别研究的历史遗产与学科定位

（一）古代的区域国别研究遗产

如前所述，中国早期的区域国别研究有着悠久的历史，积累了丰富的资

---

① 杨夏鸣：《美国的中东问题研究：理论、论战与影响》，《美国研究》2004年第3期，第90页。
② 参见黄民兴《冷战后国外中东研究的进展》，《西亚非洲》2011年第6期。
③ Joel Beinin, "Middle East Studies After September 11, 2001," *Middle East Studies Association Bulletin*, Vol. 37, No. 1, 2003, p.9.
④ 黄民兴：《冷战后国外中东研究的进展》，《西亚非洲》2011年第6期，第74页。
⑤ J. Canning, *Five Years on: The Language Landscape in 2007*, monograph（Project Report），Southampton：Subject Centre for Languages, Linguistics and Area Studies, 2008, p.12.

料，形成了独特的风格和世界观。以《史记》和《大唐西域记》为代表的中国古代典籍不但具有经世致用的实际功能，而且开了中国区域国别研究的先河。

以《史记》为例，该书可以说是一部"国别史"（中心是中国的历史），也是一部"地区史"，书中有部分篇幅对当时中国周边的少数民族和国家进行了介绍，如《匈奴列传》《朝鲜列传》《西南夷列传》《大宛列传》等，涉及中亚、东亚、中国西南地区等。司马迁注重对国家和民族历史发展规律的探讨。"究天人之际"提出历史的主体是人而不是神，并且历史研究的对象是具体的人，人的精神价值是历史中内在的进步力量，这显示出司马迁具有深邃的人文主义历史观。"通古今之变"揭示了司马迁的因果观。首先，他认为要认识历史发展的因果关系就必须追本溯源，即"原始察终"，《史记》由此涵盖了从黄帝到汉武帝时代的通史，从而以历史为主兼及现状研究。[①]其次，司马迁把古今看成一个生死相继的发展系列，在矛盾运动中加以考察，其考察囊括了社会的各个方面，包括政治、经济、军事、天文、地理、文化等，从而显示出多学科研究的萌芽。[②]"成一家之言"的一个表现是他提出了历史发展的具体规律，如人类求富之常情与人类礼义之常理是维持社会平衡的两根支柱和保证历史运行的两个车轮，人心向背是政权兴亡的恒常因素。[③]司马迁对历史的洞察使他超越了同时代的希腊罗马史家。

与《史记》不同，《大唐西域记》是唐代高僧玄奘赴印度取经归来纂写的地理志。该书记载了玄奘途经的中国西北地区、中亚、南亚等地区的史地、佛教史和中西交通等方面的丰富内容。这部著作与现代区域国别研究有诸多相通之处。第一，全方位概括了途经的 100 多个国家的社会面貌，按季羡林先生的说法，是根据"一个比较固定的全面的章法"记述了这些国家的"幅员大小、都城大小、地理形势、农业、商业、风俗、文艺、语言、文字、货币、国王、宗教，等等"。[④]第二，玄奘精通与佛教相关的语言梵语，随行人

---

① 例如，司马迁在《匈奴列传》的末尾，以"太史公曰"的形式对汉朝的匈奴政策进行了评点。
② 王成军：《司马迁史学思想新探》，《人文杂志》1996 年第 2 期，第 107~109 页。
③ 刘家和：《论司马迁史学思想中的变与常》，《北京师范大学学报》（人文社科版）2000 年第 2 期，第 30、32 页。
④ 季羡林：《玄奘与〈大唐西域记〉——校注〈大唐西域记〉前言》，载（唐）玄奘、辩机著，季羡林等校注《大唐西域记校注》，中华书局，1985，第 127~128 页。

员包括了通晓当地语言的翻译。第三，对南亚的宗教神奇异事和遗址进行了细致的田野调查。他不盲信传闻，查阅有关资料，进行实地考察，书中记载的他向当地故老调查来的口头资料有十处之多。[①] 正是因为玄奘高度的求真精神和严谨态度，《大唐西域记》成为国内外学者研究中国西北地区、中亚、南亚等地区的史地、佛教史和中西交通的重要资料。

古人的丰富典籍，为我们今天的区域国别研究留下了足资借鉴的大量资料和可贵的学术遗产。

（二）发展与学科定位

现代中国的区域国别研究开始于 20 世纪 50 年代，如 1956 年成立厦门大学南洋研究所，但真正开始规模化发展是在 60 年代中期，包括在大学和中联部等部门设立研究所和成立北京第二外国语学院。1964 年教育部发文，决定在中国人民大学等 18 所高校成立一批国际问题研究所。[②] 改革开放以来，中国的区域国别研究逐渐恢复，形成了以国家部委（中联部、外交部等）、中国社科院国际片各研究所和部分省市社科院研究所、独立的研究所（中国现代国际关系研究院、上海国际问题研究院等）和高校教师个人为主的两大队伍[③]，而教师个人主要分布在历史系、政治系、外国语学院、国际关系学院、世界经济学院等有关院系。在高校里，从事区域国别研究的研究所和教师主要分布在世界史和外国语（尤其是小语种）两大学科。尽管区域国别研究已经成为一个重要的研究领域，但长期没有正式进入国家的学科目录。不过，世界史学科在研究内容上最接近区域国别研究，从改革开放之初恢复学位制度直到 1997 年教育部学科目录调整[④]以前，世界史学科涉及的二级学科包括"世界地区史·国别史"，它应当是中国最早的区域国别研究学科。西北大学于 1986 年获批"世界地区史·国别史（南亚·中东）"博士和硕士学科点，

---

① 夏祖恩：《〈大唐西域记〉史观评说》，《福建师大福清分校学报》2007 年第 1 期，第 12 页。

② 教育部：《关于高等学校建立研究外国问题机构有关事项的通知》，（64）高二刘文字第 1243 号。档案翻拍件见黄民兴主编《艰苦创业五十载 而今迈步从头越——西北大学中东研究所成立五十周年纪念文集》，西北大学出版社，2014，第 23 页。

③ 杨雷：《改革开放 40 年我国俄罗斯中亚研究的学科发展》，《俄罗斯学刊》2019 年第 1 期。

④ 该年的学科目录调整，把包括"世界地区史·国别史"在内的世界史各二级学科统一为"世界史"二级学科。2011 年，国内各高校根据新的学科目录进行学位授权点对应调整，世界史升级为一级学科，有关高校实际上获得了重新设立"世界地区史·国别史"二级学科的可能性。

成为中国最早的南亚、中东博士学位授予单位。

随着全球化和国家对外经济文化活动的不断发展，全面推进中国区域国别研究的发展提上了议事日程。2010 年底，教育部开始在一些高校成立区域国别研究培育基地，由教育部国际交流与合作司管理，第一批共批准 37 个，主要是地区和西方大国。2013 年开始第二批申报，2017 年公布入选名单，其规模大幅度扩大，包括了许多国别。然而，区域国别研究的学科定位问题依然没有解决。在 2017 年版学科目录里，外国语言文学一级学科中新增了"国别与区域研究"二级学科，初步解决了这个问题。2020 年，教育部发文，决定设置"交叉学科"门类，下设两个一级学科；2022 年 9 月，国务院学位委员会、教育部颁布了新版《研究生教育学科专业目录（2022 年）》，其中的"交叉学科"门类涉及 7 个一级学科，包括新增的"区域国别学"一级学科，该学科可授经济学、法学、文学和历史学学位。上述文件的出台，表明区域国别学正式列入中国的学科目录，而有关的学科调整及整合拉开了序幕（尤其是受到人工智能翻译严重冲击的外国语学科通用语言教学）。

在区域国别研究不断发展的同时，近年来外国语学科内部小语种的人才培养也在迅速发展。以中东语言为例，改革开放前阿拉伯语的本科教学仅限于北京、上海和洛阳为数不多的几所知名高校，近年来急剧扩大到西北的陕、甘、宁、青四省区，甚至天津、广东、黑龙江、辽宁、河北、浙江、湖南、江西、广西、海南等省区市的高校和职业学校。除了语种规模庞大的北京大学和北京外国语大学外，一批设有阿拉伯语专业的高校也先后开设了波斯语、土耳其语、希伯来语专业，为中东研究提供了通晓当地语言的后备力量。

（三）存在的问题与发展前景

中国的区域国别研究不存在西方学术界的那种区域研究与社会科学相互对立的紧张关系，以及美国的海外移民学者主导区域研究、区域研究受国际形势影响大起大落的情况，但也表现出日益国际化（与国外学者和研究机构开展联合研究、留学生培养规模扩大）的特点，同时冷战的结束也在一定程度上造成了俄罗斯研究的衰落。总体上看，中国区域研究存在的主要问题如下。

首先，区域国别研究与社会科学学科基本脱节。区域国别研究学者的学科意识相对淡薄，对相关学科的理论问题所知不多。他们缺乏通过区域研究提出理论问题或发展现有理论的意识和能力。区域国别研究学者很少在学科性刊物上发表论文，能够把区域国别研究与社会科学学术理论结合起来的学者较为罕见。

其次，中国区域国别研究的不平衡性十分突出。对美、日、欧等发达国家和地区的研究相对发达，对亚非拉地区和国别的研究十分落后，特别是在非洲研究和拉美研究领域。

再次，受各种主客观条件的限制，学者缺乏在研究对象国的实地调查和研究。

最后，许多研究人员未能掌握对象国语言，缺乏第一手材料。

不过，近年来上述情况在逐渐改变。随着小语种毕业生和海外归国留学生的增加，以及获取网络资源的便捷化，越来越多的研究人员开始使用对象国语言以及第一手资料进行研究。同时，有关的人才培养不断发展，专业的课程教材日渐面世。[①] 可以预期，未来中国的区域国别研究必然大有可为。

[责任编辑：申玉辉]

---

① 参见郭树勇等编著《新编区域国别研究导论》，高等教育出版社，2019。

《梨俱吠陀》中的动物形象及其文化联系[*]

钟德志[**]

摘　要　《梨俱吠陀》是古代印度最重要且最受重视的宗教经典之一，学术界公认其反映了当时印度社会的真实面貌，是研究婆罗门教不可或缺的重要史料。印度先民对动物形象的观察最早可从印度河文明中窥见端倪，其遗址中出土了大量具有动物形象的印章。自雅利安人进入印度起，人们逐渐对日常生活中所看到的动物形象进行具体描写甚至加以抽象化。《梨俱吠陀》中存在着许多与动物形象有关的材料，其背后包含着鲜明的基本特色。本文试图对《梨俱吠陀》中的动物形象及其基本特色进行梳理，并结合印度河文明的考古材料及相关研究成果，分析时人对动物形象相关看法的嬗变与延续，进而揭示当时《梨俱吠陀》中的动物形象与吠陀时代印度文化间的历史联系。

关键词　《梨俱吠陀》　印度　动物形象　文化联系

在古代世界，动物是人类不可缺少的生活资料及值得信赖的伙伴。尤其伴随着畜牧业在人类文明中的出现，人类与动物间的关系从野生状态逐渐转变为相互依存的状态。宗教是人类文明意识形态的重要体现，祭司阶层很早就意识到了人类对待动物在态度上的转变。在此问题上，《梨俱吠陀》的内容无疑具有很强的代表性。若将《梨俱吠陀》中的动物形象及其基本特色置于特定的时空背景中，便能看到这些内容其实能直观地反映出吠陀时代印度文化的基本底色，乃至后世印度文化的思想源泉。

---

[*]　本文受广东省社科基金项目"丝绸之路西段北线史"（项目编号：GD17CLS01）及国家社会科学基金重点项目"南俄草原的历史交往研究"（项目编号：19ASS008）资助。

[**]　钟德志，华南师范大学历史文化学院博士研究生。

国外学界对《梨俱吠陀》中的动物形象的研究，主要附属于对《梨俱吠陀》以及相关宗教经典所进行的宗教哲学研究，如赫尔曼·奥登伯格（Hermann Oldenberg）、莫里斯·布罗姆菲尔德（Maurice Bloomfield）、贝里代尔·基思（Berriedale Keith）和高楠顺次郎、木村泰贤等印度研究专家在谈到《梨俱吠陀》等婆罗门教的经典时，均在不同程度上谈到了关于动物形象的内容与《吠陀本集》中的相关宗教仪式及哲学概念间的关系。[①] 学者对动物形象的研究还作为古代印度宗教与动物文化研究的组成部分或佐证内容，如美国学者丽莎·克默雷尔（Lisa Kemmerer）就援引了大量《吠陀经》中有关动物的诗文，并以此阐释印度宗教传统中的动物文化。[②] 另外，一些研究佛教的国外学者在分析佛经中的动物文化时，也会涉及对《梨俱吠陀》《奥义书》等婆罗门教经典中动物形象的分析。如保罗·瓦尔道（Paul Waldau）就谈及婆罗门教经典如《吠陀本集》和"梵书"等对动物的分类对佛教动物观念的影响。[③] 华裔学者陈怀宇则在研究佛教经典中的政治文化时援引了部分婆罗门教经典如《吠陀本集》和《梵书》等的相关内容，其中就提到了部分动物神祇及古印度的动物观念。[④]

此外，美国学者马文·哈里斯（Marvin Harris）从饮食文化史的角度来论述印度独特的动物文化，其中列举了大量《吠陀经》的诗文用以论证婆罗门教对牛的相关规定。[⑤] 类似的研究如印度学者哲哈（D. N. Jha）在分析近现代印度各邦对牛的禁杀和禁食的相关规定时，引用了部分吠陀经典和"往世书"中与牛相关的内容。[⑥] 有学者在研究吠陀神祇里的自然崇拜因素时，也提及公牛和牛作为某些神祇的称号，但其研究主要是从文献学和梵文语言学

① Hermann Oldenberg, *The Religion of the Veda*, Translated by Shridhar B. Shrotr, Deihi: Motilal Banarsidass, 1988, pp. 39~43. Maurice Bloomfield, *The Religion of the Veda—The Ancient Religion of India (from Rig-Veda to Upanishads)*, New York and London: Cbe Knickerbocker Press, 1908, pp. 60-98. Berriedale Keith, *The Religion and Philosophy of the Veda and Upanishads*, London: Humphery Milford and Oxford University Press, 1925, pp. 188-195. 〔日〕高楠顺次郎、木村泰贤：《印度哲学宗教史》（新译本），释依观译，台湾商务印书馆，2017，第66~69页。

② Lisa Kemmerer, *Animal and World Religions*, New York: Oxford University Press, 2011, pp. 56-75.

③ Paul Waldau, *The Specter of Speciesism: Buddhism and Christian Views of Animals*, Oxford: Oxford University Press, 2001.

④ 陈怀宇：《动物与中古政治宗教秩序》，上海古籍出版社，2012。

⑤ 〔美〕马文·哈里斯：《好吃：食物与文化之谜》，叶舒宪、户晓辉译，山东画报出版社，2001。

⑥ D. N. Jha, *The Myth of the Holy Cow*, New Delhi: Navayana Publishing, 2009. 类似的研究还有 Deryck O. Lodrick, "Symbol and Sustenance: Cattle in South Asia Culture," *Dialectical Anthropology*, Vol. 29, No. 1, 2005。本文主要从饮食人类学的角度来分析旱牛在南亚文化中是象征还是食物。

的角度切入。①

　　与国外相关研究领域相比，国内学界的大部分学者的关注点有所不同。国内学者在这方面的研究成果以单篇的研究论文居多，主要聚焦于某一经典的动物文化，或动物文化与某种宗教现象间的联系。大部分成果集中在研究佛教时所涉及的《吠陀经》中对动物的态度及观点。如曹文斌将西方动物解放论与中国佛教护生观等内容做了系统比较。② 直接研究印度经典中的动物形象的成果较少，如王晴锋较为系统地整理了印度圣牛观的四种解析视角，在"宗教-神话"部分分析了婆罗门教经典对牛的态度及规定。③

　　总体而言，虽然国内外学术界对此领域已给予一定程度的关注，但其研究成果难免偏向宏观性或侧重于某一层面，其深度仍有待进一步挖掘。笔者拟在综合前人研究的基础上④，对《梨俱吠陀》中动物形象的基本特色及其与吠陀时代前后印度社会文化之间的联系，进行一次较为系统的梳理和分析，以期有助于认识的深化。

一　印度河文明的动物形象与印度先民间的联系

　　印度历史学家高善必（Dharmananda Kosambi）在考察摩亨佐-达罗（Mo-henjo-daro）遗址后指出："城市的设计是独特的，原来建立在 200×400 码的长方形区域上，主要的街道都很宽，还有许多很好的小巷。在这么早的年代，如此精心设计，这么复杂、卓越的城市结构，在任何别的地方还没有发现过。"⑤ 在雅利安人进入南亚次大陆前，南亚次大陆就已经出现了较成熟的文明形态。因其活动区域主要在印度河流域，所以学者一般称之为"印度河文

---

① Catalin Anghelina, "On the Nature of the Vedic Gods," Ph. D. diss., University of Pennsylvania, 2013, pp. 146-158.
② 曹文斌：《西方动物解放论与中国佛教护生观比较研究》，人民出版社，2010。
③ 王晴锋：《印度圣牛观解析——基于宗教、历史、理性选择与文化唯物主义》，《北方民族大学学报》（哲学社会科学版）2017 年第 2 期。相似的论文还有吴晓黎的《解析印度禁屠牛令争议——有关宗教情感、经济理性与文化政治》，《世界民族》2016 年第 5 期。但吴晓黎主要是对近代印度的"禁止屠牛"法案的相关争议进行研究。
④ 笔者也曾以《摩奴法论》为对象撰写过研究论文，但主要聚焦在其动物法令背后所蕴含的印度文化观念，且仅是对《摩奴法论》的内容做了一般性的分析，并未紧密地结合早期印度社会文化来进行分析。参见拙作《〈摩奴法论〉的动物法令所蕴含的文化观念初探》，《东南亚南亚研究》2016 年第 1 期。
⑤ 〔印度〕D. D. 高善必：《印度古代文化与文明史纲》，王树英等译，商务印书馆，1998，第 62 页。

明"。基于现有的考古遗址及其文化遗存，一般认为印度河文明的存续时间大约为公元前 2500 年至公元前 1750 年。[1]

不过，最新的考古发现显示，在印度西北边陲的山地里，一些小型的原始村落就已经出现了文明的雏形。这些原始村落比印度河文明出现的时间更早。它们被考古学家称为"早期哈拉巴文明"。考古学家在这些早期村落的遗址中发现了用红土制作的公牛塑像和绘有公牛图案的彩色陶器，也在同一遗址中出土了大量牛羊遗骨及少量骨制石器。[2] 考古学家在分析这些牛羊遗骨后发现牛和羊等家畜被广泛地用于农业活动。这在一定程度上反映了这些原始村落的居民已经开始驯养牛、羊等家畜。美国历史学家斯坦利·沃尔波特（Stanley Wolpert）据此认为这些考古发现反映了后世印度教的"圣牛崇拜"的源头："赤土制作的、背部隆起的公牛也在兹霍布河谷被发掘出来。公牛后来与印度教的湿婆神（Shiva）紧密相关，被作为大神的神圣化身神牛（Nandi）而被崇拜。"[3] 虽然沃氏的推论不免武断，但上述考古发现无疑反映了以牛、羊为代表的家畜在"早期哈拉巴文明"居民的日常生活中具有举足轻重的地位。

继之而起的印度河文明，有着比"早期哈拉巴文明"更为优越的自然环境。印度河流域一年一度的泛滥给沿岸地带留下了适宜耕作的肥沃淤泥和充足的水量，而且印度河文明所在的地形大多为平原和河谷平地，其周边的森林植被则多为热带落叶林。印度河流域沿岸的大部分地区属于热带和亚热带干旱气候，年均降水较为均匀。刘欣如在对印度河文明所处的地理环境进行分析后指出，印度河流域的环境十分适合原始农牧业的开展："这个地区的植物密度不大，可用石制、铜制的工具来开垦。"[4]

优越的自然环境使印度河文明的居民们无须使用先进的农具与灌溉工具来进行耕作便能获得食物，同时有余力饲养一些动物作为劳动力或生活伙伴。相关的考古成果表明，在印度河文明时期，当地居民业已驯养了多种动物：

---

[1] 关于印度河文明的存续时间学界仍存在一定争论，但其文明的下限一般都采信对哈拉巴文化遗址的城墙所进行的"碳-14"测试所确定的下限。参见〔美〕斯坦利·沃尔波特《印度史》，李建欣、张锦冬译，东方出版中心，2015，第 10 页。

[2] Burjor Avari, *India, the Ancient Past: A History of the Indian Sub-continent from 7000 BC to AD 1200*, New Yorks: Routledge, 2007, p.38.

[3] 〔美〕斯坦利·沃尔波特：《印度史》，李建欣、张锦冬译，东方出版中心，2015，第 6 页。

[4] 刘欣如：《印度古代社会史》，商务印书馆，2017，第 2 页。

"当地居民的食物除谷类、蔬菜和水果外，还有鱼、家禽、羊肉、牛肉和猪肉。相应的动物显然得到了驯养。也有驯养猫、狗，可能还有驯养象的证据。有没有骆驼和马的资料，还不能完全确定下来。"① 这反映了不同种类的动物在当地居民的日常生活中都起到了重要的作用。

如前所述，印度河文明的城市遗址都有着颇为成熟且相对完整的古代文明形态，所以印度河文明的文物在一定程度上能反映出当地居民具有文化观念，包括宗教、文化和艺术等层面。但因为考古学家并未发现与印度河文明的文字有联系且可互为印证的其他材料，以及在印度河文明的考古发掘中也缺乏某些可供解读的线索，所以直到现在印度河文明所发现的文字仍未被准确地释读。历史学家们不得不从印度河文明遗址出土的文物以及其他地区的文献记载中整理和获取与之相关的历史信息。

在所有出土文物中，大量刻有不同动物图案的印章极具研究价值。有学者辨认后归纳："印章上除了少量文字外，还有十种不同动物的形象，包括带有神话色彩的'独角兽'、瘤牛、大象、犀牛、水牛、短角无峰牛、山羊、羚羊、鳄鱼和老虎。"② 由此可见，这些印章上的动物形象既有牛、羊等家畜，又有鳄鱼、大象和老虎等野生动物，甚至还出现"独角兽"这一具有抽象性的形象。这些动物形象基本也都是南亚次大陆的常见动物。

具体到这些动物形象的含义，学界仍存有不少的争论。有的学者认为这可能是原始氏族部落的图腾象征，而且带有一定的权威性。③ 考古学家克诺耶也认同印章上的动物形象是印度河文明中某一部族或官员的图腾符号，他进一步推断："每种动物还可能象征某一特性，例如威权、诡诈、灵敏和力量。"④ 但也有些学者并不赞同这种说法，如沃尔波特认为刻有动物图像的印章可能

---

① 〔澳〕A. L. 巴沙姆主编《印度文化史》，闵光沛、陶笑虹、庄万友等译，商务印书馆，1997，第21页。

② Burjor Avari, *India, the Ancient Past: A History of the Indian Sub-continent from 7000 BC to AD 1200*, New Yorks: Routledge, 2007, p. 48.

③ 刘欣如和朱明忠都赞成这些动物图像是原始部落图腾象征的观点。参见刘欣如《印度古代社会史》，商务印书馆，2017，第12页；朱明忠《印度教》，福建教育出版社，2013，第17页。奥登伯格也持有类似的看法，他认为吠陀教乃至整个印度文明中所出现的动物形象都是基于"印欧文明中的图腾主义背景"，参见 Hermann Oldenberg, *The Religion of the Veda*, Translated by Shridhar B. Shrotri, Deihi: Motilal Banarsidass, 1988, pp. 42-43。

④ Jonathan Mark Kenoyer, *Ancient Cities of the Indus Valley Civilization*, New Yorks: Oxford University Press, 1998, p. 83.

仅是被用作宣传的商标，这是印度河文明的商人为其商品制作的"商标"。①
也有学者认为这些动物形象是某一城市的象征物或者某一职业群体的代称：
"特定的动物可能代表了一个特定的城市，如独角兽代表摩亨佐-达罗。因为
摩亨佐-达罗出土的印章上独角兽的形象最为普遍。也有学者认为，某种动物
形象可能代表少数几个核心的职业群体之一，例如农民、陶匠、金属工人、
祭司，这些群体在每个定居点都存在。"② 但高善必在对印章上的图案及其使
用痕迹进行分析后认为，大部分印章上并未留下捆、结或扣的痕迹，这表明
并没有在任何一宗货物上打过印。因而他认为这些印章主要是用于宗教仪
式。③ 综合来看，高氏的推论无疑更具说服力。笔者认为，带有动物图像的印
章用于宗教仪式也可能包含着图腾象征因素。因为经过辨认后发现，这些印
章上的文字大部分排列得不一样，即便上面的动物形象是相同的。所以，这
些印章被用作商标的可能性较小。

因此，在摩亨佐-达罗遗址的北部发现了一枚印章就引起了更多历史学家
的兴趣。主持遗址考古挖掘的英国考古学家对这枚印章的描述是："这一位神
祇具有三张脸，以典型瑜伽姿势坐于印度底座……一对兽角与高高的发髻联
结。两侧有四兽：右侧为象、虎，左侧为犀、牛。座下有双鹿，回首而立，
其角指向中心。印章顶部有七字，最末一字因右上角缺乏空间而置于象、虎
之间。"④ 沃尔波特对这枚印章的描述也较为详细："它刻画了一位呈瑜伽坐
姿的人物形象，他的阴茎勃起，为一头老虎、大象、犀牛、水牛和鹿所围绕；
头戴有角的头巾，似乎有不止一个脸孔（或者可能是一头老虎的面具），一
张虎皮遮盖在他的躯干上，胳臂上戴有臂镯。这个形象也许是作为兽主（Pa-
shupati）的印度'大神（Maheshvara）'湿婆的最早艺术表现。"⑤

综合上述学者的言论及图像可知，尽管关于这枚印章上的字母铭文尚无
令人满意的解读，对其图像的指代意义也有着各种猜测，但大部分学者都认

① 参见〔美〕斯坦利·沃尔波特《印度史》，李建欣、张锦冬译，东方出版中心，2015，第 12 页。
② 〔英〕安德鲁·鲁宾逊：《众神降临之前：在沉默中重现的印度河文明》，周佳译，中国社会科学
出版社，2021，第 142 页。
③ 〔印度〕D. D. 高善必：《印度古代文化与文明史纲》，王树英等译，商务印书馆，1998，第 68 页。
④ G. C. Pande, *The Dawn of Indian Civilization* Vol. 1, Delhi: Centre for Studies in Civilization, 1999,
p. 385.
⑤ 〔美〕斯坦利·沃尔波特：《印度史》，李建欣、张锦冬译，东方出版中心，2015，第 13 页。

为这一形象是后世印度教主神"湿婆神"的最早起源。① 如主持印度河文明相关遗址发掘工作和负责书写印度河文明考古报告的马歇尔（John Marshall）就列举了四点理由来论证这一形象就是后世的湿婆神，其中一点是"众兽环绕男神"的图景："湿婆还有一个著名的名号是'兽主'，即百兽的主人，在印章图案上恰好可以由犀牛、水牛、大象和老虎体现。"②

另外一枚印章还描绘了人们正在驯服公牛和老虎的场面："有一块印章上画着一头公牛正在用角挑一个人或几个猎人……有两颗印章仿照苏麦尔的吉尔加麦什降服狮子，刻画出一个古代有印度特征的英雄用双手扼住一头老虎。"③

由上可见，无论这些印章是否用于某些宗教崇拜仪式，印章上出现的"众兽环绕男神"和"英雄驯服公牛及老虎"等图景应是隐晦地表达了印度河文明居民渴望驯服野生动物并为己所用的观念，而且印章上刻画的动物形象也表明了印度河文明的居民对野生动物的自然特性及形象有着较为清晰的认知。

值得一提的是，印章上还出现了被考古学家称为"独角兽"的图像，而且这种类型的印章在有动物形象的全部印章中所占比例达到了 60%，但关于它的"动物学"原型或是其真实含义则存在着广泛的争议。如马歇尔在印度河文明考古报告中就认为："出现这种动物的印章并不怎么写实，可能说明'独角兽'是一种并不真实存在的神话生物。"④ 考古学家曾在出土的泥签上发现数个重复覆盖的"独角兽"印记。所以有的学者认为"独角兽"形象应是印度河文明中某一统治氏族的图腾象征："刻有独角兽的印章不仅在几个大城市大量出土，而且广泛分布于各个地区，并有少量出现在海外。这说明独角兽所代表的氏族是印度河流域国家的统治氏族。"⑤ 有的学者则认为其是当

---

① 国内学者邱永辉认为这枚印章上的男神形象和后世的湿婆形象很接近，还将其和后世的湿婆形象进行了较为系统的比较。参见邱永辉《印度教概论》，社会科学文献出版社，2012，第 51～52 页。国外学者高善必也持有相同的观点，参见〔印度〕D. D. 高善必《印度古代文化与文明史纲》，王树英等译，商务印书馆，1998，第 67 页。但也有学者表示反对，如澳大利亚历史学家 A. L. 巴沙姆就表示，"这个史前神灵与湿婆间的任何时间连续性联系都是很薄弱的"。参见 A. L. Basham, *The Origins and Development of Classical Hinduism*, Boston：Beacon Press, 1989, p. 4.

② 〔英〕安德鲁·鲁宾逊：《众神降临之前：在沉默中重现的印度河文明》，周佳译，中国社会科学出版社，2021，第 142 页。

③ 〔印度〕D. D. 高善必：《印度古代文化与文明史纲》，王树英等译，商务印书馆，1998，第 67 页。

④ 参见〔英〕安德鲁·鲁宾逊《众神降临之前：在沉默中重现的印度河文明》，周佳译，中国社会科学出版社，2021，第 103 页。

⑤ 刘欣如：《印度古代社会史》，商务印书馆，2017，第 12 页。

时主管贸易的官员所用的印章:"另一种可能性则是,在某包货物得以进口或出口前需要数位官员(也许是海关官员?)对其内容物进行查验和核对,然后才可以放行。"①

先不论上述学者对"独角兽"印象的推论是否真实准确,能确定的是,在印章上出现"独角兽"这一想象中的动物形象,在一定程度上反映了印度河文明的居民对动物的自然特性进行了抽象化(或艺术化)的处理。另外,还有部分印章出现了复合型动物形象,如半人半兽的形象。但由于对印度河文明相关文字的解读直到现在都仍旧存有很大争论,尤其是许多印章中即便刻有与动物相关的图案,但其伴随的铭文往往是不一样的,而且也会出现有同一铭文但带有不同图像的印章,"比如独角兽,可能出现在许多印章上,但铭文却不一样"②。但笔者认为,"独角兽"形象与复合形象的出现在一定程度上说明了印度河文明的居民会对动物形象进行抽象化(或艺术化)处理。

在哈拉巴文化遗址还出土了大量具有动物形象的小塑像或小雕像,可作为印章以外的佐证材料来说明印度河文明的居民对动物形象的塑造主要是直接反映它们的自然形象:"没有出现在印章图案中,但却在其他艺术形式中出现的真实动物包括熊、狗、兔、猴、鹦鹉、孔雀、猪、公羊、松鼠等,还有一些鸟类,但因为绘制太过粗糙,难以辨认其具体种类。"③ 有的学者则认为,在哈拉巴文化遗址中出土的狗和象的雕像和塑像就能作为辅证来证明大象和狗在印度河文明时期已经被驯养。从一个陶狗塑像④中,能够看出它的脖子上戴着项圈,这在一定程度上反映了狗的驯养。这与有的印章上的动物形象会同时伴有饲养槽的图案不谋而合,如水牛和公牛单独出现的印章上,前面往往会刻有一个类似饲养槽的长方形图案。⑤ 因此,印度河文明遗址出

---

① 〔英〕安德鲁·鲁宾逊:《众神降临之前:在沉默中重现的印度河文明》,周佳译,中国社会科学出版社,2021,第116页。
② 〔英〕安德鲁·鲁宾逊:《众神降临之前:在沉默中重现的印度河文明》,周佳译,中国社会科学出版社,2021,第191页。
③ 〔英〕安德鲁·鲁宾逊:《众神降临之前:在沉默中重现的印度河文明》,周佳译,中国社会科学出版社,2021,第102页。
④ 图片引自〔英〕安德鲁·鲁宾逊《众神降临之前:在沉默中重现的印度河文明》,周佳译,中国社会科学出版社,2021,第102页。
⑤ 参见〔英〕安德鲁·鲁宾逊《众神降临之前:在沉默中重现的印度河文明》,周佳译,中国社会科学出版社,2021,第106~107、161页。

土的动物雕塑中的动物形象及其相关特征，应能作为辅证来更好地论证印度河文明居民对动物形象的看法乃至他们对某些动物的驯化情况。

此外，法国学者勒内·格鲁塞（René Grousset）指出，印度河文明的动物雕刻与后来的阿育王时代的石刻有着一定的关联性："由另一个观点来看，摩亨焦·达罗的动物雕刻与最初的印度-雅利安派即孔雀王朝派雕刻之间，似乎也可找到少许类似之处。这种雕刻中最早的实例，我们将要看到，是阿育王石柱的柱头……现在把鹿野苑石柱头雕刻的动物，如瘤牛、象等，或甚至把公元前 1 世纪的桑奇大塔石门上的动物雕刻与摩亨焦·达罗的同类兽像加以比较，我们很难不认为二者之间存在着一种遥远的关系。"① 尽管很难找到实质性的证据或史料去证明格鲁塞的观点，但这些印度河文明的动物雕像或动物塑像与后世的印度文明是否具有传承性确实值得深入思考。尤其是这些动物雕像或动物塑像对动物形象进行直观刻画的手法在后世印度文明的艺术品中曾多次出现，甚至部分塑像的艺术特色与《吠陀本集》的描写和刻画相一致。

最后，几乎所有印度河文明的城市遗址都出土了美索不达米亚地区的印章，而且美索不达米亚地区也发现了印度河文明的印章。这就证明了两地应有着一定程度的贸易往来。因而学者根据考古发现的成果总结道："印度河文明向两河流域的出口物包括各类食品、船只、牲畜以及日用品。如念珠、手镯、木材、珍珠、象牙和许多珍奇的动物等。印度河流域的印章也在美索不达米亚地区被发现。"② 有学者进一步补充道："印度大多数出口的商品可能是体积和重量都相对较小的奢侈品，诸如蚀刻的红玉髓念珠、贝壳和骨头镶嵌物、象牙梳，甚至可能是孔雀羽毛和类人猿。"③ 无论是哪种解释，从这些贸易品来看，印度河流域独有动物及其衍生品已经成为当地重要商品之一。这反映了部分动物在印度河文明居民的眼里就是值钱的商品，或是可供买卖的货物。

综上所述，囿于印度河文明的文字仍未被释读的困境，绝大多数有关印

---

① 〔法〕勒内·格鲁塞：《东方的文明》（上册），常任侠、袁音译，商务印书馆，2017，第 219~220 页。

② Burjor Avari, *India, the Ancient Past: A History of the Indian Sub-continent from 7000 BC to AD 1200*, New Yorks: Routledge, 2007, p.48.

③ 〔美〕斯坦利·沃尔波特：《印度史》，李建欣、张锦冬译，东方出版中心，2015，第 14 页。

度河文明的论著只能根据考古发现来进行合理的推想。但正如伊利亚德（M. Eliade）所说："一个都市文明的崩溃并不等于整个文化的灭亡，而仅仅是文化退化为村落的、萌芽的、'大众的'形式。"① 所以无论是出土印章上的动物形象，还是将动物作为日常生活的食物来源或充当对外贸易的商品等行为，都说明了动物已经融入了印度河文明居民的日常生活中。更进一步地说，如果对印章上的动物图像进行细致分析，不难发现大部分动物形象都是对其自然特性的直接模仿，但也出现了"独角兽"、"众兽环绕男神"及"英雄驯服公牛及老虎"等具有宗教仪式意味的抽象化动物形象及其图景。

　　关于在印度河文明，尤其是这些考古发现中，哪些元素能合理地影响或融入后来的婆罗门教乃至印度教，学界还有很大争论。印度历史学家迪利普·K. 恰克拉巴蒂（Dilip K. Chakrabarti）指出："我们并不认为现代形式的印度教就存在于印度河文明中，但印度教信仰体系的某些主要元素似乎存在于印度河文明中。……如女神崇拜、'圣树'崇拜、对某些动物的崇拜等，这些崇拜可以追溯到印度河文明……在印章上描绘的大量动物可能暗示了某种相关的宗教信仰。当这些动物作为印度教、佛教和耆那教的神灵或是神灵的坐骑时，它们会代表着某种特定的神圣观念。"② 但马歇尔等考古学家都强调了印度河文明中所蕴含的"印度教"特征。这在很大程度上是因为继之而起的吠陀教的文献既丰富又古老，这是印度河文明现存的材料无法比拟的。

　　不过笔者更加倾向于"融合说"，即如尚会鹏指出的："印度河文明并没有灭亡，而是'非城市化'了。在后来的雅利安人与土著人的接触融合的过程中吸收了印度河文化的某些要素。"③ 因此，即便印度河文明如何影响后世印度文化这一问题仍未有定论，但通过仔细梳理和分析印度河文明的动物形象及其相关产物，能得出它们在一定程度上能影响到后世印度经典文献对动物自然特性的反映乃至对动物形象的塑造。

---

① 〔美〕米尔恰·伊利亚德：《宗教思想史》（第 1 卷），吴晓群译，上海社会科学院出版社，2011，第 111 页。

② Dilip K. Chakrabarti, ed., *Indus Civilization Sites in India: New Discoveries*, Mumbai: Marg Publications, 2004, p. 20.

③ 尚会鹏：《印度文化史》，浙江大学出版社，2016，第 39 页。

二 《梨俱吠陀》中的动物形象之基本特点

学界一般认为《梨俱吠陀》[①] 的编撰时间大约在公元前 1500 年至公元前 1000 年，而其中部分颂诗可能成形更早。但其最后编定成书较晚，约在公元前 600 年，全书一共分为 10 卷，共 1028 首赞歌及 10550 节颂诗，但第 10 卷是后来附加的。崔连仲等认为，无论从语言还是从题材来看，第 10 卷都与前 9 卷有很大不同。但就内容而言，在《梨俱吠陀》中，神祇、人类、动物、植物，以及风、雨、雷、电等自然事物，都被视作同一种神圣"精神"的外在表现形式。[②] 所以太阳、月亮、天空、大地、黑夜、河海以及风、雷、电、火等自然万物在《梨俱吠陀》中都各有代表的神祇，从而形成了一个有条理且能与自然及文化力量相连接的"吠陀诸神"体系。如黄宝生指出："《梨俱吠陀》中的颂神诗主要是向这些天神表达崇拜、敬畏、赞美和祈求。在印度上古先民的心目中，一切事业都依靠于天神的庇佑。"[③] 奥登伯格则认为，《吠陀本集》这一诸神体系的建立正是因为古代印度人认识到，对这些神祇的颂扬和祈求，能让他们更好地与天地万物交流，从而指导和解释他们在日常生活中所遇到的事情："世间万物都具有生命和意识，对人类或友好或带有敌意。这不仅包括天空、大地、森林、植物与动物，还有陆地上流淌的河水以及云雨。人们社会生活都会受到某些外在客体的影响。如人生病是因为受到邪魔的影响，他们带走了健康且带来了疾病。"[④] 由此可见，虽然《梨俱吠

[①] 国内并未出版《梨俱吠陀》的全译本，但有三种节译本：崔连仲先生依照英译本选译的部分章节，载《古印度吠陀时代和列国时代史料选辑》，商务印书馆，1998；巫白慧依照梵文版翻译的《〈梨俱吠陀〉神曲选》，商务印书馆，2010；林太翻译和解读的《〈梨俱吠陀〉精读》，复旦大学出版社，2008。另外，金克木在他的论文和著作中亦翻译了部分《梨俱吠陀》的诗文。国外学界较为流行的《梨俱吠陀》英译本除马克斯·缪勒（Friedrich Max Müller）主编的"东方圣书丛书"（*The Sacred Books of the East*）所收录的版本外，还有格里菲斯（Ralph T. H. Griffith）和麦唐纳（A. A. Macdonell）两位先生分别翻译的英译本，其中格里菲斯的译本流传更广。另外，斯蒂芬妮（Stephanie W. Jamison）和乔尔（Joel P. Brereton）两位学者在格里菲斯译本的基础上，对格里菲斯译文进行了重新润色，为每一章节增加了导读。因此，本文所有引文将以牛津大学 2014 年版英译本内容为准，并适当结合格里菲斯的英译本，金克木、崔连仲、巫白慧和林太的翻译与解读。

[②] 参见崔连仲等选译《古印度吠陀时代和列国时代史料选辑》，商务印书馆，1998，第 1 页。

[③] 黄宝生译《奥义书》，商务印书馆，2010，第 1 页。

[④] Hermann Oldenberg, *The Religion of the Veda*, Translated by Shridhar B. Shrotri, Deihi: Motilal Banarsidass, 1988, p. 23.

陀》的内容带有较为明显的自然主义色彩，但它主要反映的仍是当时印度人
对其所看到的、听到的和触摸到的世间万物进行的带有神学性或抽象性的思
考和理解。

动物作为古代印度社会重要的生活来源，对刚进入南亚次大陆的雅利安
人来说，有着特殊的地位。在《梨俱吠陀》的颂诗中曾多次出现不同的动物
形象，它们基本贯穿了整部典籍，如吴学国总结的："比如因陀罗、阿耆尼、
苏利亚有时就被等同于闪电、火、太阳，另外许多神皆有动物化身，有象征
特定动物的佩饰，或以动物为坐骑。"[①]《梨俱吠陀》第 10 卷第 90 首颂诗在
描述原人如何创造世界及其万物的时候，其中的第 10 节就写到了原人如何创
造马、牛及羊等各类牲畜："由它生出了马，以及所有两排牙齿的牲畜；由它
生出了牛，山羊和绵羊也由它产生。"[②] 若将这些动物形象进行整理和比较，
就能发现《梨俱吠陀》对动物形象的刻画与描述均显示出了较为浓厚的自身
特点，主要有以下四点。

首先，《梨俱吠陀》中的动物形象是各不相同的，既有人们在生活中经
常会遇到的动物，又存在着某些获得了神祇身份的动物形象。但在《梨俱吠
陀》中，无论是刻画哪种动物形象，都离不开对其自身自然特性的描述。如
《梨俱吠陀》第 10 卷第 127 首第 5~6 节就描述了这样一幅场景：

> 村民们走回家，有足的动物跑回洞，带翅膀的飞回巢，贪婪的隼鹰
> 也同样。你挡住了母狼和公狼，挡住了盗贼，夜神啊！我们如此安然
> 度过。[③]

上述引文充分体现了《梨俱吠陀》对动物自然特性的刻画：当黑夜来临时，
动物们都回到了其栖息处。对人类产生危害的狼群也回家休息了，所以要感

---

① 吴学国：《存在·自我·神性：印度哲学与宗教思想研究》，中国社会科学出版社，2006，第
805 页。

② *The Rigveda：The Earliest Religious Poetry of India*，Translated by Stephanie W. Jamison & Joel
P. Brereton，New York：Oxford University Press，2014，p. 1539.

③ 这里参考崔连仲先生的翻译，崔连仲等选译《古印度吠陀时代和列国时代史料选辑》，商务印书
馆，1998，第 15~16 页。英译本见 *The Rigveda：The Earliest Religious Poetry of India*，Translated by
Stephanie W. Jamison & Joel P. Brereton，New York：Oxford University Press，2014，p. 1605。两者大
意基本一致。

念夜神的眷顾。此处描述的"夜来归巢"是大部分野生动物的自然特性。

对于在古代印度地区较常见的大象，《梨俱吠陀》也有着不同描述和刻画。如《梨俱吠陀》第 1 卷第 64 首第 7 节在描述风暴雨群神摩鲁特（Maruts）降临大地时，写道"就像野象在森林中横冲直撞，将树林摧毁殆尽"①。此处就化用了大象在野外发怒的情形，从侧面表现了大象野性的一面。但在第 9 卷第 57 首第 3 节中描述了人们为被用作庆典装饰的大象精心梳妆打扮："当人们将一头大象打扮成如慈祥的国王时，它像一只猎鹰一般端坐在木头之上。"② 这段诗文则展现了大象被人类驯服后温顺的一面。但无论《梨俱吠陀》要表现的是大象野性的一面，还是温顺的一面，都符合大象的自然特性，也是对当时印度人如何认识大象这一动物形象的直观反映。

与之类似的还有《梨俱吠陀》中对骏马形象的刻画。《梨俱吠陀》中出现的动物里，马的形象占有相当大的比例，其主要作为诸神的坐骑出现。高楠顺次郎等指出："动物之中，最受尊崇的是马。此征于拖曳天空地诸神之车者，大抵是马，以马为牺牲的马祭被视为重要的祭典之一，阿耆尼及乌夏斯之祭以马作为表征，即可知之。吠陀之动物中，具有个人名词的，马占有相当多的数量。"③ 如《梨俱吠陀》中因陀罗（Indra）出征时，一般都会骑着一匹"神马"："因陀罗紧密操控着那两匹听话的骏马并用言语来驾驶那辆有两个轮子的车。"④ 而且因陀罗的这两匹"神马"还被形容为具有响亮的"嘶鸣声"："他的马不断地大口呼吸和发出咆哮，一遍又一遍，因陀罗逐渐掌控了局势。"⑤ 在古代游牧民族的观念里，马的嘶鸣声越响亮代表着这匹马的品质越优秀。因此，上述内容在一定程度上反映了当时印度人对骏马的自然特

---

① The Rigveda: The Earliest Religious Poetry of India, Translated by Stephanie W. Jamison & Joel P. Brereton, New York: Oxford University Press, 2014, p. 185.

② 这里主要引用了 The Hymns of the Rigveda, Translated by Ralph T. H. Griffith, Delhi: Motilal Banarsidass, 1973, pp. 746-747。另一种英译本则将本句翻译为"像封臣（或）国王一样遵守他的命令，他像一只猎鹰一样坐在木船上"，参见 The Rigveda: The Earliest Religious Poetry of India, Translated by Stephanie W. Jamison & Joel P. Brereton, New York: Oxford University Press, 2014, p. 1605。结合前后文大意，笔者认为第一种翻译更为合理。

③ 〔日〕高楠顺次郎、木村泰贤:《印度哲学宗教史》（新译本），释依观译，台湾商务印书馆，2017，第 66 页。

④ The Rigveda: The Earliest Religious Poetry of India, Translated by Stephanie W. Jamison & Joel P. Brereton, New York: Oxford University Press, 2014, p. 97.

⑤ The Rigveda: The Earliest Religious Poetry of India, Translated by Stephanie W. Jamison & Joel P. Brereton, New York: Oxford University Press, 2014, p. 130.

性的直观认识。

　　其次，除了直接表现动物形象的某一自然特性外，《梨俱吠陀》还会将某些动物形象的自然特性予以化用，如将其用于形容某些神祇以展现其"神通"。前文提到的象征风暴雨的摩鲁特在降临大地时就像野象在森林中横冲直撞般充满破坏性，这里就将形容野象发怒时充满破坏性的自然特性赋予了摩鲁特，以表现其降临时给大地造成的破坏是多么严重。狮子形象也常被用作诸神称号，以此表现诸神力量的强大或权力的威严。例如《梨俱吠陀》中就有不少段落用狮子这一形象来描写和刻画诸神。

　　　　统领军队的王者，因陀罗，以及住在天界的诸神等一切生灵。你们要保卫永不熄灭的神圣之火（Agni），它会带领我走向胜利；这就像一头雄狮在黎明时分守卫自己狮群的成员。（第 1 卷第 174 首第 3 节）

　　　　摩鲁特，带着烈火一般的光辉，服务于所有国家——我们乞求他们强大且有力的帮助。他们是鲁陀罗（Rudra）喧闹的儿子，带着暴雨而至，有着如狮子一般的毁灭意志，但也带来了上天的恩赐。（第 3 卷第27 首第 5 节）

　　　　他们脱胎于烈火，并挣脱束缚和产生巨大的能量。这无法被超越，也是最悠久的产物。尽管刚产生，他们就会越过烈火的边界，但人们围坐在一旁，他们就像一头头愤怒的狮子。（第 5 卷第 15 首第 3 节）[①]

上述诗文无疑化用了狮子这一动物形象所具有的刚猛和有责任心的自然特性来美化诸神的行为。如第一段是用雄狮守护狮群来比喻诸神守护圣火的行为；而第二、第三段则是通过化用狮子的刚猛来形容摩鲁特所带来的狂风暴雨，以及阿耆尼燃烧所产生的热量。同样因极具力量而被化用的动物形象还有印度野牛或公牛。这些具有相近用法的诗文在《梨俱吠陀》中还有多处，无法一一列举。这些内容无疑凸显了《梨俱吠陀》对动物形象的某一自然特性有着独具特色的化用。

　　再次，即使是在《梨俱吠陀》中被神化的动物形象，仍能在一定程度上

---

① *The Rigveda*: *The Earliest Religious Poetry of India*, Translated by Stephanie W. Jamison & Joel P. Brereton, New York: Oxford University Press, 2014, pp. 374, 499, 678.

保留着自然特性。如作为地下王国统治者阎摩（Yama）使者的两只天狗。《梨俱吠陀》对它们的外形有着详细的描写，"其身上布满花纹并长了四只眼睛"，这明显与常见的"狗"形象有着极大的差异。但它们的主要职能是将死者的灵魂引导到阎摩王国中安居："这两条长着四只眼睛的天狗作为阎摩的使者，负责观察逝者之行迹，保护及引导他们到达正确的目的地。"[1] 巫白慧在对这段诗文的注释里将两只天狗的任务总结为三点：

> 任务之一：安全保卫，既要负责保卫阎摩王国的安全，又要负责保护先到和后到阎摩王国的鬼魂（亡灵）。任务之二：维护道路，在通往阎摩王国的黄泉路上建立关卡，负责保卫沿线安全，免遭破坏，同时负责检查、保护过路亡灵，让它平安前往阎摩王国。任务之三：观察人间，既要观察人间的善行者及恶行者，又要观察死人的亡灵是否离开死者的尸体；如果离开，立即引导这个亡灵前往鬼魂王国（阎摩王国）。[2]

综合有关颂诗的内容及巫白慧的注释，两只天狗的三项任务都是基于"狗"所具有的"擅长看护老弱，保护某一区域及有较为敏锐的洞察力"的自然特性。虽然它们的外在形象与现实中狗的形象有着较大的差异，但这些职能反映了《梨俱吠陀》对动物形象进行抽象化处理时仍主要基于其自然特性。[3]

此外，在《梨俱吠陀》中，"蛇"一般是以身形巨大且令人感到恐惧的形象出现，如因陀罗的两大对手之一大黑蟒阿醯（Ahi）。在《梨俱吠陀》的相关描述中，他用庞大的身躯拦住了天上的河流，因而造成了人间的干旱：

> 他（Ahi）的身体沉在了永不停歇的天河中间，河水在他的身上漫过。他，因陀罗的敌人，躺在那里并带来漫长的黑暗时期。他的饲养人

---

[1] *The Rigveda: The Earliest Religious Poetry of India*, Translated by Stephanie W. Jamison & Joel P. Brereton, New York: Oxford University Press, 2014, p. 1392.

[2] 巫白慧：《〈梨俱吠陀〉神曲选》，商务印书馆，2010，第 326 页。

[3] 有的学者则认为这两只天狗的形象和职能与《阿维斯塔》的黄色犬在津瓦多（Cinvat）桥上守护亡者的思想为同一起源。参见〔日〕高楠顺次郎、木村泰贤《印度哲学宗教史》（新译本），释依观译，台湾商务印书馆，2017，第 67 页。

是达萨人（Dāsas），天河由此静止不动，就像母牛一般被劫持了。①

虽然在上述诗句中，蟒蛇这一动物形象被人为地妖魔化了，成了为祸人间的邪魔，但阿醯这种经过一定程度抽象化的神话性动物形象仍存在印度地区蟒蛇常在河流及沼泽边上生活的自然特性。

最后，《梨俱吠陀》中的某些动物形象还出现了"拟人化"的刻画。如《梨俱吠陀》第 7 卷第 103 首，整首颂诗都是以"青蛙"为主题，其内容从另一层面来反映印度地区的青蛙在雨季来临前后的行为举止。如在第 3 节中就描写了青蛙对雨水的渴望之情：

> 当雨水降下之时，直接就洒向青蛙们的身上，解除了它们的干渴之状。每只青蛙都大叫着且奔走相告，像极了儿子向父亲禀报喜事的样子。②

上述诗文较直观地反映出普通青蛙形象所具有的"喜雨及需要生活在湿润之地"这一自然特性，并较真实地再现了蛙群在雨季的生活形态。与之相似的诗文还有第 9 卷第 112 首第 4 节，其中亦直接表现了青蛙"喜水"的自然特性："男人期待伴侣亲近，青蛙渴望洪水的出现。"③

其后第 7 节至第 10 节则叙述了青蛙向婆罗门学习如何修行，包括参加苏摩祭、遵循历法并按时安居、经常布施财物。

> 如婆罗门，苏摩祭中，行通宵祭，整整一夜；围绕盛器，似满一池。青蛙全族，俱来庆祝；一年今日，雨季开始。（第 7 节）
> 群蛙高声叫，犹如婆罗门，手捧苏摩汁，口念长年咒。又如司祭师，采用热供品；雨前蛙藏洞，雨来争出洞。（第 8 节）

---

① *The Rigveda：The Earliest Religious Poetry of India*, Translated by Stephanie W. Jamison & Joel P. Brereton, New York：Oxford University Press, 2014, p.135.

② *The Rigveda：The Earliest Religious Poetry of India*, Translated by Stephanie W. Jamison & Joel P. Brereton, New York：Oxford University Press, 2014, p.1013.

③ *The Rigveda：The Earliest Religious Poetry of India*, Translated by Stephanie W. Jamison & Joel P. Brereton, New York：Oxford University Press, 2014, p.1364.

神圣历法，月计十二，蛙群遵守，无有违反。年轮循环，又到雨季，灼热蛙群，出洞自由。（第 9 节）

像牛哞之蛙，像羊咩之蛙，花斑蛙，黄皮蛙。伏祈众蛙赐我等：乳牛百千头，苏摩酒千次；让我等延年昌寿。（第 10 节）①

由上可见，无论是参与祭祀、遵守历法还是布施财物，这些行为皆不属于青蛙的自然特性，而是纯属人类的社会行为，反映了古代印度的宗教修行和祭祀仪式。因此，这其实是将青蛙进行了一定程度的抽象化和拟人化。这首诗在刻画青蛙形象的同时，还运用了相当程度的想象力来超越青蛙已有的动物形象，使其内容更具感染力与画面感。这种带有明显说教意味的动物主题颂诗在《梨俱吠陀》中只此一首，其余的大多数动物形象都为对其自然形象的直观反映。

总的来说，就内容而言，《梨俱吠陀》中的动物形象基本很少涉及后世印度教经典中常出现的人格化动物神祇，如在现今印度文化圈备受崇拜的象头神伽尼萨（Ganesha）。即使是《梨俱吠陀》中被添加了神话色彩的动物神祇，其形象也是围绕自身的自然特性来描述和刻画的。如《梨俱吠陀》中诸神的坐骑便都被认为是动物神祇，但其外在形象和职能与现实世界中普通的马或鹿并无太大差别。这正如高楠顺次郎等所说："在人物思想尤属幼稚之时期，不知须将人类与动植物作区别，而是将动植物视为如同人类，具有同样的心情与作用，甚且在某一方面，更具有超越人类的伟力。"② 因此，《梨俱吠陀》的动物形象主要基于当时印度人对动物自然形象的理解与直观看法，进而实现对客观事物的神话性再造。结合印度思想发展的层面进一步思考可知，全书中出现的动物形象及其基本特点向人们展示出吠陀时代的印度文化及当时印度人的思想观念。

---

① 此处的引文采用了巫白慧的翻译和注释，主要是因为英译本中所翻译的青蛙这三条修行事项并未突出婆罗门教的特色，但两者的大意基本相近。巫白慧：《〈梨俱吠陀〉神曲选》，商务印书馆，2010，第 331 页。英译本参见 The Rigveda: The Earliest Religious Poetry of India，Translated by Stephanie W. Jamison & Joel P. Brereton，New York: Oxford University Press，2014，pp. 1013-1014。

② 〔日〕高楠顺次郎、木村泰贤：《印度哲学宗教史》（新译本），释依观译，台湾商务印书馆，2017，第 66 页。

三 《梨俱吠陀》中的动物形象对早期吠陀时代
印度宗教文化的反映

汤用彤指出："研究印度思想不可不知吠陀，而以《黎俱》为首要。"[①]
因早期吠陀时代存世的文献极其稀少，若要较为系统地了解早期吠陀时代的
印度社会文化和思想观念，《梨俱吠陀》是必不可少的基本史料。《梨俱吠
陀》的内容对理解早期吠陀时代印度社会的历史文化、思想观念及众多风俗
习惯有着巨大的文献价值，其重要性也远超其他三部"吠陀本集"。尽管
《梨俱吠陀》颂扬的是神，但其反映的却是当时印度人的心愿，所以它也是
一部理解早期吠陀时代印度社会生活真实情境的典籍，其中对动物形象的刻
画正是人们理解其与早期吠陀时代前后印度文化间传承与变迁的关键所在。

首先，《梨俱吠陀》对动物形象及其自然特性的直观刻画反映了雅利安
人进入印度后可能在一定程度上保留及继承了印度河文明对动物形象的观念。
实际上，尽管并无直接文献材料来证实，但印度河文明对后世印度社会文化
产生了深远影响的观点还是得到一些学者的认可。"大量研究印度宗教的学者
普遍认为后世印度信仰的出现是基于哈拉巴文明，虽然这仅仅是推测……相
当多证据表明在很长一段时间里哈拉巴文明给后人留下了海量的物质文化遗
产。虽然这业已为相关考古发掘及研究证实，但缺乏文献记载。"[②] 这可从动
物形象的塑造方面来理解，如克默雷尔所说："早期的考古发现表明了动物在
古代印度带有明显的宗教特性。在考古遗址里出土的陶制印章上有公牛、独
角兽、大象和老虎的图案。某些吠陀诗文的标题也是用动物命名的。"[③]

如前所述，印度河文明的印章较直观地反映了当地居民所见到的动物的
自然形象。除了"独角兽"形象外，印度河文明的居民几乎没有对这些动物
形象进行过任何带有想象性质的改造。《梨俱吠陀》对动物形象的描写与刻
画也采取了类似手法，如前文提到的大象。虽然大象在《梨俱吠陀》的刻画
中有着令人恐惧的破坏力，但在部分诗文中大象的形象是作为国王出行的扈

---

① 汤用彤：《印度哲学史略》，上海古籍出版社，2006，第 2 页。
② Rajeev Verma, *Faith & Philosophy of Hiduism*, Deihi: Kalpaz Publications, 2009, pp. 16-17.
③ Lisa Kemmerer, *Animal and World Religions*, New York: Oxford University Press, 2011, p. 57.

从或大型庆典中的装饰元素。无论是以哪种形象出现，都反映了当时印度人存在驯化野象的做法，并使之为己所用。如前文所述，这与印度河文明出土的大象塑像可能有着一定的继承关系："有一枚印章上的大象背上有一块布料，可能是一种披挂。在哈拉帕出土的一个栩栩如生的陶象头，可能是一个玩具或者陶偶。这个象头上残留着颜料的痕迹，红色和白色的条纹横贯着大象脸部。这种装饰不禁让人联想起印度现存的传统，在节日场合或宗教仪式上，人们也会给大象脸上画纹饰。"① 可见，印度河文明的居民对大象的使用可能也是在节日庆典充当装饰元素。此外，印度河文明居民在印章上表现的人与动物间的图景也主要反映了他们想要征服自然并想让各类野生动物为己所用的愿望，如前文提到有印章上出现了人类驯服公牛和猛虎的场景。

值得注意的是，在《梨俱吠陀》中占有较大篇幅的"蛇"形象，不见于印度河文明的印章上，与之类似的形象只出现在一两块陶版上。因此，《梨俱吠陀》中的大量关于动物形象的内容是否受到了印度河文明的直接影响，这在学界仍有争论。如巴沙姆（A. L. Basham）以"圣牛崇拜"为例证。他认为，印度对"圣牛"的尊重和崇拜早在《梨俱吠陀》出现前就已经存在，甚至认为其直接来源于印度河文明："圣牛崇拜和菩提树崇拜，与史前的哈拉巴文化同样古老，甚至可能更早一些。"② 但奥登伯格认为，这种现象来源于过渡社会形态中所蕴含的游牧民族残余，这是这些残余所具有的动物崇拜和图腾主义元素。③ 诚然，如高善必所述，《梨俱吠陀》的内容确实反映了当时雅利安人仍处于由游牧生活过渡到定居生活的历史进程内。④ 就具体内容而言，这也不能说明《梨俱吠陀》就具有游牧民族常见的动物崇拜或图腾主义倾向。

以学术界仍存在争议的"圣牛崇拜"为例。《梨俱吠陀》中出现了将"牛"视作神祇化身的颂诗，如将公牛和母牛分别视作"天神和地母"的化

---

① 〔英〕安德鲁·鲁宾逊：《众神降临之前：在沉默中重现的印度河文明》，周佳译，中国社会科学出版社，2021，第 106~107 页。

② 〔澳〕A. L. 巴沙姆主编《印度文化史》，闵光沛、陶笑虹、庄万友等译，商务印书馆，1997，第 2 页。

③ 参见 Hermann Oldenberg, *The Religion of the Veda*, Translated by Shridhar B. Shrotri, Deihi: Motilal Banarsidass, 1988, pp. 36-37, 43。

④ 〔印度〕D. D. 高善必：《印度古代文化与文明史纲》，王树英等译，商务印书馆，1998，第 90~95 页。

身："天神和地母的儿子不间断地从身具彩色斑点的母牛身上挤取牛奶，得到的牛奶新鲜而醇厚。同时他也从富有精力的公牛身上得到力量。"① 虽然此处将公牛和母牛分别作为天神和地母的化身，但从内容上看，仍是对"牛"的自然特性的合理抽象。

综观整部《梨俱吠陀》，其内容中并未出现较为明显的"圣牛崇拜"诗句或是仪式。如英国梵文学家麦唐纳指出，《梨俱吠陀》时期的雅利安人是牧业和农业交替进行："雅利安人的主要职业是战斗，他们在战斗中常用兵车、弓、箭、矛与斧。他们以牧牛为主，但也以务农为业，因为在他们居住区五河省有很多农耕与牧畜的地方。其主要食品是植物之类。他们所食的肉类以牛肉为主，但仅在其被作为祭祀牺牲以后始作为食料。"② 因此，《梨俱吠陀》对"牛"这一动物形象的刻画仍主要反映了牛是当时印度人十分重要的财富，而牛肉和牛奶在其家庭食物结构中占有重要的地位。如第5卷第83首第8节中就提到了将雨水比喻成酥油来作为养育牛群的饮料："让天地都充满酥油，让牛群能够有充足的饮料。"③ 另外，牛广泛地参与了当时日常的农耕活动，如第4卷第57首第4节就提到了人们利用公牛开垦田地的场景："我们的公牛与人儿愉快地劳动，愿耕犁轻快地开垄，愉快地系紧挽绳，愿他愉快地把刺棒挥动。"④ 还有颂诗提到了某一神祇的乘具是牛车，如第6卷第64首第3节中就提到了朝霞女神是乘牛车出发："牛和闪亮的车散发着红光，它载着赐予人间福祉的女神，向远方驶去。"⑤

上述内容反映了《梨俱吠陀》有可能受到了印度河文明的影响，因为其出土的印章中也有表现"公牛"的场景，而且考古学家发现印度河文明遗址中出土的牛羊遗骨有从事农耕活动或是拉车的痕迹："从中发现了非常典型的

---

① *The Rigveda*：*The Earliest Religious Poetry of India*，Translated by Stephanie W. Jamison & Joel P. Brereton，New York：Oxford University Press，2014，p. 339.

② 〔英〕麦唐纳：《印度文化史》，龙章译，河南人民出版社，2016，第35页。

③ *The Rigveda*：*The Earliest Religious Poetry of India*，Translated by Stephanie W. Jamison & Joel P. Brereton，New York：Oxford University Press，2014，p. 766.

④ 这里引用了崔连仲先生的翻译，参见崔连仲等选译《古印度吠陀时代和列国时代史料选辑》，商务印书馆，1998，第6页。英译本参见 *The Rigveda*：*The Earliest Religious Poetry of India*，Translated by Stephanie W. Jamison & Joel P. Brereton，New York：Oxford University Press，2014，p. 643。

⑤ 这里引用了崔连仲先生的翻译，参见崔连仲等选译《古印度吠陀时代和列国时代史料选辑》，商务印书馆，1998，第7页。英译本参见 *The Rigveda*：*The Earliest Religious Poetry of India*，Translated by Stephanie W. Jamison & Joel P. Brereton，New York：Oxford University Press，2014，p. 862。

病理学特征，这些病症是拉车或犁地等体力劳动导致的。"① 但这些内容在多大程度上受到印度河文明的影响无法进一步考证，应是进入印度的雅利安人有机地结合自身的文化传统来加以改造的。

其次，《梨俱吠陀》中的动物形象对人们理解早期吠陀时代雅利安人的活动范围提供了不少佐证材料。如《梨俱吠陀》第 1 卷第 138 首第 2 节就提到了骆驼："要像骑着骆驼远行一般将敌人赶到远方。"② 此处提到的骆驼并不是南亚地区的原生物种，而是主要栖息在西亚及中亚的沙漠地区。这从侧面证明了雅利安人很可能是从中亚地区迁徙进入印度的，又或者当时南亚次大陆与中亚或西亚地区的贸易一直存在于早期吠陀时代，所以在《梨俱吠陀》中才会出现有关骆驼的记载。另外，在印度河文明遗址出土的印章、塑像和陶罐上几乎没有发现马的形象，只有一两个塑像被学者认为是马的形象，但也有小部分学者认为，马的驯化在印度河文明的成熟期就已经出现了，这部分研究者大多来自印度，因为对印度教民族主义者而言，马的驯化具有政治意涵。③

但在《梨俱吠陀》中，与"马"有关的形象占了大量的篇幅。高楠顺次郎等指出，"马"是《梨俱吠陀》中拥有最多名字的动物形象，帮助灭亡达斯由（Dasyu）的达提库拉（Dadhikrā）、劝勉诸神且在战场破坏敌车的达鲁库夏（Tārksya）以及拖曳太阳之车驾的艾达夏（Etasa）都是马神。④ 同时，在《梨俱吠陀》中多次出现的"双马童神"（Aśvin）的形象就是马面人身，其职能是在黎明时降临，给人类带来财富或免除疾病与灾难。值得注意的是，在后来印度社会广受崇奉的"马祭"仪式在《梨俱吠陀》的诗文中仍未出现明显的描述，与祭祀有关的颂诗大多是以苏摩祭为主体内容。⑤ 郭物指出：

---

① 〔英〕安德鲁·鲁宾逊：《众神降临之前：在沉默中重现的印度河文明》，周佳译，中国社会科学出版社，2021，第 97 页。

② *The Rigveda: The Earliest Religious Poetry of India*, Translated by Stephanie W. Jamison & Joel P. Brereton, New York: Oxford University Press, 2014, p. 309.

③ 参见〔英〕安德鲁·鲁宾逊《众神降临之前：在沉默中重现的印度河文明》，周佳译，中国社会科学出版社，2021，第 107 页。

④ 参见〔日〕高楠顺次郎、木村泰贤《印度哲学宗教史》（新译本），释依观译，台湾商务印书馆，2017，第 66~67 页。

⑤ 但这一问题在学术界仍存有争论，奥登伯格认为《梨俱吠陀》中的主要祭祀形式是"苏摩祭"，"马祭"乃至动物祭品都未出现。参见 Hermann Oldenberg, *The Religion of the Veda*, Translated by Shridhar B. Shrotri, Deihi: Motilal Banarsidass, 1988, p. 6. 但基思则认为《梨俱吠陀》的诗文中已经出现了"马祭"的原型，参见 Berriedale Keith, *The Religion and Philosophy of the* （转下页注）

"野马的驯化是印欧人系统的草原民族对世界文明发展的一项伟大贡献。欧亚草原西部的游牧化是与古代印欧人的起源发展和迁徙活动分不开的。"① 因此，笔者认为，这事实上反映出"马"应是随着雅利安人的迁徙而进入南亚次大陆的，属于外来物种。所以"马"这一形象才会在《梨俱吠陀》中大量出现，并发挥了重要的作用。

另外，狮子形象在《梨俱吠陀》中反复出现，主要是作为彰显某一神祇伟力的称号。这在学术界引起了争论，因为亚洲狮种群活动区域并不在南亚次大陆。狮子形象的出现反映了雅利安人进入印度前后经历的迁徙过程。但《梨俱吠陀》并未明确提到老虎形象。如前所述，老虎形象在印度河文明的印章上经常出现，而且从时间和空间来看，雅利安人都有机会在印度西北部（即今孟加拉国）的森林地区看到老虎。刘欣如认为，这是因为南亚地区的老虎种群在当时主要生活在恒河流域，而雅利安人在当时并未进入该地区："恒河中下游和布拉马普特拉河流域属于另一个生态系统，为潮湿的热带气候。植被是常绿雨林。动植物的种类和我国南部及东南亚近似，有竹子、老虎等。"②

笔者认为，虽然关于现存《梨俱吠陀》未提及老虎的原因至今没有一个得到学界普遍认同的结论，但这恰恰反映了《梨俱吠陀》的创作并非一蹴而就，而是雅利安人统治阶层不断融合的反映。因此，很有可能在更早的版本中曾经出现过与老虎相关的形象，但在流传的过程中为了让更多的雅利安人及其部族能更好地理解和接受，才改成更为雅利安人熟知的狮子形象。这与汉传佛教中出现大量高僧感化或驯服老虎的故事相类似，因为老虎才是中国本土常见的猛兽，所以将老虎作为书写对象能更好地扩大佛教在中国的影响。③

再次，《梨俱吠陀》中出现的动物形象只能代表早期吠陀时代印度统治阶级的观念与看法。如金克木在研究《梨俱吠陀》中的祭祖诗后认为，作为

（接上页注⑤）*Veda and Upanishads*, London：Humphery Milford and Oxford University Press, 1925, p.188。综合《梨俱吠陀》的内容来看，笔者较为赞同奥登伯格的看法。
① 郭物：《马背上的信仰——欧亚草原动物风格艺术》，人民美术出版社，2003，第12页。
② 刘欣如：《印度古代社会史》，商务印书馆，2017，第2页。
③ 陈怀宇对这一现象做了详尽的研究，援引了相关经典和史料，并认为"驯虎的叙事应该是中国佛教的发明"。详见陈怀宇《动物与中古政治宗教秩序》，上海古籍出版社，2012，第151~209页。

早期吠陀时代印度社会的主要掌控者，婆罗门阶层与雅利安人上层是《梨俱吠陀》的主要创作者及执行者，所以《梨俱吠陀》的主要内容基本均为这两个阶层的所思所想："那个世界里只有这样两类神人在共同享乐，享受着祭祀者献的祭品。这个两种人的世界当然是反映了婆罗门眼中的现实世界，即王族与祭司的世界。"① 因此，《梨俱吠陀》中的动物形象大多与战争或征伐相关。

例如在《梨俱吠陀》中就有多篇诗文以"因陀罗"为名，其内容大多是描述因陀罗出征的场景。所以因陀罗以及其他与战争相关的神祇被赋予了很多象征着力量的称号，如前文提到的象征着某物充满力量的印度野牛形象："大神因陀罗被赋予了野牛般的力量。"② 这是因为《梨俱吠陀》的创作年代大致是雅利安人入侵印度地区时期，此时雅利安贵族阶层主要从事的活动是与印度当地土著民族进行战争。"所以因陀罗成为战神，他帮助入侵的雅利安人与土人冲突时，他从事的战争常被称为牛的需求，即等于劫牛。"③ 故《梨俱吠陀》中的动物形象大多与战争或征伐有关就不足为奇了。但在更晚出的《阿闼婆吠陀》乃至后世的"两大史诗"中，所出现的动物形象大多被用于祈求天神以实现自身愿望，如祈求风调雨顺、消灾祛病和驱邪降妖等。

最后，《梨俱吠陀》中动物形象的基本特点为后世婆罗门教乃至印度教的经典与神话文本提供了可借鉴的资源。如前所述，《梨俱吠陀》中有将天神和地母分别比作公牛及母牛的颂诗，也有将部分动物形象及其自然特性赋予部分神祇作为称号的颂诗。这可能在一定程度上影响了后世婆罗门教经典文献或神话故事中部分神祇拥有动物形象"化身"的观念，例如将婆罗门所要遵循的宗教仪轨嵌入对雨季前后青蛙的描写中。

虽然上述诗文对动物形象的描写和刻画应是为了更好地传播《梨俱吠陀》的教义以及扩大其宗教影响，但这也在一定程度上影响了后世印度经典中对人格化动物神祇的描写和塑造。如后世民间寓言故事集《五卷书》就是

① 金克木：《〈梨俱吠陀〉的祭祖诗和〈诗经〉的"雅"、"颂"》，《北京大学学报》（哲学社会科学版）1982 年第 2 期。
② 这段翻译主要采用了林太先生的翻译，因为英译本并未出现"野牛般力量"的形容。参见林太《〈梨俱吠陀〉精读》，复旦大学出版社，2008，第 229 页；英译本参见 The Rigveda：The Earliest Religious Poetry of India，Translated by Stephanie W. Jamison & Joel P. Brereton，New York：Oxford University Press，2014，p. 282。
③ 〔英〕麦唐纳：《印度文化史》，龙章译，河南人民出版社，2016，第 25 页。

以"拟人化"的动物形象为主要角色。《五卷书》中的故事与《梨俱吠陀》中将青蛙"拟人化"的故事相似，都是将人类社会的规则和行事方式套到动物形象上，如狮子在《五卷书》的许多故事中就成为动物们的国王。后世出现的动物神祇、神话传说和寓言故事在各大印度宗教派别渗入民间并广泛传播过程中发挥了重要作用。陈怀宇认为："动物实际上扮演了神构建其身份认同的重要角色。"[①] 笔者认为，这些动物形象塑造手法的起源可追溯至《梨俱吠陀》的"拟人化"手法。

总之，虽然奥登伯格将动物形象在《梨俱吠陀》等"吠陀本集"中经常出现的现象，戏称为当时印度人具有"动物癖"（Animal Fetishism），其大意就是形容他们喜欢将动物形象运用到宗教文本的写作中来。[②] 诚然，若将《梨俱吠陀》中的动物形象及其基本特点置于特定的时空背景里，就能看到这些内容可以直观地反映出吠陀时代印度文化的基本底色，乃至认为其是后世印度文化的思想源泉。

四 《梨俱吠陀》对《阿闼婆吠陀》中有关 动物形象内容的影响

在《梨俱吠陀》中，大部分关于动物形象的刻画是植根于早期吠陀时代的雅利安人对常见动物形象的观察和反映。因为《梨俱吠陀》的颂诗内容主要是对神祇的赞颂和崇拜，大多数与动物形象相关的颂诗都是附属在神祇形象之下。虽然相较于《梨俱吠陀》较晚出的《阿闼婆吠陀》在内容上更为世俗化且更加贴近时人的日常生活，但大部分学者认为《梨俱吠陀》与《阿闼婆吠陀》具有相同的史料价值。

《阿闼婆吠陀》的大部分颂诗也反映了当时印度民众的愿望与诉求，如消灾招福、战胜敌人及赢得爱情等。朱明忠对《阿闼婆吠陀》的颂诗主题进行了分类："有些咒语祈求风调雨顺、五谷丰登、牛羊肥壮；有的祈求消灾祛病、驱邪降妖；有的祈求夫妻恩爱、兄弟团结、家庭和睦；也有的诅咒敌人，

---

① 陈怀宇：《动物与中古政治宗教秩序》，上海古籍出版社，2012，第 62 页。
② 参见 Hermann Oldenberg, *The Religion of the Veda*, Translated by Shridhar B. Shrotri, Deihi：Motilal Banarsidass，1988，pp. 39–42。

祈求灾祸降临于敌人等等。"① 可见，尽管《阿闼婆吠陀》包括了许多全新的内容，但《阿闼婆吠陀》颂诗的主体内容仍未摆脱"吠陀本集"的本质属性，即崇尚"祭祀万能"及对"吠陀诸神"的崇拜，因而《阿闼婆吠陀》对动物形象的刻画与塑造也在一定程度上参考与继承了《梨俱吠陀》的基本特点。

第一，大部分《阿闼婆吠陀》② 刻画的动物形象基本都曾在《梨俱吠陀》出现过。在《梨俱吠陀》中大量出现的马、牛、狗和羊等当时较为常见的家畜，以及大象、蛇、野狼和各种飞鸟等野生动物，在《阿闼婆吠陀》中也占据了大量篇幅。譬如《阿闼婆吠陀》第 3 卷第 30 首第 1 节就利用了母牛对小牛的舐犊情深来劝导家庭成员相亲相爱："我使你们同心同德，又把仇恨消除；你们要互相喜爱，就像母牛对待（新）出生的牛犊。"③ 此处表现的母牛爱护新生的牛犊就直观反映了"母牛护犊"的自然特性。

如前所述，《梨俱吠陀》利用了动物形象的自然特性来表现某类场景或某神祇的神威，《阿闼婆吠陀》也有相似的颂诗。如第 5 卷第 20 首至第 21 首颂诗在描写战争开始前"战鼓齐鸣"的场景时，就化用了狮子、绵羊、山羊和狼等动物形象所具有的自然特性："牛皮木鼓之声轰鸣，号令战士行动；提高你的声音，使敌人屈从。你像一只满怀胜利信心的狮子，向他们发出雷鸣般的吼声。"④ 这段颂诗的主题是对战鼓的礼赞，通过化用狮子的吼声来凸显战鼓轰鸣的威严感。吼声的威严意味来源于狮子本身所具有的自然特性。如前所述，在古代印度文化中，狮子作为有特殊意义的动物形象，其身上的许多自然特性都是某种独特的文化符号。这里对狮子吼声的化用反映了此时的印度人对狮子的吼声是有所了解的，甚至对狮子的吼声是惧怕的，所以《阿

---

① 朱明忠：《印度教》，福建教育出版社，2013，第 30 页。

② 国内尚未出版《阿闼婆吠陀》的全译本，而且只有一种节译本，即崔连仲先生依照英译本选译的部分章节，载《古印度吠陀时代和列国时代史料选辑》，1998 年由商务印书馆出版；国外学界较为流行的《阿闼婆吠陀》英译本除马克斯·缪勒编译的"东方圣书丛书"所收录的版本外，还有格里菲斯的英译本，但格里菲斯的译本流传更广。另外，金克木先生在其著作《梵语文学史》中也翻译并引用了《阿闼婆吠陀》的部分诗文。本文所有引文将以格里菲斯的英译本内容为准，并适当参考崔连仲和金克木的译文。

③ 此处译文直接引用了崔连仲的翻译，参见崔连仲等选译《古印度吠陀时代和列国时代史料选辑》，商务印书馆，1998，第 18~19 页。英译本见 *The Hymns of the Atharvaveda*, Translated by Ralph T. H. Griffith, Benares：E. J. Lazarus and Co, 1896, p.65。

④ 此处译文直接引用了崔连仲的翻译，参见崔连仲等选译《古印度吠陀时代和列国时代史料选辑》，商务印书馆，1998，第 20 页。英译本见 *The Hymns of the Atharvaveda*, Translated by Ralph T. H. Griffith, Benares：E. J. Lazarus and Co, 1896, pp.123-124。

阇婆吠陀》才用狮子的这一自然特性来比喻"战鼓齐鸣"所发出的巨大声响。由此可见，《阿阇婆吠陀》对大多数动物形象的塑造仍基于对其自然特性的直观反映或进行一定程度的抽象化，这与《梨俱吠陀》中动物形象的基本特点存在一定的继承关系。

第二，《阿阇婆吠陀》中出现的神祇基本都是在《梨俱吠陀》中已出现过的神祇，如因陀罗、摩鲁特及伐由等。《阿阇婆吠陀》的颂诗中并未出现新的神祇。因而《阿阇婆吠陀》中带有动物形象的神话性颂诗的大体内容亦基本都继承了《梨俱吠陀》的神话蓝本。譬如《阿阇婆吠陀》第 2 卷第 25 首的前半部分就较为完整地复述了牛群得救后被诸神引导回家的神话故事。"为了让那些流浪的牛漫步回家，风神伐由很乐意为它们指路。群牛的外形与特征皆为特里塔（Tvashtar）所熟知，并让萨维塔（Savitar）将它们赶回牛栏！为了让野兽们赶快一起离开牛棚，博学的布里哈斯帕蒂知道该怎么样让它们离开这里！让室里瓦利（Sinivāli）引导着这些人们最珍贵的东西回家。当它们回到了牛棚，你们要亲近它们！"[1] 虽然这首颂诗后半部分的主要内容是要求人们通过奉献畜牧业的产品来感谢诸神的帮助，但这首颂诗的内容基本遵循着《梨俱吠陀》原有的故事框架，其细节亦更为丰富。同时这也从侧面反映了牛群需要有人引导才能顺利回到牛棚的自然特性。

另外，如黄宝生所说："在《阿阇婆吠陀》中也有不少颂神诗，但一般都与巫术相结合。在这里，《梨俱吠陀》的诸神适应巫术的需要，几乎都成了降服妖魔或敌人的神。"[2] 虽然《梨俱吠陀》的重要神祇在《阿阇婆吠陀》中也被不少颂诗提及甚至是作为礼赞的对象，但大部分内容基本都比《梨俱吠陀》的同一内容要精简不少。如前所述，作为阎摩侍从的两只天狗是《梨俱吠陀》中重要的动物形象，因而《梨俱吠陀》对它们有着颇为详尽的描写与刻画。[3] 但《阿阇婆吠陀》对它们的描述仅是一笔带过："不要让黑色和布满斑纹的狗注意到你，它们是阎摩派来的两个卫士。"[4]

---

① *The Hymns of the Atharvaveda*, Translated by Ralph T. H. Griffith, Benares: E. J. Lazarus and Co, 1896, p. 32.

② 黄宝生译《奥义书》，商务印书馆，2010，第 3 页。

③ 相关内容可参见拙文《上古时代印度的死亡观新探》的第二部分，《天府新论》2019 年第 3 期。

④ *The Hymns of the Atharvaveda*, Translated by Ralph T. H. Griffith, Benares: E. J. Lazarus and Co, 1896, p. 236.

另一个例子则是因陀罗杀死大黑蟒阿醯的神话故事。这一神话故事在《梨俱吠陀》中有较大篇幅的叙述，但《阿闼婆吠陀》仅提到了部分故事内容且较为简略，如第 4 卷第 24 首第 6 节仅是礼赞了因陀罗杀掉阿醯的功绩："当因陀罗遇到阿醯时，他举起了他的金刚杵。祈求他能让我们远离悲伤和烦恼。"① 上述诗文并没有对因陀罗杀掉阿醯的细节描写，只简单地提到了因陀罗曾与阿醯战斗。整首颂诗的写作目的是通过这则神话故事来赞颂因陀罗能为人们解决掉烦恼的功绩。而在第 3 卷第 13 首第 1 节则提到了阿醯被杀后河流重新通畅的画面："当阿醯被杀掉时，你们终于能咆哮地奔涌而下。但咆哮的奔跑者并非你们原有之名，河流才是你们真正的名字。"②

因此，《阿闼婆吠陀》的颂诗虽然对因陀罗杀死阿醯这一神话故事并无过多的细节描写，但在故事结局上仍基本继承了《梨俱吠陀》的描述。尤其是上面所引的第二首颂诗还出现了河流在阿醯被杀后恢复流淌的内容，这说明《阿闼婆吠陀》仍基本继承了《梨俱吠陀》对阿醯等蟒蛇的塑造手法，即将印度地区蟒蛇常生活在河流及沼泽边上的自然特性进行了抽象化（或神话化）。

第三，《阿闼婆吠陀》关于动物形象的看法与观念也大致来源于《梨俱吠陀》。最明显的例子就是《阿闼婆吠陀》继承了《梨俱吠陀》将牛、马等家畜视为自身财富的象征的观点。在《阿闼婆吠陀》中，既有描述神祇赐福使自己牛群壮大的颂诗，又有描述主人在祭祀结束后将牛、羊等家畜分给参与祭祀仪式的婆罗门的颂诗。譬如《阿闼婆吠陀》第 4 卷第 21 首第 3~4 节就指出，只要信徒们虔诚地祭祀，他们所拥有的牛群就会不断地壮大。

牛群的主人会与牛一样长寿，牛群的壮大就是主人倾其所有来侍奉诸神的结果……这些为虔诚的信徒所拥有的牛在宽阔的大地上漫步且不会遇到危险。③

---

① *The Hymns of the Atharvaveda*, Translated by Ralph T. H. Griffith, Benares：E. J. Lazarus and Co, 1896，p. 88.

② *The Hymns of the Atharvaveda*, Translated by Ralph T. H. Griffith, Benares：E. J. Lazarus and Co, 1896，p. 51.

③ *The Hymns of the Atharvaveda*, Translated by Ralph T. H. Griffith, Benares：E. J. Lazarus and Co, 1896，p. 86.

另外，在以"祈求赢得赌博胜利"为中心的颂诗中，"牛"与"马"更是和黄金并列："我相信我将赢得牛、马、钱财及黄金。骰子，请给我带来甜蜜的结果，就像母牛产出甘甜的乳汁一样。"① "牛"在上述颂诗里的形象显然代表了主人所得到的财富。

《阿闼婆吠陀》也提及了举行祭祀的主人家一般会在祭祀完成后，将公牛（或牛肉）作为谢礼来送给参与祭祀的婆罗门祭司，如第9卷第4首里就提道："将公牛赠予婆罗门的主人，其灵魂将会获得解脱和喜悦，而且举行祭祀的主人也能看到牛棚里的群牛茁壮成长及开枝散叶。"② 这段内容基本继承了《梨俱吠陀》中记载的部落首领会在祭祀过后将战利品或祭祀剩余的产品分给婆罗门的传统："实际上《梨俱吠陀》的主要内容就是对神的赞歌和祭祀主宰者的颂词。在祭祀中，首领把战利品和平民世系交来的牧业品分给婆罗门祭司和歌手们。"③ 无论是《梨俱吠陀》还是《阿闼婆吠陀》，在宗教场合或招待客人的宴会中，牛肉都是一种尊贵的食品。由此可见，《阿闼婆吠陀》继承了《梨俱吠陀》将家畜视为财富衡量标准的观念。《阿闼婆吠陀》还有利用武力防止别人伤害牛、马等家畜的颂诗："若你杀了我们的一头牛、一个人或一匹马，我们将先拿着武器刺透你，以免我们的人继续被你所杀。"④ 诚然，与《梨俱吠陀》相比，《阿闼婆吠陀》对部分动物形象形成了更为明确的观念与看法。尤其是在对"牛"的形象的观念上，某个人或某个家族所拥有牛的数量的多寡已完全成为衡量财富的标准。

总之，通过对比分析《梨俱吠陀》和《阿闼婆吠陀》中关于动物形象的内容，能够得出《阿闼婆吠陀》对动物形象的刻画和塑造很可能继承了《梨俱吠陀》的基本特点，即它们仍来源于当时印度人对动物形象及其自然特性的观察与掌握，进而将它们糅合到《阿闼婆吠陀》里。虽然两部吠陀在动物形象及相关内容上有着一定的继承关系，但因《阿闼婆吠陀》与《梨俱吠陀》两部经典文献产生的社会环境和自然条件存在差异，所以《阿闼婆吠

---

① *The Hymns of the Atharvaveda*, Translated by Ralph T. H. Griffith, Benares: E. J. Lazarus and Co, 1896, p. 209.

② *The Hymns of the Atharvaveda*, Translated by Ralph T. H. Griffith, Benares: E. J. Lazarus and Co, 1896, p. 272.

③ 刘欣如：《印度古代社会史》，商务印书馆，2017，第34页。

④ *The Hymns of the Atharvaveda*, Translated by Ralph T. H. Griffith, Benares: E. J. Lazarus and Co, 1896, p. 9.

陀》中的动物形象也有着浓厚且鲜明的时代特色。

余　论

长期以来，囿于文献资料和考古材料的缺乏，学者大多通过分析婆罗门教的经典文献来回溯吠陀时代的印度文化。但《梨俱吠陀》的诗文仅代表着当时刚进入北印度的雅利安人的思想文化及社会情况。事实上，古代印度有着广大的地域和众多的民族，在印度次大陆不同区域生活的居民和部族之间有着不小的差异。所以《梨俱吠陀》的观念是否能代表当时整个印度文化中关于动物形象的全部观念，仍有待于进一步的研究。但若从长时段的观点来看，对《梨俱吠陀》动物形象的解读对厘清动物形象在印度文化中的变迁历史及文化特色，仍有一定积极意义。

［责任编辑：谢志斌］

古代印度的雪山崇拜[*]

——以汉译典籍为中心的考察

姚　腾[**]

摘　要　从诸多汉译的印度典籍及中国佛教传记中的记载可知，古代印度将自然地理范围广阔的雪山看作神圣空间，形成了对雪山的超自然想象，即雪山崇拜。人们相信，雪山是无热恼的清凉圣境，是治愈恶疾、提升生命质量的神奇药草繁衍之处，是诸龙王瑞兽栖息之所，是仙佛鬼神的修行灵地。古印度雪山崇拜尚未形成完备的宗教信仰体系，但对山岳神圣空间中种种灵迹的建构多有启发。表达雪山崇拜的诸多典籍经由西域向东传播，在经过翻译传入中国之后与中国传统的山岳崇拜思想结合，又促成了中国以圣山为中心的神圣空间"构建"。

关键词　古印度　雪山崇拜　神圣空间

古代印度泛指处于南亚地区的印度半岛，《释迦方志》有云："其地名曰滥波国（北印度所摄也，入天竺婆罗门地也），其五印度之境，周匝九万余里，三垂大海，北背雪山。"[①] 地理上的重要性激发了古印度人对雪山的特殊情感。雪山，梵文 himavanta，音译"醯摩跋多"，意译为冬王山、雪岭等，英译南传经典常用 the snowy region[②] 指其自然地理范围，字面意思可回译为

---

　*　本文系国家社科基金冷门绝学研究专项"汉传佛教阿育王文献整理与研究"（20VJXG028）阶段性成果。

**　姚腾，忻州师范学院历史系副教授。

①　（唐）道宣：《释迦方志》，范祥雍点校，上海古籍出版社，2011，第22页。

②　根据《普林斯顿佛教词典》，雪山英文转写为 Himavanta、Himavā、Himācala，意为 Snowy Region，是佛教第三次结集后传播的九大区域之一，涵盖整个喜马拉雅山脉。（见 Robert E. Buswell Jr., Donald S. Lopez Jr., *The Princeton Dictionary of Buddhism*, New Jeresy: The Princeton University Press, 2014, p. 461。）

"雪域"，亦可见其范围之广大。雪山是古代印度即南亚次大陆与中国的天然边疆，极其广阔的自然地理范围与特殊的气候条件造就了其他山岳不可企及的神秘氛围，对古代印度人世界观的塑造有着重大的影响。古印度吠陀经典中就有关于雪山的神话传说，但对雪山更加详细的描述则多保存在汉语系佛教经典当中。

佛典中出现了大量与山相关的神话，山岳因其高度往往被认为是与天界相接的地方，例如《长阿含经·阎浮提品》《大楼炭经》《起世经》等经典中就构建了以须弥山为中心的世界图景。然而，相对于须弥山等出于创造与想象的虚幻山岳而言，雪山是兼具现实意义与超现实意义的典型：从现实意义上来讲，广义上的雪山是印度北方诸山之最；从超现实意义上而言，神格化的雪山又是诸山神之统领。《佛说立世阿毗昙论》云："时剡浮提中有两众山，恒河之南名娑多耆利山，恒河之北名醯摩跋多山……河北山者，皆名醯摩跋多神……领河北一切诸神。"① 可见古代印度人认为雪山是众山之王，并将恒河以北诸山皆归属于雪山范围，对雪山之神多所崇敬，形成了对雪山神圣空间的超自然崇拜情结。由于佛教原始典籍留存较少，汉传佛典中保存了大量与雪山相关的神话，为印度古代雪山神圣空间建构的研究提供了宝贵资料。

关于佛典中的雪山，当代学者已经有大量的研究，其中季羡林、王邦维等在研究古代中印交通史的著作中对"大雪山"周边地理有详细考证，② 陈明在《印度佛教神话：书写与流传》中对佛教中雪山草药神话有详细的研究。③ 但对于雪山神圣空间崇拜问题，学界少有总结。雪山崇拜不但反映了古代印度人的精神世界，而且随着中印交流，对中国大乘佛教发展产生了一定影响，尤其是对中国佛教圣山构建与圣山信仰的形成有所推动。故本文拟以汉译典籍为中心，对经典中记述的雪山神话进行系统梳理，略探古印度雪山崇拜现象。

一 雪山是无热恼的清凉圣境

古印度人的雪山崇拜情感首先来自对雪山地理的感知。雪山地域广阔，

---

① （南朝·陈）真谛译《佛说立世阿毗昙论》卷一，《大正藏》第 32 册，台湾新文丰出版公司，1983，第 176 页下。本文所引《大正藏》均为此版本，为避文繁，以下省略出版信息。
② （唐）玄奘、辩机著，季羡林等校注《大唐西域记校注》，中华书局，2000，第 128~129 页。
③ 陈明：《印度佛教神话：书写与流传》，中国大百科全书出版社，2016，第 221~254 页。

非人力所能完全探知，所以经典中对雪山形成了超现实、超人间的描述。雪山是古代印度人认知中的终极大山，所谓"大地诸山中，雪山王最上。四方诸世界，上下及四维，一切天人中，如来最为尊"①，佛典中常将雪山与释迦牟尼为比，称雪山为诸山之中最为非凡的一座山。对于诞生于古印度的佛教经典而言，在记录雪山的神圣性时也多与佛陀联系在一起。佛典中记载，乔达摩·悉达多出身于雪山民族之一藏缅语系民族释迦族②，最后成为释迦族的圣人，故名释迦牟尼。佛典中对雪山的神圣书写多围绕佛陀与佛教的神圣性展开，常以雪山与佛法作比，言佛法"犹如雪山，照诸功德等一净"③；也将雪山与佛陀名号相比，称佛陀"威德动三千，名显如雪山"④；还将佛陀的容貌与雪山作比，称"圣颜如雪山"⑤。通过此一系列比喻足见雪山在古印度时期即为圣洁和声名显赫的代名词。关于雪山的概况，许多佛教经典中皆有描述，《正法念处经》云：

> 观阎浮提北方国界……有大山，名曰雪山。种种山峰，其山眷属广千由旬，山中多有卢陀罗树、松树、柏树、天木之树、娑罗树、多摩罗树。多有夜叉，多紧那罗，多毗舍遮夜叉之属。其山可爱，修学禅者多依此山，河流甘美，大力龙等住在山中，多有吱罗多人住在此山。⑥

可见，古印度人认为雪山是诸多山峰的集合名词，其物产丰富，树木参天，而且多有"夜叉""大力龙"等奇特生物，更为重要的是，雪山是古代印度修行者多所栖息的修行灵地。雪山适合修行有多种原因：其一是地理上的高大广阔；其二是蕴藏珍宝；其三是特殊的气候环境。在古印度人的世界观中，对于雪山的描述充满神奇想象，比如，叙述佛教世界观的《起世经》说，雪山高五百由旬（梵语 yojana 之音译，长度单位，一由旬相当于一只公牛走一天的距离），长宽亦为五百由旬，由金、银、琉璃、玻璃四种材质构

---

① （后秦）失译《别译杂阿含经》卷十五，《大正藏》第 2 册，第 478 页。
② 吕建福：《释迦牟尼的民族、种族及其国家》，《宗教学研究》2020 年第 1 期，第 89 页。
③ （三国·魏）康僧铠译《佛说无量寿经》卷二，《大正藏》第 12 册，第 274 页。
④ （后秦）佛陀耶舍、竺佛念译《长阿含经》卷二，《大正藏》第 1 册，第 14 页。
⑤ （后秦）佛陀耶舍、竺佛念译《长阿含经》卷三，《大正藏》第 1 册，第 14 页。
⑥ （北魏）瞿昙般若流支译《正法念处经》卷六十八，《大正藏》第 17 册，第 405 页。

成，四面有四座金峰挺出，各高二十由旬，周边高峰围绕，皆是金玉宝石堆成，迥然秀出，高百由旬。① 这种对雪山的描述显然并非出于对大自然中山峰的认识，而是一种神圣地理上的夸张叙事。在这样的描述中，以雪山为中心，周边四面有四座金峰为拱卫之山，是为四埵，群山以雪山为中心呈五峰之势，与佛教世界设想的须弥山为中心的世界几乎相同。

在自然地理上雪山多出矿产，被描述为金银琉璃宝山，因周边又有高山无数，最高的雪山之顶俨然为万山之中心，此等形胜描述表现出了雪山神秘、神圣和超越诸山的一面，由四山围绕，也凸显了雪山居于中心的重要地位。可以看出，佛典中对雪山的高度及其周边多山的描述并非来源于对实际地理的考察，而是出于人们对雪山的神圣构想，这样的构想常常使雪山超越世间真实而成为崇拜的对象。

这种对雪山形胜的描述随着佛教传入中国之后，也呈现在对中国佛教圣山的描述当中，佛教东传之后，与雪山相仿的中国五台山，也常常借用同样的神圣描述。比如，在东亚朝圣者对五台山的描述中即可发现与雪山类似的情形。唐开成五年（840），日本僧人圆仁在巡礼五台山之后做过这样的描述，他记录说："五顶之地，五百里外四面皆有高峰张列，围拥五台，而可千里……三方四维，亦是远涉山谷，方到五台。诚知五台山乃万峰之中心。"② 这样的夸张描述和古代印度对雪山四埵、众山之王的书写何其相似！

在雪山神圣地理描写当中，雪山顶上的阿耨达池是雪山圣境中的一处神奇水源。阿耨达池（Anavatapta），别译为阿耨大泉、阿那达池、阿那婆答多池、阿那婆达多池、阿那婆踏池、清凉池、无热恼池、无热池等，经典中对此有大致相同的描述。《长阿含经》："雪山埵出，高百由旬，其山顶上有阿耨达池，纵广五十由旬，其水清冷，澄净无秽。"③《大唐西域记》载：

> 则赡部洲之中地者，阿那婆答多池也。在香山之南，大雪山之北，周八百里。金、银、琉璃、颇胝饰其岸焉，金沙弥漫，清波皎镜。八地菩萨以愿力故，化为龙王，于中潜宅。出清冷水，给赡部洲。是以池东

① （隋）阇那崛多等译《起世经》卷一，《大正藏》第 1 册，第 312 页。
② 〔日〕圆仁著，白化文、李鼎霞、许德楠校注《入唐求法巡礼行记校注》，花山文艺出版社，2007，第 295~296 页。
③ （后秦）佛陀耶舍、竺佛念译《长阿含经》卷十八，《大正藏》第 1 册，第 116 页。

面银牛口流出殑伽河，绕池一匝，入东南海；池南面金象口流出信度河，绕池一匝，入西南海；池西面琉璃马口流出缚刍河，绕池一匝，入西北海；池北面颇胝师子口流出徙多河，绕池一匝，入东北海，或曰潜流地下，出积石山，即徙多河之流，为中国之河源云。①

玄奘对阿耨达池的记录并非全然来自其亲自探索的经验，而是对古印度传说和经典记载的转述，这一记载描写了阿耨达池四面出大河的情形。《大楼炭经》将雪山译为冬王山，认为冬王山"高四千里，上有水名阿那达，广长二千里，其底沙皆金，其水凉冷，软美且清"②。许多经典都明确指出，阿耨达池被称为"无热恼池"的原因之一是水质清凉，这自然得益于雪山天然的气候条件。佛典中述及阿耨达池时，常常将此池作为阿耨达龙王栖息之所，说阿耨达龙王居于此池龙宫之中，又以佛教前世今生的轮回之说将阿耨达龙王的过去世描写为菩萨之身。虽然《大般涅槃经》等经典记载阿耨达池在香山之上③，但"香山"也常常被包含在大雪山范围之内。这些稍有差异的记载并不影响经典中将雪山阿耨达池作为神池的描述。正如佛陀诞生之地也常常被记录为雪山之北、香山之东一样，古印度人认可香山包含于大雪山之中的地理概念。《法显传》载："葱岭山冬夏有雪，又有毒龙，若失其意则吐毒风，雨雪飞沙砾石，遇此难者万无一全，彼土人即名为雪山。"④雪山也被古代中国人认为与地理上的葱岭山为同一山。《续高僧传·玄奘传》对雪山的范围有更加详细的记述，书中说：

> 东北山行，过诸城邑，上大雪山，及至其顶，诸山并下。又上三日，达最高岭。南北通望，但见横山各有九重，过斯已往皆是平地，虽有小山孤断不续，唯斯一岭曼延高远。约略为言，赡部一洲山丛斯地，何以知耶？至如西境波斯平川眇漫，东寻鬼崿莫有穷踪，北则横野萧条，南则印度皋衍，即经所谓香山者也，达池幽邃未可寻源，四河所从皆由斯

① （唐）玄奘、辩机著，季羡林等校注《大唐西域记校注》，中华书局，2000，第39页。
② （西晋）法立、法炬译《大楼炭经》卷一，《大正藏》第1册，第278页。
③ （北凉）昙无谶译《大般涅槃经》卷二十三，《大正藏》第12册，第755页。
④ （东晋）法显撰，章巽校注《法显传校注》，中华书局，2008，第21页。

出，《尔雅》所谓昆仑之墟，岂非斯耶？①

雪山、香山、葱岭山、昆仑墟等地理名称皆可被纳入大雪山范畴之内，文中所谓达池不可寻源，更加突出了雪山的神秘性。《起世经》等经典对阿耨达池的妙好庄严做了更加详细的描述，经中说，此池宽广皆五十由旬，其水凉冷，味甘轻美，清净不浊。池边有七重砖垒、七重板砌、七重栏楯、七重铃网，周匝围绕，端严殊妙，乃至玛瑙等七宝所成。池中诸种莲花盛开，有优钵罗花、钵头摩花、拘牟陀花、奔荼利迦花，各花五颜六色，大如车轮，下有藕根，粗如车轴，汁白如乳，味甘如蜜。②《佛本行集经》又载"阿耨达池清净之水备八功德"③，八功德即澄净、清冷、甘美、轻软、润泽、安和、除饥渴、长养诸根。可见，无论是对雪山高广的描述还是对阿耨达池八功德的描述，都颇具神话色彩，是神话空间叙事的一种模式。④ 阿耨达池水可对治世间热恼，使雪山成为不离世间又超越世间的神圣空间，因阿耨达池水的"清凉"，雪山被认为是修行者的清凉圣境。

《佛五百弟子自说本起经》记述了雪山阿耨达龙王在其龙宫中宴请世尊及五百上首弟子的故事，因此衍生出阿耨达池五百罗汉信仰。⑤ 可见雪山阿耨达池在古代印度佛教徒心中的地位。

佛教经典中对雪山及阿耨达池的描述也投射到中国圣山信仰当中，作为最早形成的佛教圣山，典籍中对中国五台山的神圣描述多与对雪山的描述相似。5世纪初，六十卷本的《大方广佛华严经》译出，经中提及"清凉山"为文殊常住说法之地，清凉山在中国渐被认定为山西五台山。经中并未对清凉山的特征进行具体描述，而《佛说文殊师利般涅槃经》说文殊菩萨在佛灭后四百五十年"当至雪山"，故而五台山在神圣空间叙事上常与雪山有所联系。《古清凉传》在书写五台山神圣地理时，以中台顶上"太华池"为全山中心坐标，敦煌五台山曲子中以"其山高广共天连"之语叙述五台山，《集

---

① （唐）道宣：《续高僧传》卷四，《大正藏》第50册，第453页。
② （隋）阇那崛多等译《起世经》卷一，《大正藏》第1册，第312页。
③ （隋）阇那崛多译《佛本行集经》卷二十九，《大正藏》第3册，第789页。
④ 段义孚认为"神话空间"是"一个经验上已知，知识上不足的模糊区域"。参见〔美〕段义孚《空间与地方：经验的视角》，王志标译，中国人民大学出版社，2017，第86页。
⑤ 王鹤琴：《中国佛教罗汉信仰早期形态研究》，《宗教学研究》2017年第1期，第146~150页。

神州三宝感通录》记载，五台山顶上"方三百里"，《华严经传记》说五台山"周回四百里"，《华严经疏》与日僧圆仁《入唐求法巡礼行记》皆云"其山周回五百里"……山岳范围的不确定性和山中有山的奇景成为构建神圣空间的地理基础，与雪山中有众山的情形类似，对于雪山所在并不需要在实际地理范围上加以明确，而是要在神圣地理构建上满足古人雪山崇拜的需求。

二 雪山是神药树王生长之处

古印度人相信雪山出产的神奇药物可以对治人类诸多难愈之疾，反映出人们因追求生命质量而产生的超人间信仰。《大般涅槃经》说，雪山是"种种微妙上药根本之处"[①]；《摩登伽经》记载，雪山药为"众药中胜，仁者高远，更无能比"[②]；《渐备一切智德经》云："其雪山者，因一切药，以为屋宅，疗众生药草，不可限计"[③]……可见雪山药之妙、之胜、之多。对雪山药草的神话描述，则体现了雪山崇拜的另一个层面。

古印度人相信，雪山中诸多名药可以治愈世间无解的疾病，故亦因雪山产神药而把雪山看作超越世间的神圣空间。《正法华经·药草品》载，有人患眼疾，"凡药疗之，终不能愈，雪山有药能疗四病，一曰显，二曰良，三曰明，四曰安，是药四名。于时良医愍伤病人，为设方便，即入雪山，采四品药，咬咀捣合，以疗其盲，目便见明"[④]。这里将雪山良药与凡药加以区分，可见雪山在人们心中并非凡间之地，而是超人间的圣域，雪山所产奇药在治疗目盲之症方面有立竿见影的效果。《大唐西域记》中也有一则记载雪山神药治疗眼疾的神奇传说。玄奘在路过一个名为"得眼林"的地方时，记录了这样一则故事：过去世中，曾有五百人为盗，横行乡里，跋扈城国，胜军王将他们捕获并处以抉眼之刑，弃于深林之中。诸盗生悔改之心，称念佛名，佛陀于是发慈悲之心救度，将雪山之药吹满群盗之眼，遂得复明，以是因缘，此地后名为"得眼林"。[⑤] "得眼林"这一地名在《别译杂阿含经》《摩诃僧

---

① （北京）昙无谶译《大般涅槃经》卷二十五，《大正藏》第12册，第511页。
② （三国·吴）竺律炎、支谦译《摩登伽经》卷一，《大正藏》第21册，第402页。
③ （西晋）竺法护译《渐备一切智德经》卷五，《大正藏》第10册，第493页。
④ （西晋）竺法护译《正法华经》卷三，《大正藏》第9册，第85页。
⑤ （唐）玄奘、辩机著，季羡林等校注《大唐西域记校注》，中华书局，2000，第504页。

祇律》等早期经典中多有记载，可见雪山药治疗眼疾的传说在印度流传之广。

除治眼疾之外，雪山药还能医治恶疮，《鞞婆沙论》载，摩诃先优婆夷供养一位患病比丘，比丘因病需以肉汁治疗，而当时她所在的波罗奈城城主梵摩达王下令不准杀生，故肉汁难求，所以摩诃先割己身之肉作汤，治比丘之疾。其割肉之处罹患恶疮。世尊闻说此事，施展神通，伸臂顷至雪山，取药敷其疮上，疮即平复。① 雪山亦产能治疗不孕之药，《贤愚经》《菩萨本生鬘论》等经载，摩诃赊仇利王久无子嗣，向天祈求，帝释天化作医师，入雪山采灵药施与摩诃赊仇利王，于是诸夫人皆生王子，王后亦生株杌太子。② 可见不论取药的主角是佛陀还是帝释天，凡是灵药，则常生于雪山。

雪山之中不但有特殊的药草可以治各种疾病，就连其他花草也可能有神奇疗效。《弥沙塞部和醯五分律》记载，佛弟子目犍连曾为舍利弗取雪山阿耨达池之藕治愈风疾。③ 出自雪山的莲藕都能成为治疗疾病的良药。《一切经音义》中有更多关于雪山草药的记录，如雪山阿耨达池莲花名为"嗢钵罗花"，异译为"沤钵罗花""优钵罗花"，此花为"细叶青色莲花也，最香最大，人间绝无，雪山无热恼池有"，与钵头摩花、拘牟陀花等皆为莲花之属，出淤泥而不染，为菩萨手中常持之花。

雪山中有一种药名为"莫耆"，能解一切毒。《大般若波罗蜜多经》云："妙药名曰莫耆，是药威势能销众毒，有大毒蛇饥行求食，遇见生类欲螫啖之，其生怖死，走投妙药，蛇闻药气，寻便退走。"④ 因"莫耆"能利益一切生命，典籍中将之与"般若波罗蜜多"之大智之力相比。雪山中有一种名为"阿蓝婆"的药，生在石臼之内，《大方广佛华严经》云："阿蓝婆，若用涂身，身之与心咸有堪能，菩萨摩诃萨得菩提心，阿蓝婆药亦复如是，令其身心增长善法。"⑤ 阿蓝婆因能涂身缓解身心压力，所以被比作能增长善法的菩提之心。雪山中有一味名"毗伽摩"的药，《大宝积经》云："如大雪山中有大药王名为毗伽摩，若闻其声，一切世间猛烈毒热皆悉消灭。若药所住，百逾缮那，其威盛故，令诸恶毒皆无势力。若以药王涂大螺鼓，若击若吹，其

---

① （前秦）僧伽跋澄译《鞞婆沙论》卷十一，《大正藏》第 28 册，第 498 页。
② （宋）绍德、慧询等译《菩萨本生鬘论》卷二，《大正藏》第 3 册，第 336 页。
③ （南朝·宋）佛陀什、道生等译《弥沙塞部和醯五分律》卷七，《大正藏》第 22 册，第 53 页。
④ （唐）玄奘译《大般若波罗蜜多经》卷一百一，《大正藏》第 5 册，第 560 页。
⑤ （唐）实叉难陀译《大方广佛华严经》卷七十八，《大正藏》第 10 册，第 431 页。

声所及诸有众生，或饮毒药，或被毒螫、毒涂毒刺、众毒恼者，但闻如是螺鼓之声暂至于耳，一切诸毒皆得除灭。舍利子！如是毗伽摩大妙药王，一切世医皆不能识，唯除时缚迦大医王者方知色性。"① 唯有缚迦大医王能识雪山神药"毗伽摩"之药性，足见药王之神奇。

雪山草药不但能疗愈生理上的疾病，还可以增长智慧，利于修行，乃至助人超脱世间之苦。《大方广佛华严经》云："如雪山增长一切智药故。"②《大智度论》以为，雪山多产药草，能杀诸毒，是北方诸国"行般若波罗蜜"的一大因缘。③ 部派佛教经典中，《根本说一切有部毗奈耶药事》认为，服用雪山之药能除饥渴，增长气力，有助于禅定修行。④《大般涅槃经》云："雪山有草名为忍辱，牛若食者则出醍醐。"⑤ 经中以雪山比喻如来，以忍辱草比喻涅槃经典，以其他异草喻十二部经，正如忍辱草能使牛产醍醐一般，《大般涅槃经》能使人见佛性。《摩诃止观》在解释佛典，提倡禅定修行时说："如雪山甘香藕等，食已系心，思惟坐禅。"⑥ 诸多经典中对雪山草药与佛教修行关系的记载从侧面反映了古代印度有关于雪山药草利于修行的信仰。

雪山药草名目繁多。《善见律毗婆沙·阿育王品》载，雪山鬼神为阿育王献上"摩勒呵罗勒""庵罗果"等神奇药果。⑦《大宗地玄文本论》载，有神药名"上味常"，生雪山之顶，有人取此药放于舌上，则身体香极，不再需要人间饮食，而其命极长远，还可飞腾虚空。⑧《佛说大般泥洹经》中将这种药称为"上味"，说此雪山"上味"为"好甜药"，在转轮圣王未出世时，则隐没不现，有人在雪山采此药，药味或甜或苦，或辛或酸，或咸或淡，所以此药的品质是由福德深浅而定，唯有转轮圣王出世，方为"真实上味"。⑨ 在《大般涅槃经》中，此药则名为"乐味"，唯有圣王出现时，以福因缘故，方得真正之味。⑩《大般涅槃经》还记载有雪山香药名为"娑呵"，见此药即

① （唐）菩提流志译《大宝积经》卷四十八，《大正藏》第11册，第284页。
② （唐）实叉难陀译《大方广佛华严经》卷七十七，《大正藏》第10册，第421页。
③ 〔印度〕龙树造，（后秦）鸠摩罗什译《大智度论》卷六十七，《大正藏》第25册，第531页。
④ （唐）义净译《根本说一切有部毗奈耶药事》卷十四，《大正藏》第24册，第63页。
⑤ （北凉）昙无谶译《大般涅槃经》卷二十七，《大正藏》第12册，第525页。
⑥ （隋）智颛：《摩诃止观》卷四上，《大正藏》第46册，第42页。
⑦ （南齐）僧伽跋陀罗译《善见律毗婆沙》卷一，《大正藏》第24册，第680页。
⑧ 〔印度〕龙树造，（南朝·陈）真谛译《大宗地玄文本论》卷十九，《大正藏》第32册，第691页。
⑨ （东晋）法显译《佛说大般泥洹经》卷十五，《大正藏》第12册，第884页。
⑩ （北凉）昙无谶译《大般涅槃经》卷七，《大正藏》第12册，第408页。

可"得寿无量，无有病苦，虽有四毒不能中伤，若有触者增长寿命满百二十，若有念者得宿命智"①。《治禅病秘要法》载此香药名"娑呵那伽"，并说此药为雪山郁多罗伽神所持，专门授与修行者，服此药时，需先发无上菩提之心。② 可见，雪山"娑呵"圣药与修行关系密切，不但能随修行者的福报产生不同的功效，还有助于修行者更早得道，而其发挥功效的基础则是虔诚的信仰。

雪山诸药并非皆是草药，有些甚至长成了参天药树。《大方广佛华严经》载，雪山有药树王名"无尽根"，《佛说如来兴显经》译为"无根着"③。"彼药树根从十六万八千由旬下，尽金刚地水轮际生，彼药王树若生根时，令阎浮提一切树根生；若生茎时，令阎浮提一切树茎生；枝、叶、华、果悉皆如是。此药王树，根能生茎，茎能生根，根无有尽，名无尽根。"④ 佛典中常常拿这种树木来比喻佛道之广涉一切、普度众生之意。《大方广佛华严经》又云："譬如雪山有药王树名曰善见。若有见者，眼得清净；若有闻者，耳得清净；若有嗅者，鼻得清净；若有尝者，舌得清净；若有触者，身得清净；若有众生取彼地土，亦能为作除病利益。"⑤ 这种药树王的"清净"品格明显为雪山品格的延伸。一些神奇的雪山药树服之能得佛道，《佛说观佛三昧海经》云：

> 雪山有树名殃伽陀，其果甚大，其核甚小。推其本末从香山来，以风力故得至雪山。孟冬盛寒，罗刹、夜叉在山曲中屏嵼之处，粪秽不净盈流于地，猛风吹雪以覆其上，渐渐成堑，五十由旬，因粪力故此果得生，根茎枝叶华实滋茂，春阳三月八方同时皆悉风起，消融冰雪唯果树在。其果形色，阎浮提果无以为譬，其形团圆，满半由旬，婆罗门食即得仙道五通具足，寿命一劫不老不死；凡夫食之向须陀洹、阿那含食成阿罗汉，三明六通阙不悉备。有人持种至阎浮提粪壤之地，然后乃生，高一多罗树，树名拘律陀，果名多勒，如五斗瓶，阎浮提人有食之者，

---

① （北凉）昙无谶译《大般涅槃经》卷二十五，《大正藏》第 12 册，第 511 页。
② （南朝·宋）沮渠京声译《治禅病秘要法》卷二，《大正藏》第 15 册，第 338 页。
③ （西晋）竺法护译《佛说如来兴显经》卷三，《大正藏》第 10 册，第 607 页。
④ （唐）实叉难陀译《大方广佛华严经》卷五十一，《大正藏》第 10 册，第 272 页。
⑤ （唐）实叉难陀译《大方广佛华严经》卷五十二，《大正藏》都 10 册，第 277 页。

能除热病。①

这种名为"殃伽陀"的神树生在雪山顶上时硕大无比,可助人得四果位,即使生在阎浮提世界中也颇能治疗热病。"无尽根""善见药树王""殃伽陀"等皆为雪山药树。雪山不但有草药与药树,还有神奇妙香以及其他花草,它们都被认为是神圣空间中的殊胜药物。"北边雪山中,有阿那婆达多池,是池中有金色七宝莲华,大如车盖"②,"雪山中妙栴檀香,众生见者诸苦消灭"③,"雪山有香名阿卢那;若有众生嗅此香者,其心决定离诸染着"④。种种香花与草药树王一道,为雪山孕育神奇、利于修行的环境增添了更加神圣的氛围。

典籍中对雪山药草的种种描述在中国佛教圣山传记中也多有反馈。《古清凉传》记载,修行者在五台山中多能获得奇药。大孚寺僧祥云食仙人赐药后成仙,梵仙山有人饵菊成仙,这种神奇事迹在帝都长安广为传播,甚至吸引了唐高宗派人来山"探菊"。五台山南台普明禅师以"长松"之药治愈恶疮,恒州有盲女在五台山祈请文殊复明……凡此种种,皆与山中神药相关。五台山草药同样利于修行,有一种名为"蕾�筵"的无心之草,能使人开悟。五台山也多有神奇药树,例如山顶太华池中就有大龙绕蒌等奇迹。⑤《广清凉传》在描写五台山时,对五个台顶分区域进行叙述,而每个区域范围内均有"神奇药草"一栏,为神圣空间营造了更加神奇的氛围。虽然五台山传志对佛教圣山的描述也受到了中国传统求仙传说的影响,但古代印度描述雪山神奇药草的传统对中国圣山构建中神话书写的影响亦不可忽视。

三　雪山是龙王瑞兽栖息之所

根据佛教经典的记载,雪山不但盛产神药,还有诸多瑞兽栖息。雪山中最为殊特的神兽当数龙王,佛教经典中记载的龙王信仰后来在中土产生了巨

---

① （东晋）佛陀跋陀罗译《佛说观佛三昧海经》卷一,《大正藏》第15册,第646页。
② （唐）实叉难陀译《大方广佛华严经》卷六十七,《大正藏》第10册,第363页。
③ 〔印度〕龙树造,（后秦）鸠摩罗什译《大智度论》卷七,《大正藏》第25册,第114页。
④ （唐）实叉难陀译《大方广佛华严经》卷六十七,《大正藏》第10册,第361页。
⑤ （唐）慧祥:《古清凉传》,《大正藏》第51册,第1099页。

大影响。①《起世经》载，雪山阿耨达池中多有龙王居住，并说雪山中有八万龙象（"龙象"也是龙的一种②）居住，并皆白色。③ 除龙王与龙象之外，雪山中还有白象王、鹿王、猕猴王、虎、狮子、白牛、灵鸟等珍禽瑞兽，虽然种种珍禽瑞兽可以说是来源于自然界的生物多样性，但经过神话性描述，雪山动物多具备了不同凡间的品格，成为雪山神圣空间中超人间信仰的基础。

《十诵律》记载雪山有"好毛师子"与"好牙虎"④，《修行本起经》《太子瑞应本起经》《佛本生经》等都记载雪山有白狮子，《杂宝藏经》《分别功德经》等记载雪山有六牙白象王，《大般涅槃经》《增一阿含经》记载雪山有八万四千白象等瑞兽。

此外，雪山龙王多居住在雪山阿耨达池中。《佛说佛母宝德藏般若波罗蜜经》云："龙王主住无热池，彼龙威力流江河。"⑤《大智度论》中说阿那婆达多龙王是七住大菩萨。⑥ 作为佛教"天龙八部"（天、龙、阿修罗、夜叉、乾闼婆、迦楼罗、紧那罗、摩侯罗伽）之一，龙众的统领者龙王住在雪山阿耨达池龙宫之中，阿耨达龙王即为无上最胜龙王，因其最先皈依佛陀，故为最胜。⑦《大云经·请雨品》及其别译《大云轮请雨经》中列举龙王名号一百八十多种，此外尚有"八十四亿百千那由他龙王"，但诸多龙王中以雪山龙王最为特殊。隋代智𫖮《妙法莲华经文句》中这样转述《阿含经》对雪山龙王的描述：

> 雪山顶有池名阿耨达池，中有五柱堂，从池为名，龙王常处其中。阎浮提诸龙有三患：一、热风、热沙着身，烧皮肉及骨髓以为苦恼；二、恶风暴起吹其宫殿，失宝饰衣等，龙身自现以为苦恼；三、诸龙娱乐时，金翅鸟入宫，搏撮始生龙子食之，怖惧热恼。此池无三患，若鸟起心欲往即便命终，故名无热恼池也。本住清凉常乐我净，迹处凉池。观者，

① 张培锋：《中国龙王信仰与佛教关系研究》，《文学与文化》2012 年第 3 期，第 4~11 页。
② 湛如：《印度古代与佛教中龙的传说、形象与描述》，《文学与文化》2013 年第 1 期，第 17 页。
③ （隋）阇那崛多等译《起世经》卷一，《大正藏》第 1 册，第 312 页。
④ （后秦）弗若多罗、罗什译《十诵律》卷九，《大正藏》第 23 册，第 66 页。
⑤ （宋）法贤译《佛说佛母宝德藏般若波罗蜜经》卷一，《大正藏》第 8 册，第 676 页。
⑥ 〔印度〕龙树造，（后秦）鸠摩罗什译《大智度论》卷七，《大正藏》第 25 册，第 114 页。
⑦ 湛如：《印度古代与佛教中龙的传说、形象与描述》，《文学与文化》2013 年第 1 期，第 16 页。

三观妙慧，净五住之烦嗳，免二死之热沙。①

雪山龙王因雪山阿耨达池"常乐我净"，具备了清凉的品格。《佛说弘道广显三昧经》叙述了佛陀为阿耨达龙王说法之事，经中明言阿耨达龙王"曾事九十六亿诸佛，积累功德不可称数"，因此住于雪山无热池中，也称"无热王"。② 阿耨达龙王曾在雪山无热池龙宫中请世尊说法，龙宫中种种严饰，诸菩萨也各自宣说，为龙众决诸疑问，终使龙王率五百龙太子等皈依，③ 可见雪山龙王在佛教中的重要地位。龙王多处雪山清凉无热池的传说也影响了经典乃至艺术作品中对五台山神圣空间的构建，五台山龙众动辄成百上千，也是其作为圣山的一大特色。例如，敦煌莫高窟第 61 窟五台山图中对此颇有表现，图像中不但出现了"云中现毒龙"的场景，还出现了"大毒龙二百五十云"等场景。

古印度时期雪山龙王信仰多与求雨有关。《大唐西域记》载，大雪山顶有龙池，时人在山顶池边"请雨祈晴，随求果愿"，可见雪山龙王在古代印度就是求雨的对象，这种以龙王为祭祀对象的求雨祈晴活动后来随着佛教的传播风靡中土。雪山中除了求雨龙王之外，还有毒龙，法显在《佛国记》中记载："葱岭冬夏有雪，又有毒龙，若失其意则吐毒风、雨雪、飞沙砾石，遇此难者，万无一全，彼土人即名为雪山。"④ 毒龙传说在《大唐西域记》中有更为详细的描述。传说在犍陀罗国，阿耨达龙王曾以"天甘露饭"供养一阿罗汉，但并不将这种美味供养给罗汉的侍者沙弥。于是，侍者沙弥心生嫉恨，发愿复仇。沙弥此世命终之后化为大毒龙，杀死了阿耨达龙王。迦腻色迦王为阿耨达龙王修建伽蓝以作纪念，毒龙更是心生嫉妒，兴风作浪，破坏正在建设的庙宇。迦腻色迦王大怒，兴兵降伏毒龙，将其困在雪山之中。但毒龙生性猛恶，不能控制恶念，于是只好请求迦腻色迦王令人时时望雪山云气，若有黑云，则击楗槌，息毒龙之恶念。⑤

雪山毒龙的故事通过《大唐西域记》为中土熟知，可能为中国佛教传说

① （隋）智颢撰《妙法莲华经文句》卷二，《大正藏》第 34 册，第 24 页。
② （西晋）竺法护译《佛说弘道广显三昧经》卷二，《大正藏》第 15 册，第 494 页。
③ （西晋）竺法护译《佛说弘道广显三昧经》卷四，《大正藏》第 15 册，第 503 页。
④ （东晋）法显撰，章巽校注《法显传校注》，中华书局，2008，第 21 页。
⑤ （唐）玄奘、辩机著，季羡林等校注《大唐西域记校注》，中华书局，2001，第 149 页。

中"降伏毒龙"故事提供了素材。例如，至迟在唐代中期，五台山就流传文殊镇压毒龙的故事，《古清凉传》也记载五台山中台、北台皆有"龙池"。李邕《五台山清凉寺碑》中就有"上尊王演正法、降毒龙在清凉之山"的说法，可见唐代初期文殊菩萨降伏五台山毒龙的故事已经广为流传。

雪山龙王事迹不仅是停留在典籍当中的故事，而且可能是古代印度信仰实践的一个组成部分。古代印度早有为雪山龙王立庙的传统，《释迦方志》载："大雪山顶有龙池，山下为龙立寺，塔中有佛骨肉舍利升余，有时烟起或如火猛焰，渐灭之时方见舍利。"① 龙王不但成为供奉对象，而且成为佛教圣物舍利的守护神，他们守护舍利，同时守护着雪山神药。《弥沙塞部和醯五分律》记载，目犍连为舍利弗至雪山取藕时，有雪山龙守护阿耨达池中之藕。② 竺法护译《佛五百弟子自说本起经》中说，阿耨达龙王于佛在世时曾经授记为菩萨，有神猛之德，据于昆仑之墟（即雪山），所居宫馆宝殿为五河之源，有八味水池、七色莲花，服此水者即识宿命。③ 可见人们相信龙王与阿耨达池有紧密联系，而雪山清凉池水亦有神圣功能。

除龙王之外，佛典中许多兽王故事的背景也设在雪山。在《菩萨本缘经·鹿王品》中，著名的九色鹿故事就将背景设置在雪山中。典籍中记载的鹿王名为"金色鹿王"，为佛陀前世，生活在雪山之中，常为群鹿及诸鸟兽说法。鹿王在林中救了一个人，而这个人却恩将仇报，将鹿王行踪告知国王。国王带人来山中围猎，受鹿王善行所感，听鹿王说法，之后皈依并下令全国不得游猎杀生。④ 早期汉译律藏经典《鼻奈耶》中记载，雪山鹿王失利末常与五百鹿在雪山中，一日觅食途中鹿王被猎人设下的网缠住左脚，有一只鹿对鹿王不离不弃，猎师发现被网住的鹿王时，这只鹿愿意舍己命来换鹿王之命，猎师感动，遂不杀此鹿及雪山鹿王。⑤ 《大庄严论经》中记载了另外一则关于雪山二鹿王的故事，二鹿王一为释迦世尊前世，称为菩萨鹿王，一为提婆达多前世，名为提婆达多鹿王，二鹿王各领群鹿，游于雪山。时波罗奈城梵摩达王常于雪山围猎，为免多杀，二鹿王与国王约定日奉一鹿

① （唐）道宣：《释迦方志》，范祥雍点校，上海古籍出版社，2011，第 22 页。
② （南朝·宋）佛陀什、竺道生等译《弥沙塞部和醯五分律》卷七，《大正藏》第 22 册，第 53 页。
③ （西晋）竺法护译《佛五百弟子自说本起经》，《大正藏》第 4 册，第 190 页。
④ （三国·吴）支谦译《菩萨本缘经》卷三，《大正藏》第 3 册，第 66 页。
⑤ （后秦）竺佛念译《鼻奈耶》卷五，《大正藏》第 24 册，第 872 页。

于王厨中。一日提婆达多鹿王奉一怀妊待产之雌鹿，雌鹿哀求提婆达多鹿王不得获免，菩萨鹿王于是舍己身自往王厨代替雌鹿，梵摩达王闻之，遂不再杀诸鹿，且将雪山鹿所居之处命名为"施鹿林"。① 当然，经典中的鹿王故事并不都以雪山为背景，但雪山作为鹿王栖息游戏之所的看法在古印度也较为普遍。

大象一直被印度人奉为吉祥之兽，象头神迦尼萨（Ganesha）被认为是湿婆神（Shiva）与雪山女神（Parvati）的儿子，是智慧和财富之神，受到印度寻常百姓的供奉。佛典中记录的象王故事也多以雪山为背景。《长阿含经》载，雪山有娑罗树王名"善住"，树王下有象王，亦名"善住"。"止此树下，身体纯白，七处平住，力能飞行，其头赤色，杂色毛间，六牙纤脯，金为间填，有八千象围绕随从；其八千树王下八千象，亦复如是。"② 雪山象王为六牙白象，而且力能飞行，俨然神象之种。《杂譬喻经》载，雪山中的六牙白象王敬信三宝，一日携两位夫人出游，见一花树，于是象王欲以树上花为二夫人饰美，遂以鼻绞树摇花，风吹树花独落于大夫人身上，小夫人心生嫉妒，发誓来世必报此恨。小夫人第二世转生为人间王后，于是请猎师往雪山杀象王。因象王信佛，猎师披袈裟引象王至陷阱，象王知道这是前世小夫人的报复，于是甘心受死。象王死后，这位王后懊悔不已，最终死去。③《摩诃僧祇律》载，雪山六牙白象王以先王象牙供养猎师，而猎师却因贪婪射杀白象王。④《佛本行集经》中也有个关于雪山瑞兽的故事，说雪山中有个漂亮的雌虎，曾于牛王、大白象王、狮子王中择偶，后有感于狮王说偈而选择了狮王为配偶。⑤《譬喻经》《本生经》，以及律藏经典都是佛教早期传播中大众宣讲和流传的故事，经中以雪山为背景的鹿王、象王、老虎的故事都劝导世人敬信三宝，可见古印度人对雪山是瑞兽所在之地深信不疑。

佛本生故事中，佛诞之时的种种祥瑞离不开雪山灵鸟的显应。《普曜经》载，太子生时，王宫中现八种瑞象，其一为雪山鸟如凫雁、鸳鸯、鹰鹞、赤鹦鹉、青雀、哀鸾杂鸟等飞来王宫住宫殿上，以柔软妙雅之声贺圣诞。此经

---

① （后秦）鸠摩罗什译《大庄严论经》卷十四，《大正藏》第4册，第338页。
② （后秦）佛陀耶舍、竺佛念译《长阿含经》卷十八，《大正藏》第1册，第117页。
③ （后汉）支娄迦谶译《杂譬喻经》卷一，《大正藏》第4册，第504页。
④ （东晋）佛陀跋陀罗、法显译《摩诃僧祇律》卷二，《大正藏》第22册，第240页。
⑤ （隋）阇那崛多译《佛本行集经》卷十四，《大正藏》第3册，第715页。

第五品描述了释迦太子出生前的三十二祥瑞，其中有二则与雪山瑞兽有关联，所谓"七者雪山中出五百师子，罗住城门无所娆害；八者五百白象子罗住殿前"[①]。灵鸟、狮子、白象皆出自雪山，可见古代印度人对雪山是瑞兽来源之地的信仰。除了佛陀诞生故事中提到的各种灵鸟，佛典中最为知名的迦陵频伽鸟亦出自雪山，其鸟声常喻佛之妙音。《长阿含经》云"菩萨生时，其声清彻，柔软和雅，如迦罗频伽鸟声"，又云"犹如雪山鸟，饮华汁而鸣，其彼二足尊，声清彻亦然"[②]。雪山鸟亦即吉祥鸟迦陵频伽。《大方广佛华严经》载，迦陵频伽在卵中即有大势力，为一切诸鸟所不能及[③]，亦称为共命鸟，二头一身。《佛本行集经》记载："我念往昔久远世时，于雪山下有二头鸟，同共一身，在于彼住，一头名迦喽嗦鸟，一名优波迦喽嗦鸟，而彼二鸟，一头若睡，一头便觉。"[④] 《一切经音义》载此鸟名为羯罗频迦，亦云迦陵频伽，译为"美妙声"，出自大雪山，卵觳之中即能鸣，其声和雅，听者乐闻。[⑤] 除迦陵频伽之外，雪山还有诸多奇鸟。《阿育王传》载，雪山有"好眼鸟"名驹那罗。[⑥]《七佛经》云雪山有迦尾啰鸟，食花而醉，所出音声雅妙清响，众生闻者无不爱乐。[⑦]《十诵律》载雪山有鸜[⑧]，《出曜经》将之译为"佉频阇罗鸟"，《摩诃僧祇律》译为"巅多鸟"，此亦为祥瑞之鸟。珍禽瑞兽常常被看作神圣空间中的重要信仰元素，雪山瑞兽传说随着佛教菩萨信仰的传播和中国佛教本土化的进程在中国发生了转变。在五台山神圣空间中，狮子与白象已经成为菩萨坐骑，但在很多祥瑞鸟兽身上还是能找到受雪山影响的影子，根据《古清凉传》和《广清凉传》的记载，唐代僧人登五台山时，多有"白鹿驯狎""灵鸟齐飞"的场景，敦煌五台山图中也多有描绘五台山"吉祥鸟"的画面。对此种场景的描写，固然与中国传统有关，但很难说没有受到印度佛教雪山崇拜的影响。

---

① （西晋）竺法护译《普曜经》卷一，《大正藏》第 3 册，第 488 页。
② （后秦）佛陀耶舍、竺佛念译《长阿含经》卷一，《大正藏》第 1 册，第 6 页。
③ （唐）实叉难陀译《大方广佛华严经》卷七十八，《大正藏》第 10 册，第 432 页。
④ （隋）阇那崛多译《佛本行集经》卷五十九，《大正藏》第 3 册，第 923 页。
⑤ （唐）慧琳：《一切经音义》卷四，《大正藏》第 54 册，第 331 页。
⑥ （西晋）安法钦译《阿育王传》卷三，《大正藏》卷五十，第 108 页。
⑦ （宋）法天译《七佛经》卷一，《大正藏》第 1 册，第 154 页。
⑧ （后秦）弗若多罗、罗什译《十诵律》卷三十四，《大正藏》第 23 册，第 242 页。

四　雪山是仙佛鬼神的修行灵地

在古印度人看来，雪山是诸天夜叉鬼神集中之处，也是修道者常往之所。神迹灵怪是雪山成为神圣空间必不可少的神圣元素，佛教"天龙八部"多与雪山相关，天神常常居于雪山或来雪山，夜叉与紧那罗等常常被称为"鬼神"，多在雪山活动。《大方等大集经》载"释提桓因"常与无量天和梵天等"下至雪山"。① 《增一阿含经》云"恶鬼集在雪山北鬼神之处"②，《阿育王传》等经典说雪山有五百仙人，《佛说兴起行经》说佛在雪山与五百阿罗汉说法。③ 仙人、罗汉、菩萨都将雪山当作重要的修行灵地。

雪山是天神所住之地，古印度"六师外道"之一的"涂灰外道"崇奉大自在天，认为大自在天有两个住处，其一为雪山北，其二在南海末剌耶山，过去世时摩罗陀国有信奉涂灰外道的兄弟二人一起前往雪山求见大自在天。④ 《大唐西域记》载，有婆罗门兄弟往雪山求见大自在天，大自在天命兄弟二人在佛成道之所伽耶城菩提树下建大精舍，凿大水池，后弥勒菩萨亲自化现，住此六月，为精舍内造佛像。在菩提精舍南门外有一水池，传说为帝释天所造，池边晒衣石也是帝释天从雪山持来。⑤ 可见古印度人所信奉的天神大自在天与帝释天等均与雪山有莫大的关系。《一切经音义》载，印度圣河恒河，正翻为殑伽河，异译为恒伽河、恒迦河、强伽河等，从无热恼池东向象口而出，流入东海。恒河旧译名为"天堂来"，这种说法是根据古印度"外书"中记载而得出的，恒河"本入摩醯首罗天顶，耳中出，流在地上，以此天化身在雪山顶，故作是说，见从高处而来故云天堂来也"⑥。摩醯首罗天即大自在天，雪山即其化身所在，这种说法虽然记录在佛教经典中，但并非佛教所创，而是古印度广为流传的神话，反映了天神与雪山的关系。

雪山是夜叉等鬼神的住所，佛经中常常将"鬼神"和夜叉视作同类。夜

① （北凉）昙无谶译《大方等大集经》卷二十三，《大正藏》第 13 册，第 163 页。
② （东晋）瞿昙僧伽提婆译《增一阿含经》卷十四，《大正藏》第 2 册，第 615 页。
③ （后汉）康孟祥译《佛说兴起行经》卷一，《大正藏》第 4 册，第 164 页。
④ （唐）定宾：《四分律疏饰宗义记》卷七，《卍续藏》第 42 册，第 224 页。
⑤ （唐）玄奘、辩机著，季羡林等校注《大唐西域记校注》，中华书局，2000，第 684 页。
⑥ （唐）慧琳：《一切经音义》卷七十，《大正藏》第 54 册，第 765 页。

叉，梵名 Yakṣa，又译作悦叉、阅叉、药叉、夜乞叉等，意译为能啖鬼、捷疾鬼、勇健、轻捷、秘密等。唐窥基《妙法莲华经玄赞》卷二云："夜叉者此云勇健，飞腾空中，摄地行类诸罗刹也。罗刹，云暴恶，亦云可畏，彼皆讹音，梵语正云药叉逻刹婆。"① 夜叉能慑服地上各种罗刹鬼怪，可以说是最为可怖的鬼神。《长阿含经》载"雪山神将六千鬼悦叉若干种，皆有神足、形貌、色像、名称"，又云"有鬼神居在雪山，笃信佛道，即以钵盛八种净水，奉上世尊"②。说明夜叉鬼神居于雪山是长久以来的认知。《佛说无量门微密持经》中说，雪山有八大神护持舍利弗在此修行，"其名曰勇决神、果强神、饶裕神、雄猛神、体行神、清洁神、难胜神、多安神"③。而专门记述此事的《舍利弗陀罗尼经》则将护持修行者记录为雪山"八夜叉"，其名为勇猛夜叉、坚固夜叉、自在夜叉、那罗延力夜叉、法用夜叉、不可系夜叉、曲齿夜叉、善肩夜叉。④ 二经相较，可见夜叉与鬼神实为同一所指。《佛说一向出生菩萨经》扩大了雪山夜叉守护的范围，说夜叉不但守护舍利弗，而且守护所有雪山修道者。此经载世尊为舍利弗说法，云："若菩萨于此入无边陀罗尼，精勤用意者，于彼雪山之中有八夜叉，日夜常来卫护此人，以其威力遍入彼人身诸毛孔。何等为八，其名曰勇健夜叉、坚固夜叉、众多力夜叉、那罗延力夜叉、实行夜叉、无能降伏夜叉、长牙锋出夜叉、善臂夜叉。"⑤ 这里提到的八夜叉名与之前二经中又略有差别，三部经典中的说法与译名虽有差异，但更加证明了古代印度将雪山诸鬼神与夜叉看作同类的事实。

雪山中的鬼神常常为祸人间，佛经中多有关于佛陀降伏雪山鬼神的记载。《生经》载，佛告阿南曰，"雪山南胁有大女神"名设陀罗迦醯（同经中亦作设陀怜迦醯、设陀迦醯），常与五百子俱，取"千百众生人精以为饮食"，扰害修行之人，最后，佛陀说吉祥咒，才将其降伏。⑥ 设陀罗迦醯意译名为"摄声"，可见是一位与音乐相关的鬼神。《大智度论》载"甄陀罗女于雪山池中浴，闻其歌声，即失禅定，心醉狂逸，不能自持"，又云"五百仙人飞

---

① （唐）窥基：《妙法莲华经玄赞》卷二，《大正藏》第 34 册，第 680 页。
② （后秦）佛陀耶舍、竺佛念译《长阿含经》卷一，《大正藏》第 1 册，第 19 页。
③ （三国·吴）支谦译《佛说无量门微密持经》卷一，《大正藏》第 19 册，第 682 页。
④ （南朝·梁）僧伽婆罗译《舍利弗陀罗尼经》卷一，《大正藏》第 19 册，第 698 页。
⑤ （隋）阇那崛多译《佛说一向出生菩萨经》卷一，《大正藏》第 19 册，第 702 页。
⑥ （西晋）竺法护译《生经》卷二，《大正藏》第 3 册，第 85 页。

行时，闻甄陀罗女歌声，心着狂醉，皆失神足，一时堕地"①。"甄陀罗"即"天龙八部"之一紧那罗，梵文 Kiṁnara，别译紧捺罗、紧陀罗、真陀罗、紧捺洛，意译为"歌神"，甄陀罗女在雪山所行之事也是扰人修行。《佛说灌顶经》中，佛告帝释天说，我结伏魔印咒时有雪山"女人神"名"阿利陀"，有七百鬼神以为官属，取众生精气以为饮食，害于人民。②可见，"阿利陀"虽名为"女人神"，但与前两种经典中的记述类似，都属于扰害世人的女妖。正如夜叉与鬼神属于同类一般，雪山中的大女神、甄陀罗女、女人神也是类似的鬼神，只是在称谓上有所不同。在雪山中以歌声扰乱修行的甄陀罗女与希腊神话中的塞壬女妖相似，以歌声摄人心魄，是雪山鬼神信仰的一种。

雪山也是众多仙人居止之地，《摩诃僧祇律》云："过去世时有五百仙人住雪山中。"③据研究，传说的释种四国，都在兴都库斯（大雪山）山区。④释迦牟尼出生地迦毗罗卫国又译为"劫比罗伐窣堵"，为"雪山边分盐河侧劫比罗仙人所住之处"⑤，可见"迦毗罗"就是以雪山仙人"劫比罗"得名。释迦太子出世时，劫比罗仙人及婆罗门阿私多仙人由雪山来至王宫，阿私多仙人即预言太子成道，雪山也是阿私多仙人居住之地。《禅秘要法经》载，释迦太子出城游行时曾遇到长者子患病，光味仙人于雪山腾虚而至，出己身之血，破己身之髓施救。⑥光味仙人（Jyotīrasa）出于雪山，又称"殊致罗娑大圣人""殊致罗娑大菩萨"，与诸多"圣人"住在雪山。《大方等大集经》载，苏尸摩、那筹、阿收求多、毗梨呵、婆揭蒲、殊致阿罗娑（隋言光味），此六圣人得五神通，悉各于雪山边住。⑦由此而知，雪山是仙人多住之所。关于雪山仙人的传说甚多，例如，《大方等大集经》又载，婆伽婆仙人在雪山与雌虎生十二仙人，名为"竭伽、跋伽婆、虎、师子、担重、婆罗堕阇、步行、婆罗奴、健食、恶性、师子担、健行"，而此雪山十二仙人出生时曾受到帝释天与大自在天祝福。⑧《大方等大集经》还载有"驴唇仙人"的故事。旃

---

① 〔印度〕龙树造，（后秦）鸠摩罗什译《大智度论》卷十七，《大正藏》第 25 册，第 181 页。
② （东晋）帛尸梨蜜多罗译《佛说灌顶经》卷七，《大正藏》第 21 册，第 516 页。
③ （东晋）佛陀跋陀罗、法显译《摩诃僧祇律》卷六，《大正藏》第 22 册，第 277 页。
④ 释印顺：《初期大乘佛教之起源与开展》，中华书局，2011，第 378 页。
⑤ （唐）义净译《根本说一切有部苾刍尼毗奈耶》卷八，《大正藏》第 23 册，第 947 页。
⑥ （后秦）鸠摩罗什译《禅秘要法经》卷三，《大正藏》第 15 册，第 263 页。
⑦ （北凉）昙无谶译《大方等大集经》卷二十三，《大正藏》第 13 册，第 273 页。
⑧ （北凉）昙无谶译《大方等大集经》卷二十三，《大正藏》第 13 册，第 163 页。

陀延城无量净王夫人生一子，头耳项眼唇口皆似驴，因而弃之。驴鬼于空接下，往雪山之中以甘美药哺养其长大，名为驴唇仙人，于六万年受持禁戒，常翘一足，一切梵天、魔天、帝释天大设供养。① 印度神话中驴唇仙人即为佉卢文（Kharosthi）创立者，雪山仙人在古代印度的影响可见一斑。

雪山是出家学道之人的修行灵地。古印度婆罗门修道者称为"梵志"，《大智度论》云："梵志者，是一切出家外道，若有承用其法者，亦名梵志。"② 佛典中常有梵志往雪山修行的故事。《优婆夷净行法门经》中，那罗驮梵志在雪山勤修梵行，得五神通。③ 《须摩提女经》载，修跋梵志在雪山北人间乞食，在雪山修行，常来往于阿耨达池。④ 《佛本行集经·富楼那出家品》记载，富楼那与三十友人居住在雪山，"苦行求道，彼等诸人，勇猛精进，不暂休息，其三十人，一时成就，获得四禅并及五通"，成道后从雪山飞升而下。⑤ 由此可见雪山修行风气之盛。《佛说菩萨本业经》载，一老婆罗门居于雪山，长发须爪为梵行相，结草障身，水果御饥。⑥ 大致描绘了婆罗门在雪山修行的情形。《大般涅槃经》称世尊过去世为婆罗门时，入清净之雪山修菩萨行。此经中，佛对迦叶说："我于尔时作婆罗门，修菩萨行，悉能通达一切外道所有经论。修寂灭行，具足威仪，其心清净，不为外来能生欲想之所破坏，灭瞋恚火，受持常、乐、我、净之法……住于雪山，其山清净，流泉浴池、树林药木，充满其地，处处石间有清流水，多诸香花周遍严饰，众鸟禽兽不可称计，甘果滋繁种别难计，复有无量藕根、甘根、青木香根。我于尔时独处其中，唯食诸果，食已系心思惟坐禅，经无量岁……我修如是难行、苦行时，释提桓因等诸天人心大惊怪，即共集会……"⑦ 可见雪山是古代印度修行的圣地，雪山为婆罗门提供了清净的修行环境，雪山药用果实之类为修行者赖以生存的基础，雪山修行以苦行头陀禅行为主。

佛教经典中记载的鬼神仙人多出于雪山，鬼神常常皈依佛教成为护法，仙人多修行成道被称为菩萨或者圣人。虽然山中神灵是神圣空间中的崇奉对

---

① （北凉）昙无谶译《大方等大集经》卷三十三，《大正藏》第 13 册，第 231 页。

② 〔印度〕龙树造，（后秦）鸠摩罗什译《大智度论》卷五十六，《大正藏》第 25 册，第 461 页。

③ （北凉）失译《优婆夷净行法门经》卷一，《大正藏》第 14 册，第 951 页。

④ （三国·吴）支谦译《须摩提女经》卷一，《大正藏》第 2 册，第 661 页。

⑤ （隋）阇那崛多译《佛本行集经》卷三十七，《大正藏》第 3 册，第 824 页。

⑥ （三国·吴）支谦译《佛说菩萨本业经》卷一，《大正藏》第 3 册，第 63 页。

⑦ （北凉）昙无谶译《大般涅槃经》卷十四，《大正藏》第 12 册，第 449 页。

象，但在众多天龙鬼神仙人之中，并没有哪位被确定为核心主神，雪山是一个多神的神圣空间，这种信仰格局可能也影响了中国人的山岳崇拜观念。例如，大乘佛教菩萨信仰兴起之后，《佛说文殊师利般涅槃经》中预言了文殊菩萨在佛灭度后至雪山为五百仙人说法之事，但文殊菩萨并没有变为雪山的主神，宗教实践者在想到雪山时，更多的可能还是求仙和修道两个方面。佛教传入中国后，这种雪山多神和适合修道的情节也与中国传统融合，一方面为构建中国山神皈依佛菩萨的传说提供了依据，另一方面激励了僧人隐士入山修道的实际行动。

余　论

综上所述，诸多佛教经典对雪山的神圣性描述反映了古代印度的雪山崇拜。首先，根据雪山自然环境及地理条件将雪山描述为超越现实的大山之王，并给山顶的高原湖泊冠以"无热恼池"之名，形成了对雪山清凉圣境的认识。其次，对雪山盛产草药的现实条件进行夸张的神圣性描述，表达了古人希望借助雪山治疗疾病，同时对治内心的烦恼，追求更高生命质量的美好愿景，从而形成了雪山多产神药的观念。再次，对雪山生物多样性的敬畏之情发展出了对雪山毒龙的敬畏，降伏毒龙的情节表达了人与自然的相处之道，雪山的广阔与神秘孕育出各种珍禽瑞兽传说，反映了古代印度人喜爱祥瑞的心理特征。最后，将雪山认定为神仙鬼神聚集之地与仙人修行的灵地，激发了佛教修行传统与山岳的联系，反映了印度自古以来多神信仰的盛行和远离尘世进行修行实践的传统。

值得注意的是，古代印度雪山崇拜是对神圣空间的多方面建构，雪山之中包含诸多神圣元素或显圣（hierophany）[①]，无论是神奇药草，还是珍禽瑞兽，抑或是神仙鬼神，皆不能作为雪山崇拜的核心元素，雪山中的诸多元素并未构成有序的信仰体系，也未产生以雪山为对象的朝圣宗教实践。从某种意义上来讲，或许因为雪山中没有一位能够统领诸神、统摄诸方的主神，所

[①]　伊利亚德认为，信仰空间之所以具备超人间性，皆是因为异质性显圣物的出现，这样才能从周围环境中剥离，hierophany 也翻译作"圣显"。见 Mircea Eliade, *The Sacred and the Profane: The Nature of Religion*, Trans. by Willard R. Trask, New York: Harcourt, Brace & World, 1959, p. 26。

以雪山崇拜并非成熟的信仰体系。然而，这种并不成熟的雪山崇拜伴随大乘佛教菩萨信仰的发展和向外传播，尤其是佛教中关于雪山的种种神话传入中土，与中国传统中由来已久的山岳崇拜相结合，使佛教信仰中的雪山崇拜得到了进一步发展。在印度经典中，雪山和菩萨信仰联系的相关情节在中土佛教信仰中得以放大，例如，相传大乘经典为龙树菩萨于雪山所得[①]，《大方等大集经》记载雪山中有殊致罗婆（光味）大菩萨，是诸圣人中有最大智慧、大解方便、能助人解脱的大菩萨。[②]《佛说文殊师利般涅槃经》更是将文殊菩萨的说法道场放在雪山之中，说文殊菩萨在佛涅槃四百五十年后至雪山，为五百仙人宣畅敷演十二部经[③]，从而形成了雪山为文殊演教道场的观念。《大方广佛华严经》将"文殊菩萨住处"记载为清凉山之后，中土开始认定清凉山即为五台山，因为经中仅有清凉山名号，却无对清凉山的详细描述，而关于雪山不但有其作为文殊道场的记载，更有诸多"显圣"的故事，所以从清凉山到五台山信仰的发展历程中多有雪山信仰的影子。在初唐道宣《集神州三宝感通录》与道世的《法苑珠林》当中，均有附会《佛说文殊师利般涅槃经》的"雪山"之说，记载"经中明文殊将五百仙人往清凉雪山，即斯地也"，其中"斯地"已经开始指向五台山。但唐代密教经典中仍然不乏关于文殊在雪山的描述，不空翻译的《如意宝珠转轮秘密现身成佛金轮咒王经》就有关于"薄伽梵在大雪山顶曼殊师利童子般若窟中"说法的记载。[④] 从澄观《华严经疏》直至宋延一《广清凉传》皆沿用此说，并加以落实。可见，将"清凉"与"雪山"并置无非是为五台山文殊道场的开拓寻找神圣空间信仰的依据。4 世纪到 7 世纪的几百年间，中国僧人前赴后继远赴印度追寻佛教圣迹，他们将古印度神圣地理信息带回了中土，也带回了印度人对当时中国的认识。义净在《南海寄归内法传》中记载了当时印度流传的对中国的想象，书中说："长年之药唯东夏焉，良以连冈雪嶻，接岭香山，异物奇珍咸萃于此，故体人像物号曰神州，五天之内谁不加尚，四海之中孰不钦奉，云文殊师利现居其国。"[⑤] 可见，由于雪山连接中国，古代印度人将其对雪山多产

---

① （后秦）鸠摩罗什译《龙树菩萨传》卷一，《大正藏》第 50 册，第 184 页。
② （北凉）昙无谶译《大方等大集经》卷四十一，《大正藏》第 13 册，第 273 页。
③ （西晋）聂道真译《佛说文殊师利般涅槃经》，《大正藏》第 14 册，第 480 页。
④ （唐）不空译《如意宝珠转轮秘密现身成佛金轮咒王经》，《大正藏》第 19 册，第 330 页。
⑤ （唐）义净著，王邦维校注《南海寄归内法传校注》，中华书局，1995，第 161 页。

神药、荟萃珍奇的认识附着于对中国的认知当中，甚至经典中记载的文殊远赴雪山的传奇也演变为文殊驻锡中土，护佑中华的故事源头。正如文内所述，雪山神圣药草、清凉池水、毒龙瑞兽、仙人修道等情节在描述五台山神圣空间的传记中常常出现，诸多方面均说明雪山崇拜通过中国化的传播和发展对中国佛教圣山的形成产生了巨大影响，而文殊信仰最终为雪山崇拜在中土落地生根注入了灵魂，文殊菩萨成为五台山的"圣主"之后，以文殊信仰为核心的中国佛教圣山信仰最终超越了这种不成体系的对雪山的超自然、超人间崇拜，吸收了诸多中国传统元素，形成了自成体系的中国模式。

［责任编辑：谢志斌］

巴基斯坦女权主义与妇女运动的
历史流变与发展*

吕耀军　罗雨佳**

摘　要　在巴基斯坦的历史上，女权主义意识的萌芽与争取独立的反殖民斗争密不可分，随着女性意识的觉醒，一些旨在维护妇女权利、保障妇女地位的组织逐渐建立起来。巴基斯坦建国后，鉴于妇女在独立斗争中的英勇表现以及不同女权主义思潮的涌现，妇女组织与国家的关系趋于缓和。20 世纪 70 年代末，伊朗伊斯兰复兴运动明显影响了妇女运动的进一步发展，由此妇女组织与运动陷入低谷。这种情况直到 20 世纪 90 年代才得以改善。21 世纪以来，受现代主义思潮的影响，有关女权主义的争论日益激化。如何提升女性地位，赋予女性权利，走出一条适合南亚妇女组织发展的道路成为社会关注的重要议题。

关键词　巴基斯坦　女权主义　妇女组织　人权

伊斯兰国家女性权利问题一直被看作国家现代性的标志性问题，也是西方国家与伊斯兰国家在政治、文化领域斗争的重要内容，巴基斯坦同样面临此问题。巴基斯坦的女权主义是世界范围内所有妇女权利运动的一部分，其内涵即"一系列旨在界定、确立和捍卫妇女的平等政治、经济和社会权利以及平等机会的运动"①。巴基斯坦自 1947 年独立以来，有着高度活跃的妇女运

---

*　本文系国家社科基金重大项目"伊斯兰教视域下的宗教对话资料整理与研究"（18ZDA234）的阶段性成果。

**　吕耀军，宁夏大学法学院教授、博士生导师；罗雨佳，重庆机电职业技术大学。

①　Chris Beasley, *What Is Feminism?: An Introduction to Feminist Theory*, New York: Sage Publications Ltd., 1999, pp. 3-11.

动。包括世俗女权主义、伊斯兰女权主义在内的各式女权主义，一直存在并活跃于巴基斯坦。相比其他国家，巴基斯坦女性权利意识发展更具曲折性，经历了殖民主义、民族主义、军事独裁、民主和全球反恐战争等，有着由地区和时代赋予的独有特征。不同时期的女权主义的关注点不同，呈现一种合作与冲突的矛盾态势。本文以主要的历史节点为划分依据，意图厘清巴基斯坦女权主义与妇女运动发展的内在逻辑及对社会的影响。

一 萌芽时期（1916~1956）：反殖民时期女性意识的觉醒

20世纪初，受英国殖民影响的印度教育改革运动以及穆斯林精英阶层教育普及，进一步推动了传统观念的瓦解，印度穆斯林团体关于妇女在社会中的角色的观念发生了转变。女性权利意识的萌芽，始于对女性受教育权和财产权的关注。这一时期，有两个举足轻重的人物发挥着关键性的作用，一位是来自英属印度的律师和政治家米安·穆罕默德·沙菲（Mian Muhammad Shafi，1869~1932），他是一位保护女性权利的坚定倡导者，一直渴望给予穆斯林妇女在社会中应有的地位。他反对戴面纱，支持女性继承权。在他的努力下，第一个妇女组织诞生了。他的两个女儿贝古姆·贾哈那拉·阿拉·沙阿·纳瓦兹（Begum Jahanara Ara Shah Nawaz）和贝古姆·盖蒂·阿拉·巴希尔·艾哈迈德（Begum Geti Ara Bashir Ahmad）后来作为积极参与巴基斯坦运动的穆斯林妇女而闻名。另一位代表性人物是贝古姆·罗奎亚（Begum Rokeya，1880~1932），她是20世纪初印属孟加拉地区的多产作家、社会工作者，也是著名的穆斯林女权主义者。她建立了第一所针对穆斯林女孩的学校（Sakhawat Memorial Girls' Top School），这所学校今天仍然存在。1916年，罗奎亚创立了伊斯兰妇女协会（Sir Muhammad Shafi），以便于讨论妇女、教育和社会进步问题。

印巴分治前的印度反殖民统治的泛伊斯兰和民族解放运动，为妇女创造了摆脱深闺制度和进入公共领域的机会。1915年，少数精英阶层的妇女参加第一次全印穆斯林妇女会议（All-India Muslim Ladies Conference）。1917年，该组织通过了一项反对一夫多妻制的决议，在拉合尔引起了轰动。20世纪早期的基拉法特运动（Khilafat Movement，1919~1924）是主要由印度穆斯林发动的政治运动，旨在影响英国政府，保护第一次世界大战后重建期间的奥斯曼帝国，动员了广大地区的穆斯林。这是一场泛伊斯兰运动，呼吁英国人保护土耳其的哈里发国，呼吁印度穆斯林团结起来，让英国人承担责任。然而，这场运动以世俗的土耳其废除了哈里发而告终。这些运动虽然是保守和带有父权性质的，但客观上还是激发了妇女对权利的早期意识。1932 年，"全印穆斯林联盟"（All-India Muslim League）表达了对妇女权利要求的支持。全印穆斯林联盟为英属印度时期成立的政党，创建于 1906 年，其当时的宗旨是在印度次大陆以武力建立伊斯兰国家。从 1915 年起，阿里·真纳（Ali Jinnah）任全印穆斯林联盟常任主席。1935 年颁布的《印度政府法案》（The Government of India Act），赋予了妇女选举权，并首次在国务委员会和二月议会中为妇女预留了席位。此时，女性意识的关注点已经发生了变化，从受教育权逐渐转变为政治权利。

在印度，大量的穆斯林妇女为实现一个泛伊斯兰的事业在政治上被动员起来。然而，在这场运动中，男人鼓励妇女参与政治仅是为了宗教和国家事业，而不是为了妇女自己的权利。此后，妇女在运动中被大量动员起来。在 1940 年著名的全印穆斯林联盟拉合尔会议上，妇女的活动程度前所未有。1940 年 4 月，妇女们举行了一场抗议示威活动，抗议逮捕全印穆斯林联盟领导人和驱逐卡克萨·德里克人（Khaksar Tehreek）。这是女性第一次穿着罩袍参与街头政治。在这场民族主义斗争中，大量受过教育的上层阶级妇女被动员起来。1941 年，阿卜杜勒·卡迪尔（Abdul Qadir）、法蒂玛·贝古姆（Fatima Begum）和库雷希（M. Qureshi）决定发起成立"穆斯林女学生联合会"。这些人聚集起来支持印度穆斯林应建立一个分治的伊斯兰国家的想法。她们得到了热情的回应，几个月后，真纳伊斯兰大学（The Jinnah Islamic College）为这项事业招收了 1000 名学生。这个组织在随后成立的"穆斯林联盟妇女委员会"（The Muslim League Women's Committee）中发挥了关键作用，该委员会成立后在全国巡回游说，争取人们对自由运动的支持。1942 年，马拉塔布·阿里（Maratab Ali）夫人评论道："妇女只适合做饭和照顾孩子的时代已经过去了，现在是她们在政治上与她们的男人平分责任的时候了。"①

---

① 转引自 Khawar Mumtaz & Farida Shaheed, *Women of Pakistan: Two Steps Forward, One Step Back?* Lahore: Vanguard, 1987, p. 45。

　　巴基斯坦妇女的政治觉醒与在参与争取独立的反殖民运动中的贡献，得到了阿里·真纳的认可。1937 年，出于反殖民运动的动员需要，巴基斯坦国父、时任全印穆斯林联盟领导人的阿里·真纳采取了对妇女宽容的态度，其世俗性态度为妇女构建了一个理想的身份，他将妇女描绘成"国家的母亲"，即"为了国家的利益而养育、支持、社交和牺牲的母亲和妻子"。[①] 在 1944 年，他就指出："没有一个国家能够走向荣耀，除非你的女人与你并肩作战。我们是陋习的受害者，我们的妇女像囚犯一样被困在四面环墙的房子里，这是反人类的。任何地方都不允许我们的妇女生活在这种可悲的环境中。在生活的各个领域，你都应该把你的女人当作同志一样对待。"[②] 此后，全印穆斯林联盟中央委员会制定了一个关于妇女的社会、经济和文化地位提升的方案。随着时间的推移，各方面女性问题得到不同程度的关注。正如美国作家、教育家南希·库克（Nancy Cook）所言，"政治家通过他们在巴基斯坦争取独立运动期间的演讲，创造了一个讨论的空间，为妇女参与政治提供了可能性"[③]。在此环境下，相对少数的精英家庭中的妇女从深闺制度中走了出来，一些受过教育的妇女开始在社会和政治舞台上活跃起来，例如，一小部分相对解放的旁遮普妇女就曾是全印穆斯林联盟的先驱。由此，这场反殖民运动似乎成为妇女走出家庭生活、登上政治舞台的一个重要信号。

　　在巴基斯坦历史的早期，女性意识的觉醒与妇女组织的兴起与一些著名的女性活动家的启蒙与引导有关，例如，1937 年当选为全印穆斯林联盟理事会成员的贾哈纳拉·沙纳瓦兹（Jahanara Shahnawaz）、来自东巴基斯坦苏拉瓦迪家族的沙伊斯塔·伊克拉穆拉（Shaista Ikramullah），以及阿里·真纳的妹妹法蒂玛·真纳（Fatima Jinnah）。法蒂玛·真纳作为全印穆斯林联盟的主要成员，在反殖民斗争中担任了阿里·真纳的顾问，较早地接触到了国家政治。她看到了妇女在反殖民斗争中所起的重要作用，主张妇女在民主国家的框架内应享有与男子同样的权利，并强烈呼吁消除对妇女的限制。为此，建

---

①　Nancy Cook, "The Discursive Constitution of Pakistani Women: The Articulation of Gender, Nation, and Islam," *A Women's Studies Journal*, Vol. 25, No. 2, 2001, p. 33.

②　参见 Abida Samiuddin & R. Khanam, *Muslim Feminism and Feminist Movement: South Asia*, Global Vision Publishing House, 2002, p. 3。

③　Nancy Cook, "The Discursive Constitution of Pakistani Women: The Articulation of Gender, Nation, and Islam," *A Women's Studies Journal*, Vol. 25, No. 2, 2001, p. 36.

国前后她就一直为妇女的政治代表权、同工同酬、继承权和离婚权等基本权利而努力。

妇女在巴基斯坦独立前就被民族主义运动动员起来，积极参与社会福利工作，特别是难民工作。印巴分治导致大量难民涌入巴基斯坦，全印穆斯林联盟中的妇女为此提供了服务和帮助。在这个过程中，总理的妻子拉娜·利亚卡特·阿里·汗（Ra'ana Liaquat Ali Khan）是最杰出的妇女，她组织了许多妇女团体参与到不同领域，特别是福利和法律改革领域。巴基斯坦独立后，鉴于穆斯林妇女是印巴分治中受影响最严重的群体之一，她于 1948 年创立了"妇女志愿服务组织"（Women's Voluntary Service Organization）帮助了在分裂期间逃离印度的难民，为妇女提供急救、食物、健康和流行病等方面的帮助，为有需要的人收集衣服，并提供情感和道德上的支持。这些救济与福利工作被视为传统上期望妇女发挥的养育作用的延伸，故而被广泛接受。法蒂玛·真纳则创立了"妇女救济委员会"（The Women's Relief Committee），以此监督印巴分治之后的难民转移和社会救济工作。拉娜在 1949 年与法蒂玛·真纳一起创办了"全巴基斯坦妇女协会"（All Pakistan Women's Association），以统一应对 1947 年英属印度分裂后新独立的巴基斯坦的难民危机。这些女性所创立的虽是非营利和非政治性的慈善妇女组织，旨在提供社会服务与福利，但在一定程度上增强了妇女权利意识。在新生国家建国两年后，拉娜注意到卡拉奇的护士不多，于是要求军队训练妇女的战时急救能力，为妇女建立了准军事部队，护理也因此成为许多女孩的职业道路。即使在她的丈夫 1951 年被暗杀后，她仍然继续完成她的使命。1954 年，她又成立了"卡拉奇商业和职业妇女俱乐部"（The Karachi Business and Professional Women's Club），为职业妇女提供就业平台。

遗憾的是，这些服务并未如愿地扩散到全国范围，一些偏远农村地区的妇女仍未享受到相应的救助与服务。例如，"在开伯尔-普什图省（原名西北边境省）、俾路支省和一些部落地区，对妇女的流动性、行动自由以及教育和粮食安全的关心度很低，很少能够动员妇女组织起来维护权利"[①]。显而易见，即使不断有关注女性权利的积极分子大力地宣传追求妇女权利，但城市

---

① Siobhán Mullally, "Women, Peace and Security in Contemporary Pakistan: Meeting the Challenge of Security Council Resolution 1325?" *Irish Studies in International Affairs*, Vol. 22, No. 1, 2011, p. 65.

地区和农村地区的女性发展差距仍然存在。究其原因，一方面，妇女运动的积极分子通常来自相对富裕的人群或政治家庭，她们有充足的精力、时间以及足够的社会地位来参与妇女运动，而在一些农村地区，大量的劳动妇女地位低下又常常忙于家庭事务，因而，即使她们在接受教育、医疗保健、社会公正和家庭独立等基本权利方面受到限制，也并没有更多的意愿、精力以及能力来为自身谋取福利；另一方面，来自上层阶级的精英女性们或许并不关心下层人民的生活，正如巴基斯坦社会学家、女权主义者贾法尔·阿夫珊（Jafar Afshan）所说，"拥有政治话语的领导者们显然对妇女在田间劳动的条件不感兴趣……她们最关心的是如何获得权利和保留权利"①。由此可以看出，在早期，无论是意识觉醒还是权利需求，城市地区和农村地区仍存在着较大的差异。

一旦从殖民统治中获得自由，新的力量就会出现在政治舞台上，指导着国家和社会的重组。在印巴分治后的巴基斯坦，全印穆斯林联盟领导人的世俗思想倾向，使得反对巴基斯坦世俗倾向的宗教力量活跃起来。虽然早期在反殖民斗争中的英勇表现和为社会提供服务与福利的善举，使妇女组织在国家宽容的环境下赢得了少数进步阶层的赞同，但也并非一片祥和的状态，反对的声音仍然存在。受巴基斯坦的父权制结构及文化模式影响，保守的宗教派别仍然提倡限制妇女外出活动，并不主张妇女跨越性别差异出现在政治舞台上，他们认为"这种追求妇女权利的诉求是西方的，与宗教和父权制文化背道而驰"②。这样的言论在当时屡见不鲜，也影响到初生国家在法制建设中的走向。在巴基斯坦历史的早期，由于民族主义斗争已经结束，妇女们开始寻求在法律框架内确认自己的权利。早在 1948 年，在"预算辩论"（Budget Debate）议会上，人们第一次尝试争取妇女的经济权利。当议会将保障妇女经济权利的《沙里亚特法案》（The Shariat Bill）从议程上删除时，旁遮普省妇女穆斯林联盟创始人、巴基斯坦第一届立法机关的女代表贾哈纳拉·沙纳瓦兹，带领着数千名妇女游行到议会会议厅进行抗议，并取得明显效果。最终在巴基斯坦第一任总理利亚卡特·阿里·汗（Liaquat Ali Khan）的推动下，

① Jafar Afshan, "Women, Islam, and the State in Pakistan," *Gender Issues*, Vol. 22, No. 1, 2005, pp. 22-23.
② Rubina Saigol, *Feminism and the Women's Movement in Pakistan: Actors, Debates and Strategies*, Pakistan Islamabad: Friedrich-Ebert-Stiftung, 2016, p. 6.

通过了《穆斯林个人身份法》（*The Muslim Personal Law of Shariat*），承认妇女继承财产的权利，承认妇女有权继承一切形式的财产。

虽然受到种种限制与批评，但是巴基斯坦社会中也存在一些为妇女谋权利的政治组织。例如，1950 年在卡拉奇由巴基斯坦女权主义者和政治活动家塔希拉·马扎哈·阿里（Tahira Mazahar Ali）创立的"民主妇女协会"（Democratic Women's Association），可能是当时按照马克思主义的原则建立起来的最重要的妇女政治组织。作为巴基斯坦第一个左翼妇女组织、巴基斯坦第一个将争取女工权利与妇女权利的运动结合起来的组织，该组织旨在倡议同工同酬、提高女孩和妇女受教育的机会、保障职业妇女的出行以及增加妇女的就业机会，呼吁关心工人阶级妇女的解放。巴基斯坦人权活动家希娜·吉拉尼（Hina Jilani）曾评论道："塔希拉·马扎哈·阿里秉持着自由主义和进步的思想与意识，离开了特权阶层的贵族俱乐部，成为捍卫边缘化阶层权利的斗士。"[①] 然而，该组织的关注点仅限于低收入地区，也没有动员到其他阶层的妇女。因而，民主妇女协会未能真正地发展起来。可见，在当时，相较于全巴基斯坦妇女协会这类慈善性质的组织，带有政治性色彩的进步妇女组织并不受欢迎。在当时的国家背景和社会背景下，需要的正是像全巴基斯坦妇女协会这类由上层社会妇女为较不富裕的社会底层妇女提供服务的社会慈善组织。当然，巴基斯坦也关注女性权利中的一夫多妻问题。1955 年，时任巴基斯坦总理的穆罕默德·阿里·博格拉（Mohammad Ali Bogra）在未离婚的前提下娶了第二任妻子，这样的情况在精英阶层并不多见，因而引发了全国震惊。全巴基斯坦妇女协会发起了反对一夫多妻制的游行，竭力倡议制定保护妇女家庭权利的新法案，涉及一夫多妻、离婚、赡养、继承和儿童的监护权等。作为这项运动的结果，在贾哈纳拉·沙纳瓦兹的领导下成立了"妇女权利联合阵线"（United Front for Women's Rights），该组织是由一些女性政治活动家发起的，主要关注妇女的政治地位，并强调政党应在政治领域解决妇女问题。该组织也是第一个致力于法律改革并提出妇女权利问题的组织。

与全巴基斯坦妇女协会的成功案例相比，诸如上文提到的"民主妇女协会""妇女权利联合阵线"这样的进步妇女组织影响范围较小。这主要是因为，

---

① 参见 Faizan Ali Warraich, "SAFMA Seminar Pays Tribute to Tahira Mazhar Ali Khan," *The Daily Times*, March 3, 2015, https://faizanwarraich.wordpress.com/category/history/。

一方面，其成员来自不同的阶级，拥有不同的社会基础，未能在妇女问题上形成统一的观点和立场；另一方面，这些组织注重谋取政治权利，当时国家虽然对妇女采取了宽容的态度，但仅限于社会服务和慈善领域，并未上升到政治权利层面。正如巴基斯坦社会学家、人权活动家法里达·沙希德（Farida Shaheed）和瓦拉奇·苏海尔·阿克巴（Warraich Sohail Akbar）所言，"在当时，只有从事非争议性的社会福利活动的妇女团体得到了政府的全力支持"[①]。因而，在并未获得政府支持的情况下，这些组织遇到困境是必然的。

整体而言，虽然在巴基斯坦建国前期，没有一个连贯的、有组织的妇女运动来挑战社会陋习，维护妇女权利，使得争取妇女权利运动的发展是零碎的、渐进的，但这一时期的精英妇女发挥了重要的作用，创建了一些不具备对抗性且围绕着基本权利和社会福利的社会妇女组织，为国家排忧解难，使得早期的妇女组织与国家始终处于相互迁就与互补的关系。遗憾的是，这些组织主要活动在城市地区和上层社会，农村地区和底层社会由于所处地理位置偏远和思想保守，长期脱离社会与政治舞台，并未直接参与到妇女运动中来。法里达·沙希德指出："在巴基斯坦，争取性别平等的斗争虽然声势浩大，但却来自人数不多的相对特权阶层。"[②] 因而，一直到建国后的很长一段时间，地区分布差异突出仍是妇女组织需要解决的一个重要问题。正如阿伊莎·汗（Ayesha Khan）所说，在独立后的最初几十年中，女性领导层基本上是精英，投身于穆斯林民族主义事业，并努力为妇女争取有限的权利。[③]

二 上升时期（1956~1977）：建国后妇女运动及组织的发展

从 1956 年巴基斯坦伊斯兰共和国宣布成立，到 1977 年一场军事政变结束巴基斯坦人民党的统治，妇女运动与这个新生国家仍然没有冲突和对抗，

[①] Farida Shaheed et al. , eds. , *Shaping Women's Lives：Laws, Practices and Strategies in Pakistan*, Pakistan：Shirkat Gah, 1998, p. 274.

[②] Farida Shaheed, "Cobtested Identities：Gendered Politics, Gendered Religion in Pakistan," *Third World Quarterly*, Vol. 31, No. 6, 2010, p. 856.

[③] Ayesha Khan, *The Women's Movement in Pakistan：Activism, Islam and Democracy*, London：Bloomsbury Publishing, 2018, p. 3.

而是合作和相互理解。政府支持妇女组织，因为这些妇女组织保持在传统规范的范围内，并从事福利和慈善工作。妇女组织关注妇女的经济地位、发展和意识，选择在国家框架下维护妇女权利，使得妇女法律保障方面取得了不小的成就。建国后，保障和提高妇女权利与地位一直是巴基斯坦国家建构的目标之一。人们对女性的关注点从单纯的社会服务和福利转移到法律保障上来，希望能够以法律的形式来保障和提高妇女的权利与地位。在制定 1956 年《宪法》的过程中，妇女组织就女性的社会角色进行了激烈的公开辩论，"妇女权利联合阵线"向制宪会议提交了《职业妇女权利宪章》（*Charter of Rights of Working Women*），意图保障巴基斯坦妇女地位平等、机会平等和同工同酬，虽然失败了，但这样的公开辩论表明，有可能将妇女置于伊斯兰共和国的官方框架内，或者至少置于边缘地位。

从 1958 年开始，总统阿尤布·汗（Ayub Khan，1958~1969 年在任）为女性权利提升提供了较为宽松的政治环境，精英妇女与妇女组织将女性权利纳入立法的运动仍在继续，主要围绕着妇女的政治代表权、调和《穆斯林家庭法》（*Muslim Family Law*）①、民主民权而展开。在阿尤布·汗的民主推动下，1961 年通过了《穆斯林家庭法》，确保了妇女在结婚、离婚以及财产继承等方面的权利。该法令是巴基斯坦女权主义运动中最重要的法律改革，被认为赋予了妇女广泛权利。这项法案为离婚和一夫多妻制下的妇女提供了某种形式的经济和法律保护，如"男子需要根据与第一任妻子的协议缔结第二次婚姻，这使男性更难以离婚，妇女也第一次获得离婚的权利，同时还实行了婚姻登记制度"②。然而，遗憾的是，这一项立法并没有深入人心，并未从根本上保障所有妇女的财产继承权，妇女的解放程度仍是由其所处的阶级和社会环境决定的。城市地区的工人阶级妇女只能勉强从中受益，农村妇女孤立于政治舞台和组织活动中心之外的状况继续存在。正如法里达·沙希德所言，"极少数人享有财产，而大多数人过着一成不变的贫穷生活"③。这是因为，一方面法律的影响范围集中于城市地区，在一些农村地区传统习惯影响

① 吕耀军、张红娟：《伊斯兰世界女权主义理论的历史流变》，《阿拉伯世界研究》2019 年第 4 期。
② Shahnaz Rouse, "Women's Movement in Pakistan: State, Class, Gender," *South Asia Bulletin*, Vol. 6, No. 1, 1986, p. 11.
③ 参见 David Willmer, "Women as Participants in the Pakistan Movement: Modernization and the Promise of a Moral State," *Modern Asian Studies*, Vol. 30, No. 3, 1996, p. 589。

广泛，人们并不承认这项法律的效力；另一方面，受历史因素影响，农村妇女在经济上主要依赖于男子，没有自己的经济基础和经济来源，也就不存在自我财产。在法律的受益上，农村地区、下层阶级与城市地区、中上层阶级存在着明显的差别。也就是说，这些法律的胜利是带有精英主义性质的。另外，受长期的父权制规范和文化结构影响，很多法律只是理论化的，大多停留在表面上，在实施、执行层面仍存在着较大的缺失，没有得到真正落实。这说明它们没有从根本上改变现实，甚至没有直面其中存在的不平等。"巴基斯坦妇女呈现出一幅惊人的对比图……农村人的生活似乎陷入了另一个世纪的僵化状态，没有受到所在圈子之外的发展的影响。"①

在阿尤布·汗执政期间，妇女不仅在立法层面迈出了成功的一步，在妇女组织发展上也保持着前进。尽管阿尤布·汗为了安抚宗教权贵，在任期内实行威权统治并有选择地利用伊斯兰教，但他的个人思想和宗教倾向是适度进步的，在妇女教育、就业、医疗以及对军队和官僚的管理上都体现了西方的自由意识，因此，对妇女发展并没有诸多限制。在 20 世纪六七十年代，妇女组织激增，一些关心福利，还有一些基于经济赋权和专业目标。其中具有代表性的是 1967 年基于社会福利和创收活动成立的"贝布德（Behbud）协会"和"职业妇女福利互助会"（Working Women's Welfare Society）。这些组织的出现使得知识分子思想和基层政治蓬勃发展，共同的愿景和关切也带来大量的相互协作，许多妇女组织与担任高级管理和行政职务的精英女性合作，有效地促进了妇女运动的开展与实施。

阿尤布·汗政权结束后，人民党在 1971 年掌权，国家权力的重新配置并没有改变政府与妇女团体的关系，阿尤布·汗时期的相互包容和协作仍在继续，妇女组织追求的立法层面的权利保护得到了进一步发展。对妇女来说，巴基斯坦人民党创始人，曾先后担任过总统（1971~1973）和巴基斯坦伊斯兰共和国第一任总理（1973~1977）的佐勒菲卡尔·阿里·布托，显然比前任领导人更加友好。这一时期最重要的历史性进展是 1973 年颁布的《宪法》，该《宪法》通过了禁止基于性别歧视的法案，提高了妇女的地位，赋予了妇女比过去更多的权利，甚至包括所有农村和城市妇女的受教育权。"在第 25 条

① Farida Shaheed, "Cobtested Identities: Gendered Politics, Gendered Religion in Pakistan," *Third World Quarterly*, Vol. 31, No. 6, 2010, p. 855.

中宣布，每个公民在法律面前一律平等，在第 27 条中明确提到，在巴基斯坦，不会有基于性别、宗教和任命的歧视，经修正的第 228 条接受了在拟议的伊斯兰意识形态理事会中至少有一名妇女成员的原则。"① 该《宪法》的颁布，激励了更多的妇女参与进来，左翼政党和各种职业、工会和学生团体中的妇女团体不断壮大，她们利用有利的环境，在国家框架内推动妇女权利的扩大。与此同时，非政府组织也出现在舞台上，以提高妇女的社会地位和促进经济发展，这些组织的主要目标都是鼓励渴望在国家发展中发挥作用的妇女。20 世纪 70 年代，"施尔卡特·盖赫"（Shirkat Gah）和"妇女阵线"（Women's Front）等妇女组织兴起。施尔卡特·盖赫成立于 1975 年，作为妇女的出版和资源中心，它促进了妇女的社会和经济地位的提升，并开展了研究和"提高良知"的活动。1975 年，一群旁遮普大学的女学生成立了妇女阵线，开始了争取在社会和工作场所给予妇女平等权利的运动。同年，巴基斯坦的官方代表团参加了在墨西哥举行的第一次世界妇女大会（World Conference on Women），从而促成了第一届巴基斯坦妇女权利委员会（Committee on Women's Rights）的成立。

可以说，在整个人民党掌权时期，国家对妇女采取了相对宽容的态度，妇女运动得到了比以往更大的发展空间，遗憾的是，地区、阶级发展差异仍然存在。法里达·沙希德和卡瓦尔·穆姆塔兹（Khawar Mumtaz）指出："在齐亚·哈克时代之前，关于妇女权利和地位的辩论，主要是在新经济阶层的男子与受过教育的精英妇女之间进行的。"② 这说明部分草根阶层、农村地区的妇女并没有参与进来，她们依然远离政治舞台，也就不会受益于这些法律。从这个层面上看，这些法律或许是带有精英主义性质的。

三 低谷时期（1977～1988）：冷战时期伊斯兰化的兴起

20 世纪 70 年代末期是巴基斯坦历史上乃至全球历史上的一个分水岭。

---

① Arab Naz et al., eds., "A Paradigm Shift in Women's Movement and Gender Reforms in Pakistan (A Historical Overview)," *Global Journals Inc*, Vol. 13, No. 1, 2013, p. 24.

② 参见 Amina Jamal, "Feminist 'Selves' and Feminism's 'Others': Feminist Representations of Jamaat-e-Islami Women in Pakistan," *Feminist Review*, Vol. 81, No. 1, 2005, p. 62。

邻国伊朗兴起的伊斯兰复兴运动和苏联入侵阿富汗，预示着全球权力的大规模重组。1977 年，穆罕默德·齐亚·哈克（Muhammad Zia-ul-Haq）发动政变，接管了政权，1978 年接任总统。齐亚·哈克根据带有鲜明宗教色彩的伊斯兰大会党（Jamaat-e-Islami Party）和沙特阿拉伯对伊斯兰教的发声所得出的迪奥班迪版本，推行巴基斯坦伊斯兰化。伊朗 1979 年伊斯兰革命的成功，使伊斯兰复兴运动达到了高潮，一些右翼保守的政治宗教团体呼吁在巴基斯坦建立伊斯兰教法。在齐亚·哈克的推动下，巴基斯坦加强了"伊斯兰式的社会主义"的伊斯兰化进程，开始走向政治伊斯兰化。在法律上，重建了整个法律结构，使对妇女和非穆斯林公民的歧视制度化，取缔了英国统治时代的巴基斯坦刑法典的部分内容，将通奸和淫乱定为刑事犯罪，并引入了鞭刑、肉刑和用石块砸死的惩罚。又颁布了一些歧视性法律，包括 1979 年的《胡都法令》（The Hudood Ordinance）、《司法委员会和迪亚特条例》（The Qisas and Diyat Ordinance）和 1984 年的《证据法》（Law of Evidence）。《胡都法令》的出台，模糊了通奸与强奸之间的区别，使妇女几乎没法证明自己的清白，遭到强奸的妇女甚至被处以重罚。《证据法》将妇女在法庭上的证词减少到男性的一半。

在伊斯兰复兴运动的早期，属于各种组织的妇女们诧异地看着大量的法律和措施出现，包括着装限制令，限制女性参加、观看体育比赛，以及提议建立一所独立的女子大学以加强男女隔离等。在那个时候，曾在西方大学学习过并接触到这些国家的女权运动的新一代中产阶级妇女，已经进入了不同领域的劳动力市场。她们感到严重不安，因为这是对过去几十年所处的一种相对宽容和多元化的文化环境的持续攻击。这些传统刑罚要么被女权主义者认为是基于对伊斯兰经训的古老理解，要求做出现代主义解释，要么被认为是地方陋习而非宗教的。巴基斯坦女权主义者和教育家鲁比娜·塞戈尔（Rubina Saigol）在《女权主义和巴基斯坦的妇女运动：行动者、争论与策略》中提到："该法颁布一年后，大批来自经济边缘化群体的农村和城市妇女被记录在该法令的冤假案件中，并在监狱关押多年。"[1] 1984 年《证据法》出台，宣布"需要两名妇女的证词来反驳一名男子的证词，妇女的法律地位降低到男

① Rubina Saigol, *Feminism and the Women's Movement in Pakistan：Actors，Debates and Strategies*，Pakistan Islamabad：Friedrich-Ebert-Stiftung，2016，p. 25.

子的一半"①。1985 年，"伊斯兰教法"（第九修正案）威胁废除 1961 年的《穆斯林家庭法》。到这时，妇女似乎已经失去了建国以来所获得的权利，几乎没有什么地位可言。

可以说，妇女运动的真正浪潮是从颁布《胡都法令》开始的。在这一时期，妇女与国家之间的关系从前几十年的相互迁就与包容彻底转变为冲突、对抗和竞争。从城市开始，一些曾在西方学习并接触过西方妇女运动的精英妇女，对国家颁布不平等法令深感不安，巴基斯坦学者阿米娜·贾马尔（Amina Jamal）指出："这意味着，在某种意义上巴基斯坦中产阶级和精英妇女获得的法律、政治和社会权利被剥夺了，她们需要按照齐亚·哈克的宗教观来控制和管理她们的生活。"② 很明显，受影响最深的是已进入各工作领域的中产阶级妇女和已参政的精英女性，这意味着她们将要失去已获得的权利，回到家庭中去，这是令她们难以接受的。到后来，这项法令的影响波及全国各地，一些农村地区的妇女受《胡都法令》的影响入狱，这促使农村妇女也意识到必须站出来捍卫自己的权利。法里达·沙希德注意到这种新的激进主义，表明"巴基斯坦妇女运动的性质和条件发生了变化，20 世纪五六十年代的巴基斯坦妇女幻想在国家现代化进程中要求自己的权利，而 80 年代和 90 年代初的妇女运动则是在齐亚·哈克的戒严政权下，通过精英女性对现代国家的幻灭而建立起来的"③。这种幻灭使得妇女组织在争取权利和自由的运动中，需要以一种对抗性而不是改革性的话语展开，这种对抗在某种意义上意味着寻找社会民主化和世俗化的路径。

根据马迪哈·阿赫泰尔（Madihah Akhter）的说法，齐亚·哈克最终试图在道德上监督妇女在公共领域的作用，这给巴基斯坦妇女带来了始料未及的压力。政府工作人员、作家、学者和演艺界人士中的许多妇女，积极参与反对这些政策的活动。因此，与以往自主寻求扩大现有权利和自由的行为相比，这一时期的妇女运动在本质上是被动的。鉴于齐亚·哈克政府所颁布的不平

---

① Hamza Alavi, "Pakistan: Women in a Changing Society," *Economic and Political Weekly*, Vol. 23, No. 26, 1988, p. 1330.

② Amina Jamal, "Feminist 'Selves' and Feminism's 'Others': Feminist Representations of Jamaat-e-Islami Women in Pakistan," *Feminist Review*, Vol. 81, No. 1, 2005, p. 56.

③ Amina Jamal, "Feminist 'Selves' and Feminism's 'Others': Feminist Representations of Jamaat-e-Islami Women in Pakistan," *Feminist Review*, Vol. 81, No. 1, 2005, p. 59.

等法律，一些来自中上层阶级、以城市为基地的妇女组织陆续兴起，这些妇女组织在这场捍卫自身权益的斗争中走到了一起，其中包括前文提到的民主妇女协会、妇女阵线、全巴基斯坦妇女协会与 1980 年第一个由农村妇女组建的政治组织"信德省妇女运动"（Sindhiani Tahreek）等。这些组织在保持其独立存在的同时，决定在妇女行动论坛（Women's Action Forum）的旗帜下团结起来，致力于实现一个共同目标，即"使所有巴基斯坦妇女实现基本人权"[①]。妇女行动论坛 1981 年成立于卡拉奇，并迅速在拉合尔、伊斯兰堡和白沙瓦有了分会。该组织不仅采用示威、抗议、集会等传统抗议方式，还采用文学、音乐、舞蹈、戏剧、电影和绘画等文化形式，表达女性的权利诉求。马迪哈·阿赫泰尔指出，妇女行动论坛利用"对伊斯兰教的渐进式解释来对抗国家的传统宗教道德式解释，并在此过程中成功获得了右翼伊斯兰妇女组织的意外支持。她们通过各种方式进行宣传，如报纸文章、诗歌和歌曲"[②]。例如，基什瓦尔·纳希德（Kishwar Naheed）《我们有罪的女人》、费米达·里亚兹（Fehmida Riaz）的诗《面纱和四堵墙》，还有哈比布·贾利卜（Habib Jalib）的诗歌——是在 1983 年 2 月 12 日拉合尔游行中宣读的著名诗歌。在妇女运动中，萨利马·哈许米（Salima Hashmi）的绘画作品、马迪哈·高哈尔（Madeeha Gauhar）的戏剧作品、奚奚马·基尔曼尼（Sheema Kirmani）的舞蹈和戏剧作品、萨比哈·苏玛（Sabiha Sumar）的电影制作、雪莉·雷曼（Sherry Rehman）的新闻作品，以及扎西达·希娜（Zahida Hina）和卡莉达·侯赛因（Khalida Hussain）的乌尔都文学作品都有着重要的影响。这些都证明了抵抗运动的多维性质。

在接下来的十年里，妇女行动论坛成为巴基斯坦妇女运动的代言人。1984 年，当巴基斯坦女律师呼吁游行到高等法院，请愿反对当时提出的《证据法》时，一大批妇女行动论坛成员参加了游行，但在拉合尔购物中心遭到警棍和催泪瓦斯的袭击。经此事件后，妇女行动论坛的形象在国际上得到了提升，成为国家媒体和国际媒体头条新闻的报道对象。妇女行动论坛的种种行动，使得齐亚·哈克政府感受到了压力。齐亚·哈克曾宣称："该运动的领

---

① Farida Shaheed, "Maintaining Momentum in Changing Circumstances," *Dynamics of Global Feminism*, Vol. 72, No. 2, 2019, p. 163.

② Madihah Akhter, "Feminists... in Pakistan?" The Feminist Wire, October 15, 2012, https://thefeministwire.com/2012/10/feminists-in-pakistan/.

导人大多是代表异族价值观的受过西方教育的妇女，不应受到关注。"① 然而，具有讽刺意味的是，为消除反妇女政策的影响，维护社会稳定，齐亚·哈克政府在内阁秘书处设立了妇女司（Women's Division）以调查、收集妇女诉求。虽然做出了这些努力，但妇女行动论坛未能在废除不公正法律或撤销其他不平等措施方面取得实质性进展。巴基斯坦学者福齐亚·加尔德兹（Fauzia Gardezi）指出，"妇女行动论坛的做法存在两个主要问题：一是有世俗化倾向，但试图在国家伊斯兰框架内发展；二是内部结构复杂，一些成员并不认可"女权主义"一词，未能将女权主义原则充分纳入运动"②。尽管如此，妇女行动论坛还是成功地发出了抗议戒严的声音，增强了妇女的政治意识，并推动了许多新的妇女团体和组织的形成。它的成立对巴基斯坦妇女运动有着重要的意义，它标志着精英妇女对其与国家关系的理解发生了变化。

同样为这场运动作出了重要贡献的还有一些非政府组织和律师团体，如成立于 1983 年的应用社会经济研究资源中心（The Applied Socio-Economic Research Centre）、成立于 1985 年的西蒙格（Simorgh）和成立于 1986 年的奥拉特基金会（Aurat Foundation）等。这些组织和团体以倡导社会变革、法律改革和妇女权利为议程，通过建立妇女信息资源和出版中心，以出版物、研讨会、纪录片、性别意识讲习班以及创收项目来研究和传播信息，致力于增强妇女权能和加强社会治理。此外，还有两个女律师协会也发挥了重要作用，分别是成立于 1982 年的旁遮普女律师协会（Punjab Women Lawyers Association）和成立于 1980 年的 AGHS 法律援助小组（AGHS Legal Aid Cell），AGHS 法律援助小组为遭受伤害的女性免费提供庇护和法律援助。这些协会在其他组织的合作和支持下，成为抗议不平等条例的有效压力团体。可以说，几乎所有已知的关键的非政府组织都创立于齐亚·哈克政府的伊斯兰化时期，由此可见，这一时期巴基斯坦女性权利保护意识明显增强。

总体而言，齐亚·哈克在任的整个戒严时期，女性话语淹没在国家的宗教话语之下，妇女在社会政治生活中的地位和权利遭到重新洗牌。然而，具

① 参见 Arab Naz et al. , eds. , "A Paradigm Shift in Women's Movement and Gender Reforms in Pakistan (A Historical Overview)," *Global Journals Inc*, Vol. 13, No. 1, 2013, p.25。
② Fauzia Gardezi, "Islam, Feminism, and the Women's Movement in Pakistan: 1981–1991," *Comparative Studies of South Asia, Africa and the Middle East*, Vol. 10, No. 2, 1990, p. 20.

有讽刺意味的是，这些带有不平等性的法律条例却促使妇女组织蓬勃发展，在这种强压下穆斯林女性被迫进行了一场有组织的全国性妇女运动。在这场运动中，尽管妇女组织未能实现为妇女争取权利与地位的目的，但其效果仍是显而易见的，即妇女组织蓬勃发展，且涵盖了巴基斯坦各阶层的妇女，前所未有地扩大了影响范围，成功地增强了更多妇女的权利意识。然而，由于这场运动主张对伊斯兰法进行现代化解释，来促进妇女的自由和平等，再加上非政府组织与西方组织一直保持着联系，这场运动被不少宗教人士质疑是"西方化"的世俗运动，妇女组织内部也开始出现争议——到底是在传统宗教框架内还是在传统宗教框架外发展女权主义？这项争议也导致了后来巴基斯坦国内世俗女权主义和伊斯兰女权主义之间的分歧与对话。

四　恢复时期（1988 年～20 世纪末期）：民主与新自由主义的兴起

20 世纪 80 年代的最后几年，人们见证了冷战的结束以及新自由主义的崛起。新自由主义全球化的结果之一是各类非政府组织的大规模建立。在巴基斯坦，新自由主义意识形态的崛起与议会民主的复兴同步。1988 年，齐亚·哈克乘坐的飞机坠毁，民主治理的新时代貌似出现，外国资助的非政府组织也越来越多，如应用社会经济研究资源中心和教育促进会（Society for the Advancement of Education）。应用社会经济研究资源中心是一个非营利、非政府的资源中心，它是巴基斯坦同类组织中成立最早的组织。自 1983 年成立以来，其一直在安排培训和讲习班。这些讲习班涉及父权制、宗教、文化和意识形态、妇女形象、家庭和婚姻、女权主义、对妇女的暴力行为、社区工作和社会军事化及其对妇女的影响等问题。成立于 1982 年的教育促进会则是巴基斯坦最早关注优质教育的非营利组织之一。20 世纪 90 年代，关注妇女权利、环境、可持续发展、儿童权利等各种问题的非政府组织迅速增长。关于妇女权利的非政府组织的成立，诸如 1998 年成立的罗赞（Rozan）和 1991 年就开始行动的贝达里（Bedari），在一定程度上也导致了妇女运动的分裂。罗赞的使命是"与所有人，特别是弱势群体合作，共同争取建立一个没有暴力，拥有自我意识并接受自己和他人的社会"。该组织的主要项目涉及对儿童及妇女的暴力行为的关注等。贝达里则促进和保护妇女和儿童的人权,它建立了巴基斯坦第一个暴力妇女幸存者危机中心。自成立以来,它已发展了有关赋予妇女权利、处理暴力侵害妇女和女孩问题以及态度变革进程等方面的专门知识。

20 世纪 90 年代初期,新的社会和政治背景促使巴基斯坦妇女更加关注在日常实践中重塑性别动态和权利关系,而不是与国家对抗或挑战正式法律。1988 年 12 月 1 日,巴基斯坦选出了第一位女总理贝娜齐尔·布托 (Benazir Bhutto),其于 1988 年至 1990 年、1993 年至 1996 年两度出任巴基斯坦总理,有政坛"铁蝴蝶"的美誉,著有自传《东方的女儿》一书。贝娜齐尔·布托在政治上深受其父亲阿里·布托的影响,致力于从教育、卫生、社会福利等方面改变巴基斯坦。贝娜齐尔·布托在任期间,采取了很多对妇女友好的措施,如"设立妇女研究中心、第一家妇女银行,向女企业家提供贷款等,并在 1995 年促使巴基斯坦成为《消除对妇女一切形式歧视公约》(CEDAW) 的缔约国"①。这些措施有效地缓解了齐亚·哈克时期给妇女带来的伤痛,尽管在宪法第八修正案的保护下,齐亚·哈克时期通过的严厉法律并没有废除,但贝娜齐尔·布托政府所采取的一些温和的措施,让总体氛围变得逐渐开放、自由,妇女运动也逐渐趋于平静。对巴基斯坦妇女来说,最大的变化是,与齐亚·哈克时期令人窒息的治安维持主义相比,巴基斯坦妇女的普遍气氛更加开放和自由。女性不会被迫遵守着装规定,可以参加观赏性的体育运动,也可以自由活动,而不受骚扰。在她第二次执政期间,贝娜齐尔·布托代表巴基斯坦参加了 1995 年在北京举行的第四次世界妇女大会。

纳瓦兹·谢里夫 (Nawaz Sharif) 曾于 1990 年至 1993 年、1997 年至 1999 年两度出任总理。其执政期间的特点是坚持宗教右翼的主导地位,再次强调齐亚·哈克尚未完成的伊斯兰化议程,虽然政府在 1998 年批准了《国家行动计划》(NPA),但仅在教育和卫生领域得到实施。谢里夫只是口头上表示提高妇女地位,并没有为此采取重大措施。当时,有关非政府组织管控的话语开始兴起。正是在谢里夫任职期间,皮尔·宾雅明·里兹维 (Pir Binyamin Rizvi) 部长疯狂地攻击了全国最公开的世俗和社会主义的女权主义组织——

---

① Siobhán Mullally, "Women, Peace and Security in Contemporary Pakistan: Meeting the Challenge of Security Council Resolution 1325?" *Irish Studies in International Affairs*, Vol. 22, No. 1, 2011, p. 62.

应用社会经济研究资源中心。政府试图通过拟议的"伊斯兰教法"（第十五修正案）成为一个拥有绝对权力的统治机关时，妇女们再次站了出来。妇女们知道，如果修正案通过，政府将决定着关于女性的何谓邪恶、何谓美德的界定，女性在其他时期获得的任何自治权或权利都会消失。虽然这个令女性厌恶的修正案在国民议会通过，但在参议院通过之前，纳瓦兹·谢里夫与陆军参谋长佩尔韦兹·穆沙拉夫（Pervez Musharraf）在卡吉尔冒险问题上产生了分歧，纳瓦兹·谢里夫政权于 1999 年 10 月在一场不流血的政变中被军队推翻。

总的来说，在 20 世纪 90 年代，伴随着贝娜齐尔·布托和纳瓦兹·谢里夫交替执政，巴基斯坦妇女与国家的关系在贝娜齐尔·布托时期的合作和协作以及纳瓦兹·谢里夫时期的对抗和争论之间交替。大量的歧视性法律和措施停止使用，尽管在齐亚·哈克时期通过的法律没有被推翻。但是这一时期，女权主义话语逐渐衰弱，女权运动变得沉默，似乎已经失去了稳定的动力。民主复兴后妇女运动最初的展示父权制如何通过构建"男性"和"女性"来影响男性和女性的女权主义语言逐渐被"性别"这个词替代，"性别"很快成为一个流行词，任何事关女性的组织，除非有强烈的性别成分，否则其任何项目都不会被批准。大量的捐助者和非政府组织开始讨论性别问题，包括性别培训、性别敏感化、将性别问题纳入主流或增强性别意识。渐渐地，几乎不知不觉地，"女性"开始从话语中消失，"性别"成为女性的委婉说法。由捐助者和非政府组织包装和促进的发展意识形态，在许多方面影响了妇女运动和行动主义。性别培训和宣传会议成为一种流行的消遣方式。虽然一些会议，特别是应用社会经济研究资源中心的会议，讨论了父权制严重的结构性问题，但另一些会议包括一些被称为"能量激发者"和"破冰者"的政党游戏使得女性权利问题去政治化明显。无论如何，"培训"这个词意味着较低层次的心理功能（比如学习操作电脑），而且似乎难以想象一个人如何能接受对性别敏感的生活训练。大量高薪性别顾问出现了，尽管传播的知识和意识形态倾向与女权主义原则相矛盾，但仍进行性别培训。[1] 其他方法的前提是基于这样一种设想，即一旦男性被说服做更多的家务和照顾孩子，他们

---

[1] Rubina Saigol, *Feminism and the Women's Movement in Pakistan：Actors，Debates and Strategies*，Pakistan Islamabad：Friedrich-Ebert-Stiftung，2016，p. 24.

就会自动对性别更加敏感。但这种假设并没有得到事实的证明，因为父权制仍然存在。

非政府组织在性别、发展和妇女问题上的大量涌现，加上技术官僚的"性别培训"意识形态，使妇女运动的政治性和批判性优势减弱。一些中产阶级的女权活动家成立了自己的非政府组织，并获得了大量资金。因此。这些组织和团体能够雇用妇女从事按照捐助方针设计的项目。此后，性别问题成为一项业务和一种职业，一份朝九晚五的工作，激情和投入逐渐减少，而这种激情和投入正是早期女权主义的特征。在许多情况下，捐助者决定议程，而受捐助组织执行议程。解放妇女是出于"自由市场经济"的需要，在这种经济中，廉价和灵活的劳动力是必需的。因而，必须解除传统的束缚，这不是为了妇女本身，而是为了使她们能够进入灵活和可剥削的劳动力市场。对妇女权利、父权制的意识形态等方面的讨论，最后都主要落脚到对妇女参与发展、妇女与发展以及性别与发展等问题的讨论上，这是女性权利追求非政治化的明显表征。这种以国际人权内容为核心、自由主义式的新女权主义，实际上将其他类型的女权主义，如马克思主义、社会主义或激进主义从妇女活动内容中驱逐出来。因此，要把妇女从性别的泥沼和碎片中夺回来变得越发困难。正如萨巴·哈塔克（Saba Khattak）所言，"非政府组织的运动化和发展话语的主导地位已经使性别问题本身的概念去政治化了"[1]。她坚持强调妇女权利而不是性别问题，以便使妇女能够重新回到问题讨论的中心。

五 抉择时期（21 世纪至今）：全球反恐战争与身份重构

2001 年的"9·11"事件成为世界历史上的一个分水岭，带来了全球大规模的权力重组，并对巴基斯坦产生了重大影响，巴基斯坦又一次成为反恐战争的前线国家。2001 年，佩尔韦兹·穆沙拉夫正式担任总统。在其开明和自由的主张下，"在地方政府中，妇女的代表率达到了历史性的33%，在省议会和国民议会中，17.5%的席位留给了妇女"[2]。这是妇女进入政治进程的一

---

① Saba Khattak, *Responses to the Paper on Feminism*, November 16, 2015.
② Rubina Saigol, *Feminism and the Women's Movement in Pakistan: Actors, Debates and Strategies*, Pakistan Islamabad: Friedrich-Ebert-Stiftung, 2016, p. 27.

个标志性的里程碑。穆沙拉夫创立了"国家妇女地位委员会"（National Commission on Status of Women），旨在实现妇女解放、男女机会均等、社会经济条件平等，以及消除对妇女的一切歧视。此外，他还增加了对奥拉特基金会等非政府组织的捐赠资金，并于 2006 年颁布了《妇女保护法》（Women's Protection Bill）。该法律将强奸罪从《胡都法令》惩罚中剔除，并纳入巴基斯坦的《刑事诉讼程序法》，强奸和通奸的合并至此结束。穆沙拉夫采取的所有措施旨在加强他作为一名开明和温和的领导人的资格，并消除齐亚·哈克对该国妇女造成的严重伤害。因此，在穆沙拉夫时代，妇女与国家的关系再次呈现协作与合作的特征。

这一时期，妇女权利方面取得的成绩不仅体现在进步的立法上，更是涵盖了社会生活与服务的方方面面。一些成立于 20 世纪七八十年代的非政府组织仍在继续前进着，如施尔卡特·盖赫、奥拉特基金会、西蒙格、应用社会经济研究资源中心等，这些组织在妇女权利、劳动、环境、可持续发展、儿童权利、教育等各种问题上，聚集了来自不同阶级的妇女以应对新时代的妇女危机，如家庭暴力、荣誉处死、性骚扰等。这些组织为解决妇女问题作出了许多尝试，如施尔卡特·盖赫带头开展重量级、大规模的社会发展项目，主办了跨国网络活动——"生活在穆斯林律法之下的妇女"（Women Living Under Muslim Laws）[①] 和"穆斯林背景下的妇女赋权"（Women's Empowerment in Muslim Contexts）[②]。它们广泛关注妇女的宗教、文化和法律身份，致力于通过实地研究，制定策略和方案，消除宗教和文化障碍，倡导为巴基斯坦妇女寻求正义和平等。奥拉特基金会一直通过诸如"基层行动和组织信息"、"加强公民倡导和行动"和"平等权利立法和政策"等方案，在社会和政治领域推动其议程；西蒙格发行了社会法律期刊《表达》（Bayan），旨在发起一个关于社会法律问题的学术论坛，通过接触法律界人士、学术界人士、学生、人权和妇女权利活动家等，对社会法律问题形成批判性的认识；应用社会经济研究资源中心在巴基斯坦创办了第一家女权主义出版社，举办了第一届全国妇女研究会议，并在拉合尔创建了一个妇女研究教育和培训机构。

---

① Afiya S. Zia, *Faith and Feminism in Pakistan*：*Religious Agency or Secular Autonomy*? Pakistan：Sussex Academic Press, 2018, p.5.

② Afiya S. Zia, *Faith and Feminism in Pakistan*：*Religious Agency or Secular Autonomy*? Pakistan：Sussex Academic Press, 2018, p.32.

可以看到，新时期的妇女组织从政治、经济、社会、文化各个层面制定了不同的措施，开展了不同的项目，提高妇女对女性教育、政治和法律权利乃至网络空间的认识，来应对现代化发展下不断升级的妇女危机。

随着现代媒体渠道和社交媒体的出现，2008 年以后，巴基斯坦的妇女运动也进入了关键时期，妇女组织从网络空间中获得动力，希望能以此来建立自己的公民身份。巴基斯坦的一个多城市女权主义倡议——达巴斯的女孩（Girls at Dhabas），引发了关于妇女进入公共场所的讨论，妇女组织鼓励女孩们在达巴斯上拍摄自己的照片，并使用"达巴斯的女孩"主题标签在社交媒体上上传图片，分享她们的生活和故事。这项尝试在 2015 年大获成功，并受到南亚各地女性的极大关注，使她们重新审视与公共空间的关系。但是，正如巴基斯坦女权主义者卓亚·拉赫曼（Zoya Rehman）所指出的，"虽然在线空间提供了更多女权主义的声音，但这往往是以牺牲更大、更交叉的问题为代价的，这是我们必须克服的挑战"[1]。巴基斯坦数字权利基金会（Digital Rights Foundation）也认识到这个问题，认为"一方面互联网对改变妇女在公民空间中的权利与地位有着重要作用，另一方面互联网也给妇女带来了严峻挑战"[2]，因此建立了哈马拉互联网（The Hamara Internet）即"我们的互联网"项目，"希望建立一个促进妇女自由和安全的数字环境"[3]，这个项目利用在线空间来促进妇女联盟的建立，以抗议对城市空间的限制，并提供妇女在互联网上成为公民的体验。尽管这种新的尝试不断受到批评，被贴上"西方倡议"的标签，但它改变了妇女组织以往单纯通过一些国家层面上的保障和社会服务来获取权利与地位的局面，转而希望能从公民身份的层面上实现社会认同，这种新的尝试或许能为当代巴基斯坦妇女乃至南亚女性发展开辟一条新的途径。

2008 年全国选举后，人民党上台，提名一名妇女担任国民议会议长，表明政府将妇女充分融入立法议会的政治文化，妇女投票选举和权利获得方面

---

① Zoya Rehman, "Online Feminist Resistance in Pakistan," *Reclaiming Civic Space*, Vol. 14, No. 26, 2017, p. 154.

② Zoya Rehman, "Online Feminist Resistance in Pakistan," *Reclaiming Civic Space*, Vol. 14, No. 26, 2017, p. 155.

③ Zoya Rehman, "Online Feminist Resistance in Pakistan," *Reclaiming Civic Space*, Vol. 14, No. 26, 2017, p. 155.

的立法得到了较大发展，这说明妇女组织与执政联盟之间仍然是包容与合作的关系。在人民党领导的联盟任期内，完成了一些非常积极的支持妇女的立法，这主要归功于议会妇女核心小组和国会妇女问题常设委员会与妇女团体之间的密切合作。巴基斯坦著名作家、女权主义者比娜·沙阿（Bina Shah）在她的文章——《巴基斯坦女权主义者没什么问题》中，强调了过去十年来巴基斯坦在妇女立法方面取得的进展。她注意到，"2015 年 3 月的《荣誉处死法案》（*The Honour Killing Bill*）、2010 年的《性骚扰法案》（*The Sexual Harassment Bill*）、2013 年的《家庭暴力法案》（*The Domestic Violence Bill*）、2010 年的《迷药控制法案》（*The Acid Control Bill*）和 2011 年的《迷药攻击法案》（*The Acid Attack Bill*）等法案，都是由于女性立法者和妇女权利组织的坚持而通过的。这表明，至少在立法层面上，巴基斯坦女权主义者的权利与地位在过去十年中产生了明显的变化"[1]。其中，人民党阿西夫·阿里·扎尔达里（Asif Ali Zardari）总统于 2010 年签署了《工作场所保护妇女免受骚扰法案》，这是巴基斯坦首次通过立法文书确定"性骚扰"的定义，也是女权活动人士一直要求并希望制定的一部法律。反性骚扰联盟（Alliance Against Sexual Harassment）利用妇女团体的支持，在推动法案通过的过程中也发挥了主要作用。

现今，巴基斯坦已进入民选政府更加稳定的时期，权利活动家们进一步发展和完善了妇女参政议程，以期废除或打破政治父权制。国际援助机构和非政府组织为讲习班、研究和宣传提供了资金，以帮助找出政治进程中妇女发言受阻的解决方法。然而，尽管取得了进展，巴基斯坦社会仍然有着以保守和反西方为特征的声音。一些右翼宗派声称："任何促进妇女平等的教义都是为了满足享乐主义、世俗的西方理想。"[2] 这个问题也是在一个宗教文化浓厚的社会长期制约女权理论与实践发展的重要问题。事实上，宗教与世俗的关系问题，也是伊斯兰国家内部不同类型女权主义者产生分歧的原因之一。巴基斯坦女权运动开始后，妇女不仅要面对来自外部环境的阻力，还要面对组织内部的话语分裂。受阶级地位、国际环境及现代主义思潮等因素影响，

---

[1] Annie Serez, "Feminism in Pakistan: Dialogues between Pakistani Feminists," *Laurier Undergraduate Journal of the Arts*, Vol. 3, No. 4, 2017, p. 73.

[2] Annie Serez, "Feminism in Pakistan: Dialogues between Pakistani Feminists," *Laurier Undergraduate Journal of the Arts*, Vol. 3, No. 4, 2017, p. 69.

兴起于 19 世纪的世俗女权主义和 20 世纪的伊斯兰女权主义分歧越来越大，使得巴基斯坦女权主义话语的两条主线逐渐清晰。世俗女权主义通常以自由、人权和世俗主义的自由主义价值观为特征，主张男女权利平等，认为"女权主义是普遍人权的基本延伸"①，主张政教分离。持这类观点的有巴基斯坦社会活动家福齐亚·赛义德（Fouzia Saeed），女权主义者、应用社会经济研究资源中心创始人尼加特·S. 汗（Nighat S. Khan），作家、女权主义者阿菲娅·S. 齐亚（Afiya S. Zia）等。与此相对的是，伊斯兰女权主义则坚持一种在宗教框架下的性别平等话语，她们将妇女面临的不平等对待归咎于对《古兰经》的过度解读，提倡"回到《古兰经》中去"，主张重新解读宗教经典，呼吁在《古兰经》所述的伊斯兰社会中恰当地对待妇女。正如巴基斯坦历史学家玛戈特·巴德兰（Margot Badran）所表达的那样，伊斯兰女权主义试图"打开《古兰经》的大门，阅读反父权主义的书籍"②。巴基斯坦著名的女权主义者里法特·哈桑（Riffat Hassan）对《古兰经》中的父权制解释提出质疑，认为"《古兰经》是'人权大宪章'，《古兰经》维护生命、尊严、正义、自由、知识、生活、工作和隐私等权利，规定了所有人的人权和平等"③。持相同观点的还有美籍巴基斯坦女权主义者阿斯玛·巴拉斯（Asma Barlas）、美国穆斯林哲学家阿米娜·瓦杜（Amina Wadud），这些女权主义者试图将权利和自由与当代巴基斯坦文化融合起来，重新定义女性地位。也有一些女权组织意图从社会主义理念中寻找女权主义路径。例如，2018 年 3 月 8 日在首都伊斯兰堡成立的"妇女民主阵线"（Women Democratic Front），是一个独立的社会主义女权主义组织，总部设在巴基斯坦，由来自信德省、俾路支省、旁遮普省和开伯尔-普什图省的数百名代表组成。妇女民主阵线旨在团结全国各地的妇女，开展社会主义女权主义运动，"妇女民主阵线的宣言和宪章致力于与资本主义、父权制、宗教法西斯主义、民族压迫和巴基斯坦的专制政治制度进行基础广泛的斗争"④。巴基斯坦的女权主义从开始就不是统一的，这也符

---

① Annie Serez, "Feminism in Pakistan: Dialogues between Pakistani Feminists," *Laurier Undergraduate Journal of the Arts*, Vol. 3, No. 4, 2017, p. 64.

② Annie Serez, "Feminism in Pakistan: Dialogues between Pakistani Feminists," *Laurier Undergraduate Journal of the Arts*, Vol. 3, No. 4, 2017, p. 65.

③ "Riffat Hassan," Wikipedia, July 27, 2022, https://en.m.wikipedia.org/wiki/Riffat_Hassan.

④ "Women Democratic Front," Wikipedia, July 27, 2022, https://en.wikipedia.org/wiki/Women-Democratic-Front.

合该国的历史传统。巴基斯坦宗教和世俗女权主义者之间的辩论仍在继续，这反映了关于一个宗教或世俗国家的全国性辩论，但这个问题还远未得到解决。

从贝娜齐尔·布托到佩尔韦兹·穆沙拉夫再到 2008 年以后的民选政府，在国家的宽容态度下，妇女组织在社会生活的方方面面取得了可观的成绩，妇女们的诉求也随时代变化发生转变，更多的是希望构建一个"巴基斯坦妇女"的公民身份，但这个过程中也出现很多问题。例如，巴基斯坦许多城市从 2018 年开始在三八节举行争取平等权益的"妇女大游行"（Aurat March）。游行提出的主题包括增加巴基斯坦妇女、宗教少数群体和其他边缘化群体的政治参与和代表性。该运动还要求为女性和跨性别者提供更安全的公共空间，并呼吁结束所有针对妇女和跨性别者的暴力行为。妇女争取权利的游行，在保守的巴基斯坦引发很大的反响。"国内许多宗教与右派团体都表示，女权游行与伊斯兰信仰背道而驰，就连温和派都认为该游行的部分手段过于激进。"[①] 因此，尽管妇女组织取得了一系列进展，巴基斯坦社会仍然以压倒性的保守和反西方为特征；国家虽然也采取了很多扶持政策，但是在社会层面上并未受到太多的认同，仍然停留在表面。在这样一个女性接近半数的国家里，"根据 2017 年巴基斯坦人口普查，巴基斯坦妇女占总人口的 48.76%"[②]，社会却没有正视女性在国家发展中的真正作用，没有看到妇女对社会经济发展所作出的贡献。可以看到，即使是在现代化发展的今天，巴基斯坦妇女要想真正从实践层面赢得社会认同，获取权利和地位，仍然任重而道远。

余 论

纵观巴基斯坦历史，国家现代化与民主化进程的不断推进，必然会导致社会的根本变革。在这场与世界历史同步的变革中，巴基斯坦的女权主义和妇女权利意识的发展显然受到了全球权力重组的影响，包括殖民主义、民族主义、独裁统治、民主和全球反恐。妇女运动和巴基斯坦国家之间的关系经

① 《巴基斯坦女性无惧威胁国际妇女节再上街》，云传媒，2020 年 3 月 8 日，https://baijiahao.baidu.com/s？id=1660399458508949045&wfr=spider&for=pc。
② "Gender gap in Pakistan," Wikipedia, July 25, 2022, https://en.wikipedia.org/wiki/Gender-gap-in-Pakistan.

历了重大转变，从相互适应和互补到对抗和冲突，然后是合作，最后是勾连。至于两者的关系如何，这取决于国家在历史上特定时期的政策。妇女运动的战略重点在不同时期也有改变，从关注教育、社会服务和福利，到法律改革，最终落到公共空间和身份认同，转向妇女的政治和经济权利。从整个巴基斯坦妇女组织的历史发展来看，虽总体顺利，但其自身矛盾也是长期存在的，甚至有激化的趋势，这可以从三个方面来分析：一是妇女组织缺乏包容性和统一性，城市地区与农村地区、精英阶层与平民阶层在妇女运动上未能形成一致步调，以致出现二元分化，造成两极差异；二是妇女组织未能及时地与社会最进步阶层建立密切联系，在妇女问题上受到右翼宗派的影响，仍处于边缘化状态；三是妇女组织内部矛盾日益激化，她们既想追求女性的解放，又想坚持原有传统，这就导致在行动时态度不坚定、不明确。

妇女运动/女权主义与国家之间，以及妇女运动与由非国家行为者组成的"公民社会"之间在历史上的行动一致或出现紧张关系，是由不同时期的关于宗教信仰的特定表达造成的。要想解决当前困境，在这样一个具有多重含义的宗教世界中重新倡导女权主义，走出一条适合巴基斯坦妇女乃至南亚女性发展的道路，或许可以从三个方面入手：一是扩大妇女组织的覆盖面，涵括社会各个阶层，继续扩大社会基础；二是在保持组织自治的过程中，恰当地与巴基斯坦开明的政治团体，或者国际上进步的妇女组织结成原则性联盟，且不局限于形式层面，以此扩大社会影响；三是必须避免陷入伊斯兰主义的讨论，避免盲目地把宗教和女权主义联系在一起，而是要切实地解决妇女的宗教、文化和法律身份问题，处理好妇女争取权利与世俗发展的关系，培养公民意识。正如巴基斯坦政治经济学家赛义德·阿克巴尔·扎伊迪（Syed Akbar Zaidi）所说，"对于巴基斯坦的公民社会来说，无论是西方化、现代化的那种，还是更为基要主义的伊斯兰形式，都不是民主与非民主规范的问题，而是'自由主义'与感知到的、不同解释的伊斯兰符号和价值观的问题。要明确问题的关键不是要拒绝伊斯兰教，而是要明确指出，妇女权利问题是一个世俗的人权问题"[1]。妇女组织要不纠结于宗教问题，而是聚焦于人权问题，努力将女性话语置于公民权中来发展女性权利。另外，在"成熟的"和"新

---

[1] Rubina Saigol, *Feminism and the Women's Movement in Pakistan: Actors, Debates and Strategies*, Pakistan Islamabad: Friedrich-Ebert-Stiftung, 2016, p. 25.

一代"女权主义者之间、"微观的"和"宏观的"女权主义者之间、"精英女权主义者"和草根活动家之间搭建桥梁，或许能够为更好地实现妇女权利加码。

[责任编辑：黄麟]

印度帕西人的慈善事业及其动力与困境[*]

谢志斌[**]

摘　要　帕西族群是印度的一个微小族群，但凭借其雄厚的经济实力，对印度的经济、文化、政治等各方面产生重要影响，尤其在慈善事业领域，影响广泛，备受关注。帕西族群的慈善事业涉及领域非常宽泛，包括宗教建筑、教育、医疗卫生、日常生活问题、灾难救济等多方面，而且帕西人的慈善捐助对象既包括印度帕西社区，也包括印度的其他地区，甚至在伊朗、英国、中国等也多有捐助。其热衷慈善，最重要的是因为琐罗亚斯德教所主张的"三善"思想强调人在善恶中做出选择并付诸实践的必要性和重要性；也源于帕西人作为印度外来微小族群的特殊性及其生存策略。然而，帕西族群的慈善事业也面临社会信任危机和组织管理涣散等困境。

关键词　帕西人　印度　慈善　琐罗亚斯德教

"帕西人"是印度的一个微小族群[①]，其祖先是古代伊朗地区的琐罗亚斯德教徒。公元8~10世纪，一部分波斯的琐罗亚斯德教徒因不愿改宗伊斯兰教而被迫背井离乡迁往印度西海岸，最终融入印度社会。帕西族群虽是印度的极少数（其人口总数约为印度总人口的0.007%），但他们在19世纪实现经

---

　*　本文系国家社科基金重大项目"伊斯兰教视域下的宗教对话资料整理与研究"（18ZDA234）、国家社科基金青年项目"中亚佛教与伊斯兰教交流史（7~18世纪）"（22CZJ011）的阶段性成果。
　**　谢志斌，西北大学中东研究所副教授。
　①　Parsi、Parsis或Parsee，中文一般译作帕尔西人、巴斯人或帕西人，也曾被中国人称为"叭史"（谢清高口述，杨炳南笔受，冯承钧注释《海录注》，商务印书馆，1938，第58页）、"港脚人"（〔美〕亨特：《广州番鬼录　旧中国杂记》，冯树铁、沈正邦译，广东人民出版社，2009，第7页）、"港脚白头子"〔（清）黄楙材：《印度札记》，载（清）王锡祺辑《小方壶斋舆地丛钞》第十三册十一帙，杭州古籍书店，1985，第449页〕、"白头人"〔参见《每月统记传》，载（清）王锡祺辑《小方壶斋舆地丛钞再补编》第十二帙，《小方壶斋舆地丛钞》第二十册，杭州古籍书店，1985〕等。

济崛起，成为印度的精英阶层，在印度西部成为一个经济发达和受人尊敬的商人族群[①]，对印度的经济、文化、政治等各方面的发展都产生了重要影响[②]。尤其是他们的慈善事业，影响甚广，备受关注。

早在 17 世纪，前往印度的欧洲旅行者就注意到并评论了帕西人对自己社区成员和其他人表现出的慈善，如詹姆斯·欧文顿（James Ovington）评论说："他们对自己的宗教信仰表现出坚定的感情，帮助穷人，并且非常愿意为那些需要的人提供食物和安慰。他们普遍仁慈，要么雇用那些有需要且有能力工作的人，要么对那些体弱多病的人给予适时的慷慨解囊，使他们的社区中没有缺乏救济的人，也没有沦为乞丐的人。"[③] 类似评论颇多。不仅西方旅行者对帕西人的慈善事业进行了记述，甘地等印度人对此也进行了肯定性评论。甚至在孟买的帕西人和非帕西人中流传着一句俗语："慈善，你的名字是帕西。"

国外对帕西人的研究很早就开始了，而且已取得丰富成果，但国内对帕西人的研究非常少见。[④] 本文将对近现代印度帕西族群的慈善事业进行研究，总结帕西人慈善事业的主要领域，并分析帕西人慈善事业背后的思想和动力，最后指出帕西人在慈善事业中面临的困境。希望在一定程度上加强国内学术界对帕西族群研究的薄弱环节，并对考量类似帕西人这样的微型族群在当今世界如何延续并发展提供参考。

[①] J. Palsetia, *The Parsis of India：Preservation of Identity in Bombay City*, Leiden：Brill, 2001, p. 11.

[②] 谢志斌：《19 世纪以来印度帕西人的社会融入与生存挑战》，《世界民族》2022 年第 4 期。

[③] 参见 H. G. Rawlinson, ed., *A Voyage to Suratt in the Year 1689*, London, 1929, p. 218。

[④] 国外主要成果有：Dosabhoy Framjee, *The Parsees：Their History, Manner, Customs and Religion*, London：Smith, Elder and Co., 1858；Dadabhai Naoroji, *The Manners and Customs of the Parsees*, Whitefish：Kessinger Legacy Reprints, 1864；Jivanji J. Modi, *The Religious System of the Parsees*, Bombay, 1885；Jivanji J. Modi, *A Few Events in the Early History of the Parsis and Their Dates*, Bombay, 1905；Hodivala Shapurji Kavasji, *Parsis of Ancient India*, Bombay, 1920；Hodivala Shapurji Kavasjia, *Studies in Parsi History*, Bombay, 1920；Jivanji J. Modi, *Religious Ceremonies and Customs of the Parsis*, Bombay, 1922；Eckehard Kulke, *The Parsees in India：A Minority as Agent of Social Change*, Munich：Weltforum Verlag, 1974；P. Nanavutty, *The Parsis*, New Delhi：National Book Trust, 1977；M. M. Murzban, *The Parsis in India*, 2vols, Bombay, 1977；Dosabhai Framji Karaka, *History of the Parsis：Including Their Manners, Customs, Religion, and Present Position*, London：Macmillan and Co., 1986；Dastur Dr. Hormazdyar Kayoji Mirza, "Outlines of Parsi History," *Zoroastrian Religion & Ancient Iranian Art*, 1999 等。国内相关成果有：龚方震、晏可佳《祆教史》，上海社会科学院出版社，1998；郭德焱《清代广州的巴斯商人》，中华书局，2005；赵瑛《印度帕西人的由来、发展及其面临的问题》，硕士学位论文，西北大学，2015；曾超颖《帕尔西人的迁徙、经济崛起与慈善事业述论》，硕士学位论文，暨南大学，2015。

一 帕西人慈善事业的主要领域

国际学术界较少专门就帕西人慈善事业进行系统的研究，多是在相关成果中提到个人和某些特定基金会或机构的慈善工作，特别是贾姆谢特吉·杰杰布霍伊爵士帕西慈善机构（Sir Jamsetji Jijibhoy Parsee Benevolent Institution）[①]、塔塔慈善机构（Tata Charities）[②] 以及最重要的孟买帕西人理事会（Bombay Parsi Panchayet）。但这些其实只是冰山一角。在 1935 年之前，帕西慈善机构没有合法注册，甚至后来的大量慈善工作也不一定有详细记录。[③]第一个正式公开提交年度报告的帕西慈善机构是 1914 年 3 月 21 日提交报告的 N. M. Wadia 慈善机构。[④] 据 1950 年按《孟买公共信托法》（*Bombay Public Trusts Act*）注册的公共信托的目录，帕西慈善机构有大约 935 个，有 27% 与宗教仪式的举行有关。[⑤] 1961 年，孟买帕西人委员会（Parsi Panchayet）管理着大约 1000 个基金会，而且许多慈善机构其实并不公开，或大多数捐赠只是私人的善意行为。这个数字足以说明帕西人对慈善活动的重视。从慈善捐助的项目来看，帕西人的慈善事业相当广泛，主要涉及以下几个领域。

第一，帕西人最热衷的慈善事业是修建宗教建筑。建造火庙（Dar-i Mihrs）及与琐罗亚斯德教有关的建筑，如"寂静之塔"（Daxmas）等，是帕西人最重要的慈善事业。[⑥] 帕西人宗教建筑中最重要的是火庙，其实火庙对琐罗亚斯德教来说并不像基督教的教堂那样重要，因为他们的崇拜活动通常是在家中的炉火上进行的，火庙通常是纯粹的宗教标志性建筑，有时祭司将自己家中的火带到那里举行特定的仪式。19 世纪时，帕西人捐资建造了大量的火庙。原因有以下几点。

---

① 参见 J. H. Wadia, *The Centenary Volume*, Bombay, 1950。

② R. M. Lala, *The Creation of Wealth*, Bombay, 1981, ch. 12 and Appendix C.

③ 参见 S. R. Desai, *History of the Bombay Parsi Punchayet*, *1860-1960*, Bombay, 1982。

④ The Parsi Prakash 21 March 1914, p. 6, The reports for the early years came out rather sporadically.

⑤ *Directory of Public Trusts*, Greater Bombay, Bombay Suburban District, Bombay, 1954. 其余项目：14% 的信托由受托人自行决定，如"受托人认为合适的有利于帕西社区的慈善机构"或"帕西琐罗亚斯德教徒的任何慈善目的"；8% 专门用于医疗工作；7% 用于宗教建筑；7% 用于住房；14% 用于教育；等等。

⑥ John R. Hinziells, "The Flowering of Zoroastrian Benevolence: Parsi Charities in the 19th and 20th Century," *Selected Works of John R. Hinnells*, London: Cambridge University Press, 2002, p. 114.

其一是帕西人比以前更富有，有更多的资金来建造火庙和传播他们的教义。其二是帕西人生活水平不断提高，对火庙的需求随之增加。许多帕西人越来越富有，更多的非帕西人被雇用。由于琐罗亚斯德教禁止异教徒参加仪式，许多帕西人家庭因此选择在火庙做礼拜。其三是伊朗的琐罗亚斯德教徒作为宗教权威代表，敦促在印度的琐罗亚斯德教徒遵照其宗教传统习俗建造更多火庙。其四是帕西人普遍从事商业活动，并在印度各地旅行，因此有必要在印度各地建立新的火庙，为信徒崇拜活动提供场所。[①] 因此，如图1所示，1830~1900年这70年是火庙建设的主要增长期。

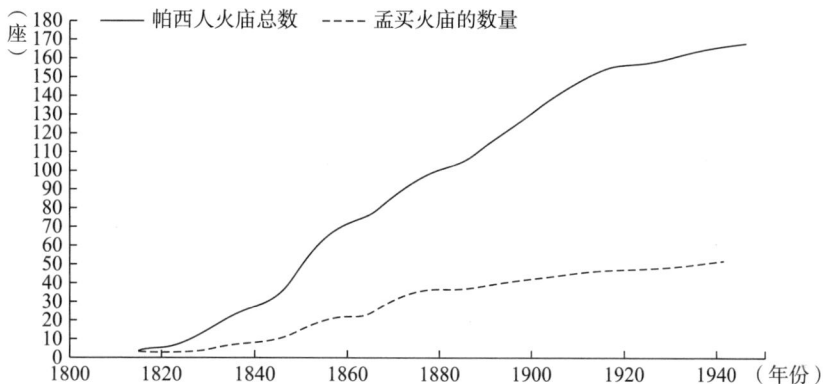

图1 1815年至20世纪40年代初帕西人火庙总数和孟买火庙的数量变化情况

在1780年之前，大多数作为帕西人墓地的"寂静之塔"是由"安杰曼"（Anjuman）捐款建立或通过认购获得的资金建立的[②]，但在1780年至1886年，大约有三分之二的"寂静之塔"是由私人资助建立的，这表明社区中存在着大量的个人财富和宗教承诺。1886年以后，认购又成为通常的资金来源，特别是在传统地区以外的各地区，即除孟买和古吉拉特以外的地区，这些地区的个人财富当时还没有大量积累起来。1830年以后，"寂静之塔"的数量急剧增加，如图2所示。

还有一种附属于火庙的建筑"达玛撒拉斯"（Dharmsalas），可为到访的琐罗亚斯德教徒提供住所，类似附属于火庙的招待所。还有"堡垒"（Baugs），

① John R. Hinnells, "Zoroastrian and Parsi Studies," *Selected Works of John R. Hinnells*, London: Cambridge University Press, 2002, p. 215.
② John R. Hinnells, "Zoroastrian and Parsi Studies," *Selected Works of John R. Hinnells*, London: Cambridge University Press, 2002, p. 217.

可为召开宗教会议、演讲、举办宗教婚礼等提供场地，这些地方可能是寺庙建筑群中的大厅、寺庙的上层或露天的"院子"。从 1840 年开始，修建"达玛撒拉斯"的活动变得频繁，都是由私人捐款而非公众捐款资助的，而且主要集中在孟买和古吉拉特邦这个传统的帕西人"中心地带"。图 3 显示了印度18 世纪 60 年代初至 20 世纪 50 年代"达玛撒拉斯"和"堡垒"的数量变化情况。

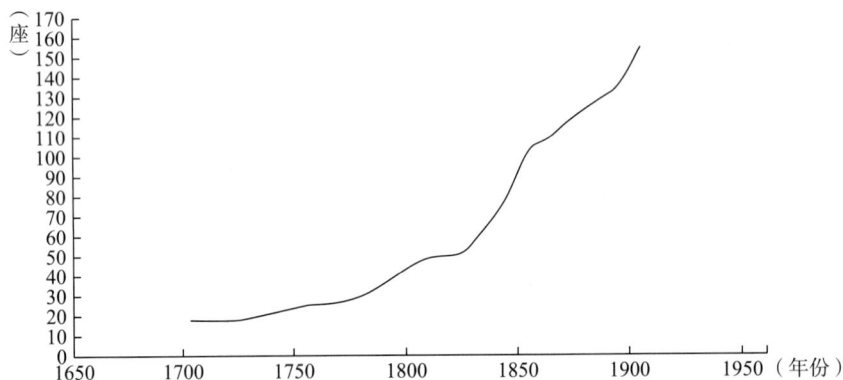

图 2　18 世纪初至 20 世纪初"寂静之塔"的数量变化情况

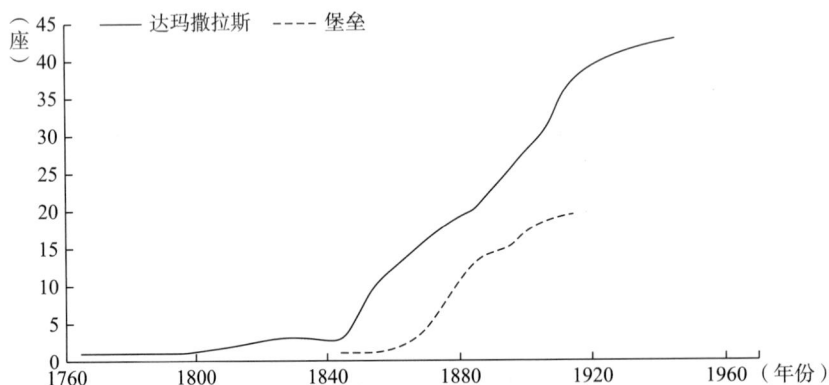

图 3　18 世纪 60 年代初至 20 世纪 50 年代"达玛撒拉斯"和"堡垒"的数量变化情况

那些居住在孟买的富豪家族对上文所述三种宗教建筑的建设有巨大贡献。在火庙方面，贡献最大的是瓦迪亚家族（Wadias），一共捐建了 22 座火庙。其次是佩蒂特家族（Patits），他们捐资建造了 8 座，吉吉布霍伊家族和阿登瓦拉家族（Adenwalas）各捐建了 5 座，奇诺伊家族（Chinoys）参与捐建了 4 座。与火庙相比，"寂静之塔"数量较少，曼荷治家族（V. & P. Meherji）捐建了 4 座，吉吉布霍伊家族捐建了 3 座。在建造"达玛撒拉斯"方面佩蒂特家族特别活跃，捐建了4座，吉吉布霍伊家族捐建了3座，瓦迪亚家族捐建了2座。总体来看，瓦迪亚家族和佩蒂特家族在宗教建筑捐助者中占主要地位。①

第二，资助教育是帕西人最重视的慈善事业。"孟买本土教育协会"（Bombay Native Education Society）② 于1822年成立，捐赠者中印度人有11名，其中4名是帕西人③，但这4名帕西人的捐资总额达到总资金的50%。成立中央学院是他们最具代表性的功绩之一，1828年，约翰·马尔肯爵士将该学院更名为埃尔芬斯顿（Elphinstone）学院。④ 刚开始，"孟买本土教育协会"一味地追求建校数量而忽视了学校质量，所以很多新建的学校都不同程度地存在人员和设备短缺的问题，甚至一个学校平常只有一位教师，而纸张和书籍的匮乏使得师生们不得不在沙盘中写字。类似的问题直到后来才有所缓解。虽然捐建学校存在着一些问题，但是由于协会建的学校不受印度种姓制度束缚，低种姓的人也可以入学校读书，这对印度社会有非常正面的影响。而且从学校开设课程来看，学校会开设数学、分数算法等基础计数课程，这有利于商贸的快速发展。

个人捐赠在帕西教育慈善中非常活跃，比较有代表性的是致力于改善孟买帕西人教育水平和学习环境的贾姆谢特吉·杰杰布霍伊爵士。1822年至1847年，他为各个学校和公共事业共捐资221981英镑。⑤ 帕西慈善协会（Parsi Benevolent Institution）是他在1849年创办的，当时的动机在很大程度上是提供西方教育，使帕西人能够蓬勃发展，而不必让社区中易受影响的年轻人参加传教士学校，避免他们被引诱到基督教。所以会规中明确指出"为宗教建筑和学校管理提供资金援助"⑥。1842年5月31日，在祝贺他获得骑

---

① John R. Hinnells, "Zoroastrian and Parsi Studies," *Selected Works of John R. Hinnells*, London: Cambridge University Press, 2002, p. 219.
② Bombay Native Education Society 起初名为 Native School and Schoolbook Society，1827年改为此名。见 John R. Hinnells, "Zoroastrian and Parsi Studies," *Selected Works of John R. Hinnells*, London: Cambridge University Press, 2002, p. 145。
③ 这4名帕西人分别为杰杰布霍伊爵士、穆拉·菲罗兹（Mulla Feroze）、法兰治·科瓦斯治·巴纳治（Framji Cowasji Banaji）和豪妙治·顿吉皮（Hormusji Dhunjibhoy）。
④ A. L. Convernton, *A Short History of The Elphinstone High School*, Bombay, 1925, p. 7.
⑤ Dosabhai Framji Karaka, *History of the Parsis: Including Their Manners, Customs, Religion, and Present Position*, London: Macmillan and Co., 1986, p. 109.
⑥ John R. Hinnells, "Zoroastrian and Parsi Studies," *Selected Works of John R. Hinnells*, London: Cambridge University Press, 2002, p. 220.

士勋章的会议上他宣布了对帕西慈善协会的捐赠。他在演讲中指出：

> 我近来一直在酝酿一个筹划，期盼能够对孟买、苏拉特及附近的那些穷苦的帕西人有所帮助。众所周知，我们的很多孩子在成长过程中无法得到良好的教育，以至于我们的许多族人愚昧无知。所以，我打算成立一个基金会，获得的所有资金款项都用来帮助贫穷的帕西人和小孩子的教育。现在我捐赠 30 万卢比，并将其交给托管人负责。①

在杰杰布霍伊爵士的计划中，这些资金具体的用途如下：教育事业，占 78%；救助残疾人士，占 9%；帮助贫穷的祭司和帕西女性的婚礼，占 9%；最后 4% 用于资助贫困帕西人的葬礼。

杰杰布霍伊爵士的善举引起了当时社会的关注和赞誉。如 1849 年 6 月 17 日的《孟买时报》对此做了报道：

> 很多帕西人和欧洲人会集一处，共同见证了杰杰布霍伊爵士的精彩演讲。而且政府还颁给杰杰布霍伊爵士嘉许状，并赞助 15000 卢比，以奖励他对印度教育事业的贡献。②

而且，许多后来的教育捐款，在很大程度上都是帕西人自觉地效仿他的做法。可见杰杰布霍伊爵士的影响力之大。

除了基础教育的改善，帕西人还非常重视高等学府的建设。如 1828 年由孟买帕西人集资改建的埃尔芬斯顿学院（1840 年与另一所帕西人创办的学校合并为埃尔芬斯顿研究院）培养了大批优秀的帕西人才。③ 还有一个明显的趋势是，有些家族往往倾向于在其家乡提供赞助，如纳瓦萨里的塔塔家族（Tatas）。而有些家族的赞助似乎更加集中在特定类型的项目上，例如佩蒂特

---

① 参见 Deed, Bye-Laws & c., Relating to "Sir Jamsetjee Jejeebhoy's Parsee Benevolent Institute", Correspondence, established in Bombay 1849, p. 17.

② 参见 Deed, Bye-Laws & c., Relating to "Sir Jamsetjee Jejeebhoy's Parsee Benevolent Institute", Correspondence, established in Bombay 1849, p. 1.

③ John R. Hinnells, "Zoroastrian and Parsi Studies," *Selected Works of John R. Hinnells*, London: Cambridge University Press, 2002, p. 155.

家族在 19 世纪末对图书馆的赞助，尽管他们也为其他教育慈善机构提供了大量捐助，包括大约 6 所学校。而且从许多文献中的"讣告"可以看出，大量具有慈善意识的帕西人，无论他们的主要关注点是医学或穷人，也都认为教育是一个重要的慈善焦点。事实上，从 19 世纪中叶开始，教育显然在大多数帕西人的慈善赞助事项清单上占有重要地位。究其原因，首先，随着英属印度的政治发展，教育成为中下层帕西人提高其经济和社会地位的手段；其次，教育一直是琐罗亚斯德教的一个珍贵的理想，对教育事业的赞助也可视为帕西人在践行他们自己的宗教和文化传统。

第三，贫困、残疾、孤寡等日常社会生活问题，也是帕西人慈善事业的关注点。比如著名的帕西人委员会①从 1673 年成立到 1830 年，作为一个家长式的半官方管理机构，监督社区的福利和社会道德，受到社区民众的普遍尊重。但从 1830 年开始，委员会的领导人变成了世袭，继而由于被认为是为其"朋友"的利益而运作的，渐渐失去了很多权力和影响力，尤其在 1845 年达到了最低谷。当杰杰布霍伊爵士 1849 年成立帕西慈善协会时，在很大程度上是将其作为一个替代机构而成立的。1851 年，两个机构的董事会合并，杰杰布霍伊爵士实际上已经接管了委员会（但此举的合法性在 1906 年的法律诉讼中被否认）。1851 年，委员会拥有 15 个基金会和 19 万卢比的资金。1901 年，资金增加到 440 万卢比，这标志着在"家长制统治"衰落之后，委员会的出现将慈善机构带入了一个新的发展阶段。在世纪之交，委员会的作用有以下几点。其一是管理其负责的财产、"寂静之塔"和学校，尤其是帕西慈善协会的学校；其二是在政府面前代表社区的利益，尤其是在法律领域；其三是管理其负责的财产或信托，主要是向贫困者提供资金援助。从 1826 年起，这些资金援助被用于赡养赤贫者和支付丧葬费。从 1902 年起，资金援助包括了婚姻费用；从 1906 年起，资金援助包括了粮食费用；从 1910 年起，资金援助包括了穷人的假期（change of air）；从 1912 年起，资金援助包括了房租；从 1915 年起，资金援助包括了教育费用。1871 年至 1938 年委员会资金援助受益者人数如表 1 所示，从中可以了解到资金援助受益者人数的增长情况。

---

① 参见 J. J. Modi, *History of the Bombay Parsi Panchayet*, 2 vols, Bombay, 1930; S. P. Davar, *The History of the Parsi Panchayet of Bombay*, Bombay, 1949。

表 1 1871～1938 年委员会资金援助受益者人数

单位：人

年份	受益者人数	年份	受益者人数
1871～1880	76	1911～1920	843
1881～1890	441	1921～1930	1871
1891～1900	767	1931～1938	3733
1901～1910	706		

资料来源：P. A. Wadia, *Parsis'ere the Shadows Thicken*, Bombay, 1949, p.14。

在委员会基金的捐款方面，捐款数额从 500 卢比到 60 万卢比（P. M. Kaka 在 1915 年为帕西社区的利益所捐赠）不等。许多基金是以已故亲属的名义开设的，并没有说明用途，往往是由委员会托管人自行决定其用途。在某些年份，特定的项目占主导地位，例如，在 1907 年和随后的几年里，帕西综合医院的基金收到了大量捐款。从 1910 年起，约有 77% 的捐款用于社会的弱势群体，13% 用于宗教建筑，10% 用于丧葬仪式。一般的基金几乎都涉及帕西人中的贫困者、残疾者、孤儿或寡妇。但也有帕西人通过委员会捐赠给非帕西人的情况，例如，1916 年帕西人向德里的哈丁格小姐（Lady Hardinge）医学院捐赠了 104000 卢比。

第四，医疗卫生是帕西人慈善事业的重点之一。19 世纪，英国的医疗器材大量产出，带动了帕西人对医疗慈善的投入。例如，1837 年 1 月 8 日，帕西人弗兰姆吉·佩斯顿吉·帕塔克（Framji Pestonji Patak）带领一群来自中国的商人将一艘 700 吨的船改装成水手医院。这本身可能不是一个具有历史意义的行为，但它的重要性在于，这只是帕西人被同时代人视为积极领导医疗慈善事业的无数方式中的一个例子。吉吉布霍伊爵士是医学领域帕西慈善事业的先驱。1839 年 5 月 1 日，他宣布捐赠 10 万卢比，用于在孟买开办一家医院。这显然是一个让他深感自豪的项目，而且他个人也参与其中，他的私人信件就说明了这一点。他在 1845 年 5 月 20 日写给葛菲勒（W. B. Goodfellow）上尉的信中说：

你会非常高兴地听到，医院已经完工，几天后就可以接待病人了。15 日，州长和一大批来访者视察了该建筑，我很想告诉你们，他们对该建筑给予了极大的赞誉，因为它反映了工程师的品位和技能。这座建筑受到普遍赞誉，但为了让你清楚地了解总督对它的看法，我给你寄来一份孟买的报纸，上面有几天前在医院举行的会议的完整记录。①

而他建立这样一家医院的动机在 1838 年 3 月 19 日写的一些早期笔记中得到了解释。他评论说：

> 即使是富人也对英国医学表现出偏见，而且仍然坚持他们父辈的习俗，宁愿成为瘸子或终身患病，也不愿意接受适当的治疗。我自己以前也是这样的人，在经历了雇用本地医生造成的严重伤害后，最后被劝说将自己和家人交给华莱士医生负责，后来的结果如何，我可以用经验来说明。②

他在相关信件中详细介绍了这一"经验"的经过。

> 有一次我得了重病，家里请来的土著大夫没有办法对我进行有效的治疗，直到后来，华莱士医生参与并主持了会诊，我才逐渐好转痊愈。我当时就深切感受到国外和我们本地医疗水平的巨大差异。③

杰杰布霍伊爵士的计划是，如果政府也愿意，他将支付医院的一半费用。他于 1838 年 3 月 29 日写信给福伯斯（C. Forbes），寻求他的帮助，以说服董事会创办这家医院。

> 你无法想象本地的庸医所造成的痛苦有多大，如果大规模地建立本地药房和医院，这些痛苦就会全部停止。④

此后，很多帕西人也纷纷效仿杰杰布霍伊爵士，为近代印度整体医疗事

① 参见 "Collected Papers of Sir Jamsetji Jijibhoy," *Bombay University Library*, Vol. 354. 3。
② 参见 J. J. Modi, *History of the Bombay Parsi Panchayet*, Bombay, 1930, p. 358。
③ 以上信件收藏在孟买大学图书馆，参见 John R. Hinnells, "Zoroastrian and Parsi Studies," *Selected Works of John R. Hinnells*, London: Cambridge University Press, 2002, p. 225。
④ 参见 John R. Hinnells, "Zoroastrian and Parsi Studies," *Selected Works of John R. Hinnells*, London: Cambridge University Press, 2002, pp. 56-59。

业的进步做出了贡献。据统计，到 1911 年为止，帕西人捐资创办的综合医院共 28 家、妇产医院共 18 家、慈善药房共 45 家、麻风病院共 11 家、帕西人病院共 19 家、疗养院共 17 家、休养所共 5 家，还有其他类型的医院共 14 家。[①] 这当中主要的捐助者有杰杰布霍伊家族、佩蒂特家族和瓦迪亚家族等。自 1912 年以来，塔塔家族也一直热衷于医疗捐赠。此外，值得注意的是，五分之一的捐赠者是不愿透露姓名的女性，但显然妇产医院应该是由她们出资捐建的。[②] 1910 年前后，由于 20 世纪初金融危机的影响，帕西人开始减少新建医院，转而对已有的医院进行资助，因为新建医院需要大量资金，无疑会对尚处于金融危机中的帕西族群带来巨大的经济压力。然而，帕西人在 20 世纪初对现有医院的慈善援助也非常慷慨，占 19 世纪以来资金总额的四分之三。[③] 帕西人也支持印度以外特别是伦敦的医疗工作。

第五，帕西人的慈善事业还涉及民生住房。19 世纪末 20 世纪初，帕西族群的慈善事业还扩展到了民生住房领域。1890 年，"贫困琐罗亚斯德教徒住房基金"（The Poor Zoroastrians Building Fund）由慕兹班（M. K. Murzban）首先创立，该基金的主要关注点就是为贫困的帕西民众捐建住房。比如 1910 年，帕西长老会在科瓦斯·杰汉吉里爵士（Sir Cowasji Jehangiri）的建议下，为那些生活在底层且无力购买住房的帕西人筹建了"休斯路小区"（Huges Road Colony）。

帕西人住房慈善事业中的另一具有代表性的重要事件就是 1919 年"帕西中央协会"（The Parsi Central Association）的建立。第一次协会理事会会议于 1919 年 12 月 12 日举行，会议上确定组建专门委员会，专门负责关注帕西社区贫困人员的住房问题，由伽兹达（S. N. Gazdar）、摩迪（H. P. Mody）和乔希（M. E. Joshi）主要负责。1920 年 5 月 29 日帕西中央协会与"社会住房基金会"（Housing Society Ltd.）合并，重新注册为"帕西中央协会"。杰杰布霍伊爵士、博伊斯（Boyce）兄弟和豪妙治爵士（Sir Hromusji C. Dinshaw

---

① John R. Hinnells, "Zoroastrian and Parsi Studies," *Selected Works of John R. Hinnells*, London: Cambridge University Press, 2002, p. 226.
② John R. Hinnells, "Zoroastrian and Parsi Studies," *Selected Works of John R. Hinnells*, London: Cambridge University Press, 2002, pp. 226-227.
③ John R. Hinnells, "Zoroastrian and Parsi Studies," *Selected Works of John R. Hinnells*, London: Cambridge University Press, 2002, p. 227.

Adenwala）等许多帕西豪族投入了资金。其中功劳最大的当数乔希，他以协会名义捐资在达答（Dadar）建立了一个帕西小区，该小区便以"乔希"命名。[①] 后来，许多帕西豪族和富商都纷纷慷慨解囊捐资修建住房，或建立信托基金赞助住房慈善项目，比如佩蒂特家族、瓦迪亚家族和塔塔家族等。值得一提的是帕西妇女相当关注住房慈善，他们的捐资占到捐资总额的 20%。截至 1966 年，受益于住房慈善项目的帕西人占孟买帕西人总数的一半以上。后来，其他地方的帕西社区也开始效仿孟买的住房慈善事业，卡拉奇、苏拉特、浦那（Poona）、艾哈迈达巴德（Ahmedabad）和马德拉斯（Madras）等地的帕西人致力于住房资助，通过各种方式解决贫困帕西人的住房问题。[②]

第六，救济灾难也是帕西人慈善事业的关注点。灾难发生之际，许多帕西富商也常常及时地给予援助。具有代表性的如，孟买瑞迪满力（Reddy Manli）家族的索拉吉（Sorabji）曾持续一年每天为数千名古吉拉特邦的难民提供两餐。[③] 1790 年孟买大饥荒期间，大迪赛斯家族与瓦迪亚家族共同协助救济灾民。达迪拜·纳萨万吉（Dadibhai Nasarvanji）在 1805~1806 年的另一次孟买饥荒期间，也每天帮助五六千人。[④] 还有平均每日为约 2000 名贫民提供救济的苏拉治·曼车治（Soorabjee Muncherjee），除了提供充足的衣服和食物外，还提供一周的生活津贴。[⑤]

另外值得一提的是，鉴于琐罗亚斯德教对动物的重视，没有向动物慈善机构捐赠更多的资金，这也许略微令人吃惊。在 1892 年至 1896 年，唯一一个为动物机构提供大量捐赠的家族是彼得家族（Petits）。1892 年 7 月 4 日，D. M. Petit 向 Petit 的动物医院捐赠了 8000 卢比；1892 年 9 月 21 日，Dinbai. N. M. Petit 向该医院捐赠了 7000 卢比；1892 年 1 月 10 日，D. M. Petit 向加尔各答的动物医院捐赠了 25000 卢比；1893 年 4 月 5 日，D. M. Petit 向孟买 Pānjrāpole 捐赠了 5000 卢比用于购买饲料；1895 年 1 月 14 日，D. M. Petit 向

① M. E. Joshi, *Mancherji Joshi Colony Directory*, Bombay, 1981, pp. 89-93.

② John R. Hinnells, "Zoroastrian and Parsi Studies," *Selected Works of John R. Hinnells*, London: Cambridge University Press, 2002, p. 228.

③ Dosabhai Framji Karaka, *History of the Parsis: Including Their Manners, Customs, Religion, and Present Position*, London: Macmillan and Co., 1986, p. 59.

④ Dosabhai Framji Karaka, *History of the Parsis: Including Their Manners, Customs, Religion, and Present Position*, London: Macmillan and Co., 1986, p. 71.

⑤ John R. Hinnells, "Zoroastrian and Parsi Studies," *Selected Works of John R. Hinnells*, London: Cambridge University Press, 2002, p. 109.

纳西克动物医院捐赠了 10000 卢比；1896 年 12 月 28 日，D. M. Petit 捐赠了 1000 卢比用于保护肖拉普尔地区（Sholapur）的牛。另外，1898 年 6 月 4 日，J. N. Wadia 的遗孀为购买动物水箱捐赠了 5000 卢比；1908 年 1 月 21 日，C. D. Patel 为海得拉巴的牛捐赠了其戏剧作品的收益；1910 年 3 月 18 日，M. Dhumbhoora 为布尔萨（Bulsar）兽医研究所捐赠了 3000 卢比；1910 年 11 月 29 日，N. M. Wadia 信托人决定每年为国内动物福利拨款 15000 卢比；1915 年 6 月 1 日，M. D. Dhumbhoora 向动物医院捐赠了 5322 卢比；1924 年 3 月 2 日，R. C. Rasoya 为纳瓦萨里的动物诊所捐赠了 5000 卢比；1933 年 10 月 6 日，M. N. Mehta 捐建了波纳兽医医院；1937 年 D. Petit 为纳西克动物医院捐建了手术室。[1]

二 对非帕西族群的慈善捐助

帕西人的慈善捐助对象非常广泛，不仅广济整个帕西族群，还兼利印度的其他族裔，甚至连印度以外的部分地区也有所惠及。[2]

首先，帕西人并没有忘记他们遥远而悠久的故土伊朗。伊朗的琐罗亚斯德教经过千余年的延续，仍然在亚兹德（Yazd）和克尔曼（Kerman）等地区维持生存和发展。由于外部环境的压力，绝大多数伊朗琐罗亚斯德教徒的生存情况不容乐观。据说当时伊朗亚兹德地区的琐罗亚斯德教村落有 1000 多个，只有穆拉·科斯（Mulla Kaus）等人访问过的若干村落的生活比较宽裕，其他村落的生活状况相当恶劣。更加糟糕的是伊朗琐罗亚斯德教徒的宗教生活状况，韦斯特加德（Westergaard）教授对此描述道：

> 他们对琐罗亚斯德教的教义一概不知，虽然这是他们自己的宗教。他们晚上在火庙里点燃圣火，竟然只是为了照明。他们的无知使他们连祭司吸烟都谴责，所以，当我在祭司家里时，祭司只敢偷偷给我烟斗。[3]

---

① B. B. Patell & R. B. Paymaster, eds., *The Parsi Prakash*, Bombay, 1860, pp. 84-694.

② John R. Hinziells, "The Flowering of Zoroastrian Benevolence: Parsi Charities in the 19th and 20th Century," *Selected Works of John R. Hinnells*, London: Cambridge University Press, 2002, p. 112.

③ 参见 Susan Stiles Maneck, *The Death of Abriman: Culture, Identity, and Theological Change among the Parsis of India*, Bombay, 1997, p. 147。

韦斯特加德还记载道，大部分琐罗亚斯德教的古代书籍无法阅读或者早已丢失。很多祭司对教义也只是略知一二，并没有深入的了解，而且阅读古文献的能力也很薄弱。这些情况在偏远的克尔曼就更加令人担忧了，这使他感慨道："为什么帕西人不派牧师来这里传授拜火教？"

事实上，早在 18 世纪中叶，就有帕西人与伊朗的琐罗亚斯德教徒联系。起初，主要是由帕西人主动以书信的形式进行交流。因为他们离开祖先居住的地方已经有 1000 多年了，他们对琐罗亚斯德教有很多疑问，所以他们需要伊朗大祭司的权威回答。然而，双方的通信在 1768 年突然中断了。为了得到进一步的宗教指导，在 1768 年至 1780 年，帕西族群派遣了一个由穆拉·科斯祭司率领的代表团前往伊朗学习知识，可以说这是帕西人和伊朗琐罗亚斯德教之间的第一次深度接触。代表团在亚兹德和克尔曼居住了 12 年，保持着与祖先相同的宗教身份，并从当地宗教前辈那里学到了很多关于琐罗亚斯德教的知识。穆拉得到了当地祭司的指导，学习天文学、占星术等，而且还在伊朗的火庙中阅读了很多古代的琐罗亚斯德教文献，并注释和分析了帕西神职人员先前探求的问题。为了进一步厘清琐罗亚斯德教的历法问题，他专门到伊斯法罕（Isfahan），利用三年的时间跟随伊斯兰教的穆斯林学者学习古波斯语、阿拉伯语、逻辑学、伊斯兰教义和医学、哲学、占星术等。后来，他渊博的知识甚至得到了国王的赞赏，并被邀请在伊朗王室任职多年。在返回印度之前，他在巴格达又学习了三年。[①] 在他离开伊朗时，他已经成为阿维斯塔语、波斯语、巴列维语、土耳其语和阿拉伯语专家，1830 年去世时留下了大约 800 份手稿。他的儿子继续学习教义以及亚兹德的各种知识。穆拉一家是印度著名的帕西学者，他们 12 年的伊朗之行是两国琐罗亚斯德教关系的转折点。[②]

后来，印度的帕西人持续关注伊朗教友们的生活，并认为只有想办法引进西方的教育模式才能从根本上改变他们的生活和社会地位。所以，又派遣相关人员到伊朗帮助其构建现代化的教育系统。他们在亚兹德、克尔曼以及伊朗其他琐罗亚斯德教村落建设学校，给当地的小孩子教授《阿维斯塔》（古波斯语 Avestâ，巴列维语 Avistâk，原意为"坚实的根基""中流砥柱"）、

---

① Susan Stiles Maneck, *The Death of Abriman: Culture, Identity, and Theological Change among the Parsis of India*, Bombay, 1997, pp. 142-144.

② Monica Ringer, "Reform Transplanted: Parsi Agent of Change amongst Zoroastrians in Nineteenth-century Iran," *Iranian Studies*, Vol. 42, No. 4, 2009, p. 556.

琐罗亚斯德教的常用祈祷词和相关的宗教知识，此外还教他们学习基本的文学知识等内容。为了给当地人树立榜样以激励他们学习的热情，印度帕西人发起了国际留学生活动，第一批留学生由来自亚兹德的 20 名学生和来自克尔曼的 12 名学生组成，他们在孟买的大学完成了学业，然后回到伊朗家乡，为当地的琐罗亚斯德教村落的发展作贡献。[①] 截至 1990 年，印度帕西人在伊朗的琐罗亚斯德教村落建设的学校已经达 14 座。琐罗亚斯德教村落也因为学校的落成和教育的实施，获得了很大的财富并产生了一些有影响力的富商，而且诞生了大量相对而言较有能力的医生、教师和工程师等专家。[②] "伊朗社会促进改善会"（Society for the Amelioration of the Conditions in Iran，SACI）筹集的资金帮助了许多居住在那里的教区居民。学校、孤儿院和火庙的建设是慈善事业的主要形式。[③]

1853 年，"伊朗社会促进改善会"的创建是另一重大事件。很多人指出"伊朗社会促进改善会"是第一个真正意义上改善伊朗琐罗亚斯德教徒生活状况的基金会。[④] 帕西商人创建"伊朗社会促进改善会"的主要目的是改善伊朗琐罗亚斯德教徒的生活，为减轻伊朗琐罗亚斯德教徒的税负而奔走。"伊朗社会促进改善会"建立之初就将促使伊朗政府取消对自己的教友们征收"吉兹亚税"作为目标。伊朗 18 世纪的社会危机使得琐罗亚斯德教徒的数量骤减，但伊朗政府仍然依据之前的人口数量对他们征税。[⑤] 更加严重的是，吉兹亚税逐年增加，到卡扎尔王朝的第四代国王纳赛尔丁·沙阿（Naser al-Din Shah，1831~1896）时期，征收税金的总额已经是最初税金的两倍至三倍之多。[⑥]

第一位被派往伊朗的组织代表是曾在英国孟买的商业部工作并热爱英国文化的马内基·林吉·哈塔利亚（Maneckji Limji Hataria），他有意到伊朗去

---

① Michael Fisher, *Zoroastrian Iran between Myth and Praxis*, Chicago, 1973, p. 97.
② 〔英〕玛丽·博伊斯：《伊朗琐罗亚斯德教村落》，张小贵、殷小平译，中华书局，2005，第 10 页。
③ M. Boyce, *Zoroastrians: Their Religious Beliefs and Practices*, London: Routledge and Kegan Paul Ltd., 1979, pp. 209-210.
④ Monica Ringer, "Reform Transplanted: Parsi Agent of Change amongst Zoroastrians in Nineteenth-century Iran," *Iranian Studies*, Vol. 42, No. 4, 2009, p. 553.
⑤ 吉兹亚（阿拉伯语جزية）是一种曾经在伊斯兰国家向非穆斯林人民实施的人头税，征税对象是有体力当兵及有财力缴税的成年男子，不包括奴隶。
⑥ Mobez Firuz Azargoshasp, "Explanation of Imposition and End of Jazieh on Zoroastrians," *Pandarba*, Shahanshahi, 1998, pp. 15-18.

探寻自己信仰的琐罗亚斯德教的源头。他在 1854 年抵达德黑兰，从此致力于将伊朗教友从吉兹亚税中解放出来。

当时亚兹德的琐罗亚斯德教徒总人口为 6896 人，但能够承担起吉兹亚税的大概只有 200 人，甚至其中 320 人根本没有能力缴纳任何税款。哈塔利亚将"伊朗社会促进改善会"拨给的资金用来偿还当地琐罗亚斯德教徒所欠的税款，一直持续了 28 年，直到 1882 年废除吉兹亚税。此后，因为吉兹亚税已经被废除，所以哈塔利亚又转而致力于当地琐罗亚斯德教村落管理组织的建设。他引入了古代波斯的"安杰曼"，即帕西人管理族群的"村务长老会"。"安杰曼"不仅要处理村落和宗教内部的日常事务，还要负责与外界社会和政府的交流沟通。亚兹德的安杰曼于 1884 年成立了，第一批成员是富有的商人、民族长者、村长和一名教师。[1] 克尔曼的安杰曼也在此后不久成立了。哈塔利亚在伊朗期间，负责两地琐罗亚斯德教村落的日常运作，并向有需要的人提供慈善援助。他敦促亚兹德安杰曼的成员掌握村落内需要援助的人员并计算相关资金，他还建议安杰曼每个月为贫困者提供充足的衣物和食物，按时支付宗教牧师的工资，并计划捐赠资金建造新的火庙和学校。[2]

1917 年 12 月 19 日和 1922 年 9 月 10 日在孟买分别成立了伊朗琐罗亚斯德教安杰曼和"伊朗联盟"（Iran League）。正如协会备忘录所宣称的那样，安杰曼的主要目标是：

> 通过一切可能和适当的方式和手段，推动和促进伊朗琐罗亚斯德教徒的社会、道德、身体和教育福利，通过给予他们各种帮助，改善贫困的伊朗琐罗亚斯德教徒的状况，从而提高他们的地位。[3]

安杰曼在伊朗获得了一些不动产，这些不动产表明了所提供的那种帮助的性质。其中包括 6 所女子学校：Allahabad 女子学校、Rahmatabad Khodaram 女子学校、P. O. Marker 女子学校（1929）、Khairabad 女子学校（1935）、Khoram-

---

[1]　Janet Kestenburg Amighi, *The Zoroastrians of Iran: Conversion, Assimilation, or Persistence*, New York, 1990, p. 135.

[2]　Jahangir Ashidari, "A Corner of History," *Mabnameb-ye Zartosbtian*, Tehran, 1999, pp. 40–41.

[3]　参见 John R. Hinnells, "Zoroastrian and Parsi Studies," *Selected Works of John R. Hinnells*, London: Cambridge University Press, 2002, p. 211。

shah Ardeshiri 女子学校（1929）、Moriabad 女子学校（1938）。还包括
P. D. Marker 孤儿院（1924）、Boman Zayeshgah 妇产医院（1936）、拉坦·塔
塔爵士医疗馆（Sir Ratan Tata Medical Hall，1919）和 P. K. Irani Block。安杰
曼还负责另外五所学校的财务（包括教师工资和建筑维修），并"督导"另
外四所学校。① 安杰曼还资助了普尔·达武德（Poure Davoud）的一些波斯语
出版物，例如《伽泰》（Gâthâs）的翻译，其中一些作品后来由 D. J. Irani 翻
译成英语，安杰曼还资助了普尔·达武德访问孟买，P. O. Marker 在出版方面
给予了财务帮助。

"伊朗联盟"的创始人包括霍姆斯基·考瓦斯基·阿登瓦拉爵士（Sir
Hormusji Cowasji Adenwala）、霍米·梅塔爵士（Sir Homi Mehta）、达达昌吉
（Dadachanji）和维马达拉尔（J. J. Vimadalal）。其目标和宗旨是通过文化和商
业活动加强伊朗的帕西人和琐罗亚斯德教徒之间的联系。文化活动的一个重
要部分是双语出版物《伊朗联盟杂志》（*Journal of the Iran League*），该杂志
于 1928 年首次出版，试图通过它来增加双方的了解和感情。联盟并没有开展
像安杰曼那样的慈善工作。

人们可能认为，与印度其他地方甚至英国的捐款相比，帕西人对伊朗琐
罗亚斯德教徒的慈善捐助相对较少。这在一定程度上是由于一些帕西人认为
自己首先是印度人，其次是帕西人，如佩罗扎赫·梅塔（Pherozeshah Mehta）
和达达布霍伊·纳罗吉（Dadabhoy Naoroji）等。一些受过教育的富人或成功
人士也是这种情况，而正是这些群体在慈善方面的捐赠最多。第二个因素是，
慈善一般是在可能看到其需要和效果的地方进行。对英属印度的许多人来说，
伊朗似乎是另一个世界。所以向伊朗捐款的人往往是那些相对较新的伊朗后
裔。主要的信托基金和主要的慈善家族，如吉吉布霍伊家族、卡马斯家族、
佩蒂特家族、瓦迪亚家族和塔塔家族，即使有捐赠，金额也相对较少，他们
的主要捐款还是为印度保留的。

当时帕西人之所以会资助伊朗，一方面是因为印度国民大会党（The In-

---

① 协会备忘录中列出的其他财产和学校有：Sir Rafan Tata 和 Bai Dinmai Desai 医院、Mahyari Casem-
abad 女子学校、Nosratabad 女子学校、Jamshidi Rehma Kabad 女子学校、Shirin 男子学校、Morwari-
di 女子学校、Rustomi 女子学校（Koochebiog）、Shapoori Allahabad 女子学校、Jehangir 工业区土
地、Jamshed Khodaram Baug、A. C. Irani 女子学校、Mohseti Zonj 女子学校和一些空地。基本所有
房产都在亚兹德附近。

dian National Congress）于 1885 年 12 月在孟买成立，领导了反对英国殖民统治和争取印度独立的斗争。激荡的民族主义被认为会在社区骚乱中引发广泛的流血事件，所以一些帕西人开始越来越多地转向伊朗。另一方面，这恰好与卡扎尔（Ahmad Shah Qajar，1898~1930）统治晚期的缓和条件相吻合，而且在 20 世纪二三十年代，巴列维王朝宣称要保护琐罗亚斯德教以及其他少数民族的权利。由于一些帕西人开始担心他们在独立后印度的命运，他们的注意力转向了返回伊朗的可能性。据推测，这种情绪是 20 世纪伊朗琐罗亚斯德教徒的慈善事业发展的部分原因。

其次，帕西人对印度地区非帕西人的慈善捐助。与在伊朗观察到的情况相比，帕西人在印度对非帕西人的捐赠更为慷慨，特别是对医疗慈善机构的捐助，这些医疗慈善机构大多是为所有社区的人提供服务。而饥荒、火灾或洪水等灾难发生时，这些更加直接可见的痛苦也很容易获得帕西人的慈善捐赠，获得捐赠的受难者包括：贫穷的欧洲人、贫穷的股票经纪人、其他社区的孤儿和穷人。[①] 但是在少数情况下，人们也会产生质疑，指出帕西人之所以在印度广行捐助是因为英国统治者能看到这种慈善，尤其是他们在英国的大量资金捐赠，有"取悦于人"之嫌，这一问题留待后文讨论。

最后，帕西人在中国的慈善捐助也值得一提。琐罗亚斯德教又称"祆教"，早在南北朝时期就传入中国，在上层社会甚至皇室中有所流传，唐代时期在中国流行一时。当初伊朗的琐罗亚斯德教徒迫于伊斯兰教的威胁而逃出伊朗，他们在选择流亡地的时候必然会首先考虑那些自己比较熟悉或有过来往的区域，中国便是他们的选择之一。

中国新疆吐鲁番吐峪沟的祆教村落和伊朗的琐罗亚斯德教村落景观极为相似，民众的衣着习俗和建筑装饰等也都如出一辙，这些情况再次证明了当时一部分琐罗亚斯德教徒从伊朗逃亡至中国并定居。唐武宗发起灭佛运动时，祆教也牵涉其中遭到打击，祭司还俗，火庙被毁，以至于祆教逐渐凋零，在中国慢慢消失，到南宋后已经基本在内陆地区消失。鸦片战争以前，已有帕西人到广州经商。鸦片战争前广州口岸的帕西商人约占来华"夷商"的三分

① John R. Hinziells，"The Flowering of Zoroastrian Benevolence: Parsi Charities in the 19th and 20th Century," *Selected Works of John R. Hinnells*，London: Cambridge University Press, 2002.

之一，仅次于英国人，多于美国人。[①]

根据东印度公司留下的相关资料，广州在 1809 年的时候正常运作的 24 家外国私人公司中只有一家是英国公司，而其他大多数都是帕西商人的公司。[②] 当时的中国官方文件中也频繁出现"白头夷"之称，其指代的其实就是帕西人。[③] 据考证，第一张在中国境内使用的外商银行钞票，是 1819 年签发的一张"广东银行"的银行票，而这个广东银行其实就是英属印度帕西人在嘉庆年间创办的外商银行。[④] 清代的"夷馆"一般都是以国别命名，但帕西商人在广州的专门居所被称为"帕西馆"。以非国家名来命名夷馆，可见当时广州帕西商人的影响力。而且广州的长洲岛上有帕西人的墓地，2002 年被列为广州市文物保护单位，并于 2005 年完成了修缮工作。但长期以来，帕西人并没有引起学界相关的研究和足够的重视，这是因为帕西人一直被混淆在"英夷"或其他夷人的相关记载中。关于帕西人在广州的经商活动，郭德焱先生有专著论述，此处从略。

帕西人在中国香港的慈善捐赠也颇受关注，当然，这和帕西人与英国的特殊关系息息相关，如摩迪（H. N. Modi）在香港进行了一系列大量的捐赠，并被授予了爵士称号。此外，最值得一提的具有代表性的主要有两位。

第一位是么地爵士（Sir Hormusjee Naorojee Mody，1838~1911），印度帕西人，出生于孟买，中国香港与印度贸易的富商名人，合伙人是遮打爵士。在香港经商的么地爵士与第十四任港督卢押的夫人有着密切的来往，当他知道总督想要创建香港大学后，便慷慨捐赠 15 万港元帮助建校，后来又为了学校的运行捐出了第二笔款。香港大学因为他的善举而专门为其竖立了一尊铜制半身像，铜像下注有文字："一位杰出的帕西商人、著名的慈善家和五十年

---

① 参见 The Chinese Reposiory《各年度在华外侨表》。据 Edward V. Gulick, *Peter Parker and the Opening of China*, Harvard, 1973, p. 29 记载，19 世纪 30 年代，广州外侨约 150 人，其中三分之一为帕西人。

② N. Benjamin, "Bombay's Country Trade with China（1765 – 1865），" *India Historical Review*, No. 7, 1974, p. 296.

③ 郭德焱：《鸦片战争前后广州口岸的巴斯商人》，载蔡鸿生主编《广州与海洋文明》，中山大学出版社，1997，第 364 页。"巴斯"即"帕西"。

④ 林准祥：《广东银行研究》，《中国经济史研究》2002 年第 3 期；林准祥：《一张改写银行发展史的钞票：嘉庆朝"广东银行"银票（上）》，《中国钱币》2003 年第 4 期；林准祥：《一张改写银行发展史的钞票：嘉庆朝"广东银行"银票（下）》，《中国钱币》2004 年第 1 期。

来香港最杰出的捐助者。"①

第二位是杰汗智·贺穆士治·律敦治（Jehangir Hormusjee Ruttonjee，1880~1960），也是来自印度孟买的帕西人，1892 年跟随母亲来港，1894 年开始经营洋酒进出口贸易，1930 年创立了香港啤酒厂有限公司。香港沦陷期间（1942~1945 年香港日占时期），律敦治曾经接济了很多香港的帕西人和印度人，因与其子邓律敦治私下给狱中偷运食物而被日方揭发，并在 1944 年被捕下狱，备受折磨。1945 年香港重光时才被释放出狱。1944 年，律敦治次女蒂美因肺结核病逝，这对他来说犹如晴天霹雳。也是因为这个缘故，律敦治参与了 1948 年香港防痨会的创立，又于 1949 年创立律敦治疗养院（律敦治医院前身）。为纪念 1952 年因癌病逝世的幼女傅丽仪，1956 年创立傅丽仪疗养院。1957 年又创立葛量洪医院。作为香港著名的慈善家、企业家，律敦治历任市政局及立法局非官守议员等公职，1962 年至 1968 年任立法局首席非官守议员。历年来，他对防痨会和各家院所的个人捐款累计高达 200 万港元。②

在香港，帕西人社团还建立起琐罗亚斯德大厦（Zoroastrian Building），作为其在香港社团活动的中心，并以"善乐施"作为其中文译名。该大厦至今尚在运营。

三 帕西人热衷慈善的原因

琐罗亚斯德教具有悠久的历史、丰富的内涵和深远的影响。琐罗亚斯德教是典型的"二元神教"，其思想特征是哲学二元论。尽管该教一再强调阿胡拉·马兹达的至上和独尊，但与之对立的恶神阵营始终存在，所以其思想特征可以总结为神学一元论和哲学二元论统一共存。在其从"三世说"到"四世说"的创世神话中，善恶二元也永恒且普遍地存在于整个时空。由此展开的道德论，强调人在善恶二元中的选择以及归属于善恶二界的结局。琐罗亚斯德教一直强调仁爱的宗教义务。在其天堂愿景中，正义的维拉兹（Viraz）

---

① 参见 Pare Yazdi, *The Life & Times of Sir Hormusjee Naorojee Mody*, Zoroastrian Educational Institute, 2011, p. 3.

② Arthur E. Starling, *Plague, SARS and the Story of Medicine in Hong Kong*, Hong Kong Museum of Medical Science Society, 2003, p. 230.

看到自由人的灵魂被提升到所有其他灵魂的辉煌之上，[①] 甚至宣称"最大的善行是自由"。[②] 在琐罗亚斯德教思想中，财富没有任何邪恶之处，只要它是以诚实的方式获得的，并以慈善的慷慨来分配。[③] 但如果一个人履行了许多义务，取得了许多功绩，却不给穷人任何东西，那么他的灵魂就不可能得到救赎。[④]

鉴于此，本文认为帕西族群热衷于慈善事业的主要原因，可以归结为以下几个方面。首先，一大批富商和豪族所拥有的大量财富，为帕西族群辉煌的慈善事业提供了雄厚的资源，奠定了物质基础；帕西人在和欧洲来印商人的合作中培植了坚实的商业基础并获得巨大经济利益，不仅使他们实现了族群的崛起，也使得他们能够更好地履行作为琐罗亚斯德教徒应当遵循的"善行"。[⑤] 其次，从大多数少数民族的情况来看，作为人数极少的微型族群，其族群成员往往相对来说更加具有民族使命感以及互相帮助的团结意识。最后，《阿维斯塔》经典中所宣扬的琐罗亚斯德教教义中的"三善"思想为帕西人慈善事业提供了源源不断的精神动力。这也是最重要的原因和最深沉的动力，值得做较为深入的探讨。

《阿维斯塔》被琐罗亚斯德教奉为圣书，是该教最重要的宗教典籍，也是伊朗最古老的文献之一，对伊朗宗教、文学、哲学等诸多方面影响深远。《阿维斯塔》教导琐罗亚斯德教徒，善恶对立，善在世间代表的是光明、正义、善良、诚实、正直，以及健康、快乐等；恶在世间代表的是黑暗、邪恶、虚伪、欺骗、谄媚，以及疾病、灾难、痛苦等。琐罗亚斯德教还强调人的主观能动性，不断提醒人们在善与恶的斗争中选择自己的立场，坚定个人的自由意志，导向善和善神。这些自由意志下的选择，最终会导致生命走向何处？这就涉及琐罗亚斯德教徒奉行的"善有善报，恶有恶报"，即生前的选择和行为决定了死后的生存环境和待遇。关于死后的世界，琐罗亚斯德教提出了

---

① H. Jamasp Asa & M. Haug, *Ardā Virāz Nāmag 12: 1-6*, Bombay and London, 1872, p. 160.

② E. T. E. W. West, *Mēnōg Ī Khrad 4: 3*, *Sacred Books of the East*, XXIV, 26; *Dīnkard* 3: 41; J. de Menasce, *Le Troisième Livre du Dēnkart*, Paris, 1973, p. 53f.

③ E. T. E. W. West, *Mēnōg Ī Khrad 15: 11*, *Sacred Books of the East*, XXIV.

④ K. M. Jamasp Asa & H. Humbach, *Pursišnihā Zoroastrian Catechism*, 44. E. T., Part 1, Wiesbaden, 1971, p. 67.

⑤ John R. Hinnells, "Zoroastrian and Parsi Studies," *Selected Works of John R. Hinnells*, London: Cambridge University Press, 2002, p. 209.

天堂和地狱的概念。灵魂不灭的前提，和死后世界的差异，以及善恶报应的思想，使得琐罗亚斯德教徒坚信自己应该重视人在宗教信仰和社会行为中的选择及奉行，在善与恶的斗争中应该弃恶从善，时时刻刻在生活中落实"善思、善言、善行"，最终在审判中得到永恒的幸福和安宁。所以不像其他个别宗教所宣扬的人生而有罪的原罪思想，琐罗亚斯德教的教义更加健康、积极，趋向光明，抑制黑暗。"这种新信仰在古代圣经中被称为'善的宗教'（Gâthâs，Yasna 44：10，53：1），它教导了一种基本的道德二元论——善与恶之间的冲突，在这种冲突中，人类有选择的自由，也有承担选择后果的责任。"[1] 对善的崇尚和选择，自始至终被琐罗亚斯德教以经典记录的形式一再地、持续地宣扬。《阿维斯塔》中明确地指出："在世界的本初，善和恶作为两大本原是同时存在的，善体现为善思、善言、善行，恶体现为恶思、恶言、恶行。"[2] 又说："当末日审判降临之时，那些真诚、善良的人将生在天国，受到阿胡拉的恩典，享受其光辉；但那些邪恶、虚伪之徒则将堕落于安哥拉·曼纽的地狱之中，遭受黑暗。"[3]

《阿维斯塔》的第一部分《伽泰》意为颂歌，是歌颂神灵的赞美诗，共17篇。据传，这一部分是琐罗亚斯德本人所传诵，也是《阿维斯塔》中最古老的部分，最能代表琐罗亚斯德的宗教主张。这部分内容主要颂扬阿胡拉·马兹达的伟大以及诸天使的美好。经文赞颂阿胡拉·马兹达为智慧与善良之主，是一切正面事物的源泉；而安哥拉·曼纽则是与其相对应的恶灵，是一切负面事物的源泉。二者"是孪生的，存在着斗争"[4]。《伽泰》中即阐述了该教有关善恶的教义：

> 人们在这两大灵中选择了恶灵，
> 必然做尽坏事；

① *Introduction to Zoroastrianism*, On Common Ground：World Religions in America：A Review Essay of the Harvard Pluralism Project CD-ROM, The Pluralism Project at Harvard University, 2009, p. 1.
② 参见 K. E. Kanga, *Gather-ba-maani：Transliterated and Translated into English*, Bombay：Jenaz Printers, 1997, p. 31。
③ 参见 K. E. Kanga, *Gather-ba-maani：Transliterated and Translated into English*, Bombay：Jenaz Printers, 1997, p. 32。
④ Mary Boyce, *Textual Sources for the Study of Zoroastrianism*, Chicago：University of Chicago Press, 1984, p. 35.

> 选择圣灵即是选择了正直，
>
> 最后将以其正直的行为使主马兹达满意。
>
> 魔鬼（Daeva）不会正确地选择，
>
> 因为欺诈者接近了他们，
>
> 于是就选择了罪恶的目的，
>
> 以狂暴的姿态来折磨世界和人类。
>
> 而善意以其无限的力量和真理来到了世界，
>
> 它给予人们持续的虔诚，
>
> 犯罪者必得报应，
>
> 虚伪者必落入真理之手，
>
> 然后这个世界就改变了。
>
> 主马兹达啊！
>
> 请给予我们支持和真理，
>
> 使我们的思想在犹豫不决时坚定下来。[①]

《阿胡纳瓦德》是《伽泰》的第一篇，可能是其最早的一篇内容，而且被认为是"琐罗亚斯德的祈祷文中最为神圣的一篇"[②]。其中第三首《亚斯纳》（Yâsnâ 30）贯穿着善恶二元论的根本思想及对真善的赞美，具有典型性，节选如下：

> 在世界的本初，善和恶作为两大本原是同时存在的，
>
> 善体现为善思、善言、善行，
>
> 恶体现为恶思、恶言、恶行。
>
> 善思者会选择真诚的本原，恶思者则选择虚伪的本原。
>
> ……
>
> 善恶两大本原会聚的时候，
>
> 就会出现生命和死亡。

---

① 参见 Mary Boyce, *Textual Sources for the Study of Zoroastrianism*, Chicago：University of Chicago Press, 1984, p. 35.

② E. Washburn Hopkins, "The Cult of Fire in Christianity," *Oriental Studies in Honour of Cursetji Erachji Pavry*, London, 1933, p. 142.

生命诞生于善的本原，死亡诞生于恶的本原。

当末日审判降临之时，

那些真诚、善良的人将生在天国，

受到阿胡拉的恩典，享受其光辉；

但那些邪恶、虚伪之徒则将堕落于安哥拉·曼纽的地狱之中，遭受黑暗。

……

啊，奥尔迪贝赫什特以及天上诸神！

祈求庇佑并施助于我们，让我们能够坚定意志，不会动摇，

我们都能够分清善和恶。

……

那些追求善良和真诚的人一定能够享受永恒的安宁快乐，

但那些遵行欺诈的人一定会受到惨烈的罪罚。[①]

《阿维斯塔》的第二部分《亚斯纳》意为赞颂，是祭司在祭仪上所唱的歌颂神灵的赞歌，共有72篇，是《阿维斯塔》的主体部分，《伽泰》是从其中抽取出来的17篇。《亚斯纳》第30篇第17节讲道："愚痴受到永世的惩罚，真理引向丰硕的生命。""从善者得善报，从恶者得恶报。"这种善恶报应论在这里又一再被强调。所以琐罗亚斯德教教义中规定了教徒必须履行的义务就是抑恶扬善，善是他们的最高道德准则，是人性之道，是必须遵守奉行的正道。《亚斯纳》记载：

我选择善良的塞潘达尔马兹，但愿他也属于我！

偷盗和虐待牲口是我反对的，

破坏和损毁马兹达的信徒的村落也是我反对的。

……

我在这里确定并再次申明，

我崇拜的是阿胡拉·马兹达，

---

① 参见 K. E. Kanga, *Yasht-bâ-maâni: Transliterated and Translated into English*, Bombay: Jenaz Printers, 2001, pp. 31-39。

　　　　追随的是琐罗亚斯德，

　　　　笃信的是正道信仰，

　　　　推崇的是善思、善言和善行。①

琐罗亚斯德教一再强调信徒要对善神保持坚定的恭敬顺从和虔诚，终身坚持不懈地奉行"三善"，以达到纯洁和至诚。与以前的宗教宣扬传统宿命论，一味地教人屈从于现世的命运，对未来也不做出承诺不同，琐罗亚斯德教非常重视人现世的主观选择和坚守，琐罗亚斯德教的先知们告诫和鼓励信徒在善恶中做出选择，教导他们选择善的道路，只有这样才能在生前身后都获得神的保佑，并最终升到天堂享受永恒至乐。正如张鸿年教授所指出的，在一定程度上，琐罗亚斯德教宣扬的观点给予了社会底层民众做什么人的自由，提倡了一种新的社会秩序，促进了当时的社会发展。②

　　《阿维斯塔》的第三部分《亚斯特》（Yâsht），同样意为赞颂，共有21篇，分别赞颂21位天使，并以所颂天使之名为篇名。这部分中专门赞颂善神和诸天使的文字较为后出，可认为彼时琐罗亚斯德教独尊阿胡拉·马兹达的主张已经有所更改，在一定程度上恢复了古代伊朗的多神教信仰。《亚斯特》结语中这样歌颂：

　　　　威严、成功、胜利、灵光、健康、长寿，

　　　　恒常的财富和优秀的子孙后代，

　　　　永恒的生命，

　　　　天堂里的纯洁的善良，

　　　　以及那无限温暖的光明，

　　　　这一切都属于你的赞美者！③

依据琐罗亚斯德教的教义，"善有善报，恶有恶报"，在一生中奉行"三善"的人在末日审判之后会依次进入天堂享福，首先进入"善思天"，然后进入

---

① Williams Malandra, "Yasna," *Encyclopaedia Iranica*, New York, 2006, p. 21.

② 张鸿年：《列王纪研究》，北京大学出版社，2009，第18页。

③ 参见 K. E. Kanga, *Yasht-bâ-maâni: Transliterated and Translated into English*, Bombay: Jenaz Print-ers, 2001, pp. 149, 216, 298.

"善语天"，继而进入"善行天"，最后进入"光明天"，就是永恒的天堂。
《阿维斯塔》不断强调善与恶的对立和人们的选择及奉行，其目的是唤起对
善的向往，并报以对幸福未来的期许。

第四部分《维提吠达特》（Videvdât），又称《梵提达德》（Vandidâd），
被称为"驱魔之书"或"辟邪经"，是驱除魔鬼的"法则"，共 22 篇。这部
分内容一方面强调对马兹达的信仰，另一方面强调对 daeva（原意为"天"
"天神"，在琐罗亚斯德教中被贬斥为"魔鬼""伪神"）的弃绝。同时这部
分经文还详细规定了信徒应该遵守的各种生活准则。《维提吠达特》第二章
讲述了国王贾姆希德①遵从神的启示而做的善行。

> 善神阿胡拉·马兹达告诫贾姆希德：
> 严寒的冬天和大雪将会降临大地，
> 贾姆希德应该马上在地下建造一座宫殿，
> 宫殿的四周都要像跑马场那样宽，
> 作为种子一样的人类和牲口、狗、鸟禽等都安置在宫殿中，
> 长久不灭的熊熊火焰也要安置其中以保持温和。
> 这个宫殿要建造成三层，
> 上面一层居住一千对男女，
> 中间一层安排六百对男女，
> 下面一层安排三百对男女，
> 还要准备好采光、饮水、食物等其他生活所需，
> 以供这些人安全度过风雪灾年，
> 平安地生活下来，延续人类。②

这里描述的是类似"诺亚方舟"的一个神话，在各个民族和宗教中很常见，
而且主人公也都往往是受到神的启示而成就伟人功绩。此处记述表明，"三

---

① 伊朗神话中早期有三位重要国王，即俾什达迪王朝的三位国王贾姆希德、扎哈克和法里东。贾姆
希德在《阿维斯塔》中是一位半人半神的国王，其地位略同于琐罗亚斯德，他们都是琐罗亚斯
德教唯一真神阿胡拉·马兹达派往人间普济众生、照料世人的使者。但与琐罗亚斯德不同的是，
贾姆希德没有接受作为先知传教的使命，而是做了国王。

② James Darmesteter trans., *Vendidad or Laws Against the Demons*, American Editions, 1995, p.24.

善"思想在琐罗亚斯德教的史诗神话和历史故事中亦有体现。此外,《列王纪》还记述了在贾姆希德统治早期,因为他的英明治理,所以出现一派繁华景象。但是在统治后期因为贾姆希德居功自傲,开始犯下不敬善神、欺骗等错误,最终阿拉伯人扎哈克入侵,使其灭亡。[1]

总之,该教认为"至善之行即为慷慨"[2],慷慨布施者的灵魂更为高尚[3],甚至即使一个人为信仰尽职尽责,或者在世上功勋卓著,但如果他没有慷慨地给予穷人救济,那他的灵魂终究无法得到救赎。[4] 可见,在通往天神阿胡拉·马兹达的天堂之路上,行善是必不可少的宗教义务。所以,投身慈善事业被帕西人看作一种具有神圣性的宗教使命,重要且必要。

四 帕西人慈善事业的困境

从相关资料中可以大概总结帕西人公共慈善的整体面貌和发展趋势。在19 世纪,火庙、"寂静之塔"等宗教建筑大量涌现。20 世纪的慈善机构最关注的是社区保护,住房则是 20 世纪建筑基金的主要关注点。教育和医疗慈善机构在 19 世纪、20 世纪都很繁荣。19 世纪不仅见证了帕西人财富的大幅增长,而且见证了对寡妇、孤儿、残疾人和穷人的慈善捐赠。在 20 世纪,人们关注的是组织慈善机构。在这个过程中,也出现了一些来自社会各界的质疑或者发展的瓶颈,它们成为帕西人慈善事业的困境,主要体现在以下两个方面。

第一,组织与管理的困境。帕西人相当关注组织慈善机构,但这是一个取得有限成功的领域,甚至出现困境。长期以来,不同的慈善基金完全是分开管理的,而且几乎没有试图进行协调工作,这成为一个重要问题,并产生了两个根本性的不利影响。首先,慈善资助的申请者向一些基金提出相同的要求,却没有告诉信托基金他们从其他地方得到了什么,这导致了一种乞丐

① 张鸿年:《列王纪研究》,北京大学出版社,2009,第 74 页。
② J. De Menasce, *Le troisième livre du Dēnkart*, Paris: Librairie C. Klincksieck, 1973, p. 53.
③ Martin Haug trans., *The Book of Arda Viraz Namag 12:1-6*, Charles F. Horned, ed., *The Sacred Books and Early Literature of the East*, Vol Ⅶ: Ancient Persia, 1917.
④ Kaikhusroo M. Jamaspasa & Helmut Humbach, eds. and trans., *Pursišsnīhā: A Zoroastrīan Catechism*, Wiesbaden: Otto Harrassowitz, 1971, p. 67.

心态的发展，因为人们"四处寻找"，尽可能多地获得援助，而且在这个过程中变得畏首畏尾。其次，由于申请者众多，每个基金都只能给予较少的拨款，因此贫困的根本原因并没有被消除，使得申请者长期依赖慈善。所以，早在 17 世纪时，帕西人试图组织援助机构。

20 世纪初，帕西人慈善事业领域的瓶颈和乱象仍然没有得到根除，甚至有愈演愈烈之势。1912 年 2 月 4 日，帕西慈善协会召开了一次会议，决定成立一个新的委员会来收集信息。1919 年 7 月 1 日，"帕西慈善协会委员会"成立，由 H. A. 瓦迪亚（H. A. Wadia）担任主席，由拉坦·塔塔爵士信托基金提供财政帮助，执行委员会的基金代表主要有：N. M. 瓦迪亚（N. M. Wadia）、村务委员会（Panchayet）、Mama、Captain、F. & N. M. Cama 慈善机构（F. & N. M. Cama Charities）、the Jarthoshee Mandal、琐罗亚斯德教协会（the Zoroastrian Association）和 J. Dadabhoy 信托基金（于 1922 年加入）等。委员会的年度报告会在《伊朗协会杂志》（JIA）上发表，杂志的编辑 P. A. 瓦迪亚（P. A. Wadia）是委员会的秘书。针对当时慈善事业领域的乱象，委员会展开了相关调查工作。委员会的志愿者在第一年调查了 100 份申请，就发现许多申请者其实并非来自贫困家庭。委员会还敦促小帕西医院（Petit Parsi Hospital）、马西纳医院（The Masina Hospital）、帕鲁克医院（Parukh Hospital）和凯拉瓦拉医院（Dr. Kerrawala's Hospital）统一提交相关材料，但并没有机构理会他们。[1] 可见当时委员会的影响力相当有限。到 1924 年，委员会调查的案件数量上升到 690 个，其中被建议不予帮助的案件多达 296 个。[2] 委员会对这一系列现象的反思及其结论作为论文由 P. A. 瓦迪亚在 1923 年孟买举行的全印度社会工作者会议上发表。[3] 然而，委员会的工作仍然收效甚微，甚至合作的信托机构数量也逐渐减少，因为一些人认为集中管理的方式影响了他们的"地位"。1932 年，拉坦·塔塔爵士信托基金委托 S. F. 马卡姆（S. F. Markham）编写了一份报告。经过为期六周的研究，马卡姆提出了一份持严厉批评态度的报告，其中写道：

---

① *JIA*, Ⅸ, 5, August 1920, pp. 101–114.

② *JIA*, Ⅻ, 6, September 1924, pp. 213–222.

③ *JIA*, Ⅻ, 10, January 1924, pp. 311–319; *JIA*, Ⅻ, 7, October 1923, p. 226f.

我已经对帕西人慈善信托基金进行了激烈的评论，我希望我能写得更激烈，我的笔可以浸泡在怨恨中，我的话语可以烧进信托人的心里，因为在社区遭受的所有邪恶中，这种不分青红皂白地制造乞丐的"慈善"是最糟糕的！[①]

随后，委员会又邀请贾尔·布萨拉（Jal Bulsara）博士花一年时间深入研究这个问题。他对这些问题的分析和建议最后形成题为《帕西人的慈善救济和社区改善》的报告，并于 1935 年发表。报告中布萨拉重复了对那些滥用制度的工作人员和"耻于工作的懒汉"的批评。他也批评了慈善系统未能提供有效的帮助。

机械化地大规模处理困境，几乎完全没有任何形式的同情性补救或建设性和预防性福利工作来伴随、取代或补充现金或实物的救济发放。[②]

此外，布萨拉强调，在所谓的社区穷人（1933 年委员会的名单上有 2200 个家庭）中，其实并不完全是"真正的痛苦者"。他指出，在孟买的 57765 人中，竟然约有 8000 人直接或间接地受到物资匮乏、贫困或赤贫的影响，并以各种方式依赖慈善援助。而世界性的经济衰退和失业问题使帕西社区的财富正在进一步减少。他认为真正有需要的人的主要问题是教育水平低下、健康状况不佳、居住和找工作困难。所以，他建议委员会成立一个就业局、一个提供工作的工业之家、一个农业区、各种咨询机构和一个调查虐待问题的部门，建立一个有计划的教育机构，发展小型制造业和学校的医疗检查。

随后，1935 年 7 月 17 日，召开了一次信托机构会议并成立了就业局。1937 年，成立了一个工业研究所，男性可以在那里获得工资而不是救济金。之后又成立了一家产科诊所。1934 年，约有 10 个信托基金开始为发展印度的高等教育而努力，但对贫困者的慈善现金救济的协调几乎没有改变。被认为是主要问题之一的组织管理问题仍然存在。在 1945 年和 1959 年又召开了信

---

① 参见 S. R. Desai, *History of the Bombay Parsi Punchayet, 1860-1960*, Bombay, 1982, p. 132。
② 参见 John R. Hinnells, "Zoroastrian and Parsi Studies," *Selected Works of John R. Hinnells*, London: Cambridge University Press, 2002, p. 211。

托机构会议。各种委员会的成立和改革往往都有着华丽的名称和目标，但实际上，在协调和实质性重建方面取得的成果相对较少。①

1946 年，慈善事业领域的调查和整顿工作由 P. A. 瓦迪亚领导的"中央调查局"（Central Investigation Bureau）接管，但由于与某些慈善机构的受托人发生纠纷，该调查局于 1949 年关闭。P. A. 瓦迪亚在一本题为《帕西人是加厚的影子》（*Parsis Are the Shadows Thicken*）的书中介绍了该调查局的工作及其关闭始末。

简而言之，尽管为了解决组织管理的问题帕西人做出了许多真诚的努力，但孟买的帕西社区自始至终都没有产生一个有效的组织来管理慈善基金，以便利用这些基金获得最大利益。以至于在大众媒体和受过教育的年轻人中，对帕西社区的慈善事业存在一种强烈的不满情绪，认为受托人没有在社区内有效地利用他们所掌握的资源。

第二，信任危机。如前文所述，个别情况下有人会对帕西人的部分慈善行为的动机或立场产生怀疑，指出帕西人之所以在印度广行捐助是因为英国统治者能看到这种慈善，如在阿富汗战争后为英国死者捐赠的教堂，为赛马俱乐部提供的资金，为"只有欧洲人"的孟买体育馆提供的捐款等。具体而言，比如给"联合杰克俱乐部"捐赠 1 万卢比；给皇家游行路线上的临时拱门捐赠 1 万卢比；或给劳埃德夫人亭和长廊捐赠 30 万卢比，尤其是 1921 年向威尔士亲王欢迎基金捐款 181355 卢比被认为明显是"取悦于人"的行为，这一事件引发了相当激烈的反感情绪，以致一些帕西人在骚乱中受到了攻击。而且有人指出，印度以外的帕西慈善工作中有一半以上是在英国进行的。②所以，有些人难免得出这样的结论：至少有一些帕西人的慈善捐赠是为了其社会地位而做的，并不是出于仁慈的精神。但其实综合来看，类似例子非常少。另外，尽管帕西妇女对社区慈善机构的捐款一直占五分之一，但她们对社区外的捐款却不到十分之一。在这些捐款中，大部分用于住宿和对穷人的其他帮助，尤其是宗教基金会。妇女们似乎不太热衷参与那些可能被认为"取悦于人"的"浮夸"的慈善捐款。

---

① S. R. Desai, *History of the Bombay Parsi Punchayet*, *1860-1960*, Bombay, 1982, pp. 131-44.

② John R. Hinziells, "The Flowering of Zoroastrian Benevolence: Parsi Charities in the 19th and 20th Century," *Selected Works of John R. Hinnells*, London: Cambridge University Press, 2002.

值得注意的是，在英国的捐赠大多是在第一次世界大战之前，即英国在印度的统治似乎最安全的时候。在内战时期的政治紧张局势下，帕西人担心他们在社区暴乱中的安全，而且当时他们觉得英国人忽视了一直忠诚的少数人的权利，所以寄到英国的捐款很少。

根据琐罗亚斯德教徒关于在波斯遭受的严酷迫害的生动记忆，似乎可以理解帕西人为什么对那些使他们能够蓬勃发展的殖民统治者有如此积极的看法。英国统治印度时期，从微小但富有和强大的帕西社区的大多数成员的角度来看，是一个"黄金时代"。对英国事业的捐赠，无论是对伦敦医院的大量捐赠，还是对个人的捐助，从当代印度的政治立场出发，有些捐赠可能确实是不合时宜的，比如"在总督哈丁格勋爵从炸弹爆炸中获救的快乐和欢欣时刻"，"为儿童赠送糖果而捐赠的 1940 卢比"①，又如 1921 年为威尔士亲王设立的欢迎基金等，因此引来了一些西方历史学家和一些受过教育的帕西青年对帕西人的态度和慈善事业略带嘲讽的暗示。但也不能忽视大多数帕西人慈善行为的广泛性、宽容性、理想主义和谨慎性。所以，一方面要中立、客观、全面地看待帕西人的慈善公益，不忽视和遮盖其具有争议性的部分；另一方面，对于帕西人的慈善行为应给予肯定和以正面为主的分析。尽管有些行为很浮夸，但那些亲身享受过帕西人捐赠的人不会怀疑，帕西人的大部分慈善行为背后都是带有一定宗教情怀的理想主义。

结　语

从琐罗亚斯德教的势力发展来看，早期琐罗亚斯德教对古波斯传统宗教的改革顺应了社会的转型，符合大众利益和期望。后世琐罗亚斯德教的发展又与社会生活紧密联系，关注社会民生和生产力发展，注重现实生活的喜乐和平，用"三善"思想调动人们相互友爱、协作、共生的积极性，为帕西族群辉煌繁荣的慈善事业奠定了坚实的基础。所以，当伊朗的琐罗亚斯德教徒迁往印度西海岸并成功融入其社会成为新的一员时，他们继续保持着祖先的优良传统，遵从琐罗亚斯德教关于善的教导，将慈善的精神从伊朗延续到了印度。诚如 19 世纪波斯坦斯夫人（Mrs Postans）所说："他们是一个富有进

---

① J. F. Punthakey, *The Karachi Zoroastrian Calendar*, 1912.

取心和公共精神的民族，将他们的财富用于有价值和有益的目的。总统府（孟买）的最大改进要归功于这个阶层中最有影响力的人；当公众需要为任何目标捐款时，帕西商人的慷慨是显而易见的，这有助于促进公共利益。"①不仅仅是西方旅行者对帕西人的慈善事业进行了评论，印度也对此进行了评论。例如，甘地于1931年4月1日在卡拉奇发表演讲时说："帕西人的确是让人感觉到惊奇的一个族群，他们并不需要任何外在力量的庇护，帕西人运用自身所具有的品质、学问、才能，寻找到了自己独有的道路和庇佑。尤其是他们在全国范围内开设慈善机构，举行大量的慈善活动，这就是他们族群最有利的自我保护。"② 的确，帕西人在慈善事业方面始终抱有高度的热情并做出了突出的贡献，这是他们能够从一个逃亡至印度的以宗教认同为凝聚力的群体最终成功地转型为以族群认同为核心的印度新族群的重要原因。也有人曾指出，帕西人之所以没有遭到犹太人实现经济崛起之后受到的那样的排挤，就是因为他们在慈善事业方面的辉煌成绩。所以，对帕西人慈善事业的关注和研究，不仅有利于探寻琐罗亚斯德教这种古老宗教文化的遗留和发扬，还有助于认识微小族群在当今世界的内在逻辑结构及其生存模式和策略。

[责任编辑：黄麟]

---

① Marianne Postans, *Western India in 1838*, London, 1839, p.111f.
② B. B. Patell & R. B. Paymaster, eds., *The Parsi Prakash*, Bombay, 1860, p. Ⅶ.

1919~1924 年印度哈里发运动探析

李小娟[*]

摘　要　一战后，印度穆斯林在英国殖民统治下面临着边缘化危机。在泛伊斯兰主义影响下，他们以保卫奥斯曼哈里发为旗帜，联合印度教徒，采用非暴力不合作的斗争方式，发起哈里发运动。该运动以 1919 年哈里发委员会成立为开端，以 1924 年凯末尔废除哈里发制度为尾声。这一运动对于促进印度独立具有积极意义，但穆斯林在民族主义时代将泛伊斯兰主义作为指导思想，不利于团结印度社会的大多数，最终没能实现反殖民的目标。

关键词　印度　哈里发运动　泛伊斯兰主义　宗教民族主义

穆斯林和印度教徒两大群体之间的关系一直是印度社会面临的重要问题。印度是当今世界穆斯林人口较多的国家之一，但穆斯林在印度社会中并不受重视，其文化水平和经济状况与印度教徒相比存在差距，民族宗教矛盾激烈。然而，20 世纪以来的印穆关系并非一直处于冲突状态。在一战后印度的民族解放运动中，穆斯林领导人扮演了重要的角色。他们为保卫奥斯曼哈里发和争取印度自治，积极参与反殖民斗争，在国大党还在为是否采用甘地的不合作策略争吵不休时，穆斯林首先响应甘地的非暴力斗争路线，发起了 1919~1924 年的哈里发运动。印度穆斯林在国家存亡的关键时刻，摈弃前嫌，接受甘地的调解，形成穆斯林和印度教徒的联合，此举对印度民族解放运动意义重大。穆斯林和印度教徒的团结促成了真正意义上的全民运动，这在印度历史上实属罕见，为穆斯林和印度教徒的相处提供了一个和平友爱的范本。在 20 世纪初期的伊斯兰世界，维护奥斯曼哈里发是广大穆斯林的普遍愿望，但

---

*　李小娟，西北师范大学历史文化学院讲师。

唯有印度穆斯林发起了保卫哈里发的运动。该运动旨在反对英国殖民统治，是一场争取印度穆斯林自身利益的群众性政治运动。国外学术界对印度哈里发运动的研究起步较早，相关论著颇丰。[①] 但国外学者大都通过具体某一地点或事件来探讨哈里发运动爆发的原委和影响，仍然缺少宏观层面的系统性研究。国内学术界对该问题缺乏重视，鲜有探讨。[②] 本文试图在国内外相关文献的基础上，深入探究这一独特的历史事件，以期深化对穆斯林和印度教徒对话关系的认知，并帮助理解近现代印度穆斯林的历史和泛伊斯兰主义的困境。

一 印度哈里发运动的背景

一战后，奥斯曼帝国因在一战中加入同盟国成为战后西方国家重点"惩罚"的对象。作为伊斯兰正统权威象征的哈里发成为一时焦点，其地位和废存问题受到世界穆斯林的普遍关注。哈里发既是先知的继承人，又是伊斯兰教和穆斯林统一的重要象征，穆斯林保卫哈里发就等于维护自己的宗教信仰。奥斯曼哈里发的困境受到世界各地穆斯林的关注，其中印度穆斯林表现得尤为突出。在当时的印度社会中，穆斯林不仅要像印度教徒一样，遭受英国的

[①] 相关成果参见 Naeem Qureshi, *Pan-Islam in British Indian Politics：A Study of the Khilafat Movement, 1918-1924*, Leidan：Brill Press, 1999；Azmi Ozcan, *Pan-Islamism：Indian Muslims, the Ottomans and Britain（1877-1924）*, Leidan：Koninklijke Brill, 1997；Gail Minault, *The Khilafat Movement*, London：Oxford University Press, 1982；Salih Pay, "Indian Muslims, Ottoman Empire and Caliphate during Colonial Period," *International Journal of Business and Social Science*, Vol. 6, No. 2, 2015；Salih Pay, "The Support for Caliphate from Indian Subcontinent to Anatolia and Muhammad Iqbal," *International Journal of Humanities and Social Science*, Vol. 5, No. 3, 2015；Ismail Moosa, "Role of Memon Community during the Caliphate Movement," *British Journal of Humanities and Social Sciences*, Vol. 11, No. 1, 2014；Ishtiaq Ahmad & Mahud-ul-Hassan Butt, "From Pan-Islamism to Muslim Nationalism：Khilafat Movement and the Struggle for Pakistan," *Pakistan Journal of History and Culture*, Vol. 33, No. 2, 2012；Shabnum Tejani, "Re-considering Chronologies of Nationalism and Communalism：The Khilafat Movement in Sind and Its Aftermath, 1919-1927," *South Asia Research*, Vol. 27, No. 3, 2007。

[②] 国内尚无针对该问题的系统性专著，涉及相关问题的作品主要包括：林承节《印度民族独立运动的兴起》，北京大学出版社，1984；彭树智《现代民族主义运动史》，西北大学出版社，1987；林太《印度通史》，上海社会科学院出版社，2007；陈用华《印度国大党对穆斯林的政策与穆斯林分离意识的确立》，《南亚研究季刊》1988 年第 3 期；管银凤《印度宗教民族主义探析》，《世界民族》2008 年第 3 期；钱雪梅《穆斯林民族主义的形成——以巴基斯坦建国为例》，《世界民族》2010 年第 5 期；唐仁虎《教派冲突与印度分治》，《南亚研究》2012 年第 3 期。

殖民统治，还要忍受莫卧儿帝国覆亡产生的边缘化危机。哈里发问题成为印度穆斯林反抗殖民统治的契机，泛伊斯兰主义的传播则为其提供了必要的思想支持。

（一）印度穆斯林与奥斯曼哈里发的历史联系

公元 632 年穆圣归真之后，艾布·伯克尔被推举为先知的继承人哈里发，哈里发象征着伊斯兰世界最高统治者的权威。最早的哈里发由选举产生，但随着第四任哈里发阿里的离世，伍麦叶王朝的统治者将哈里发称号的继承方式定为世袭制。之后的伊斯兰帝国，比如阿拔斯王朝、法蒂玛王朝的统治者相继继承哈里发的称号，使得哈里发制度延续了下来，成为伊斯兰传统文化的一部分。[①] 16 世纪，奥斯曼帝国建立起地跨亚、欧、非的伊斯兰大帝国，其苏丹继承了哈里发的称号。在奥斯曼帝国的鼎盛时期，它的疆域囊括了巴尔干、小亚细亚、叙利亚、美索不达米亚、阿拉伯半岛、埃及以及包括摩洛哥在内的整个北非地区。到了 17 世纪，帝国开始衰落。1683 年，奥斯曼帝国与奥地利哈布斯堡王朝发生战争，帝国失败后被迫签订了和平条约，将匈牙利划分给奥地利。该条约的签订加速了帝国的衰落进程。18 世纪，奥斯曼帝国已经腐败不堪，国内外矛盾激烈。英国、俄国和法国等国蜂拥而至，试图瓜分帝国领土。在这些国家的暗中支持下，帝国辖区内的一些地区不再服从政府统治，对奥斯曼哈里发的命令置若罔闻。19 世纪末，奥斯曼帝国与俄国爆发了战争。此后，奥斯曼帝国的衰落变得更加不可遏制，哈里发的实际权力范围变得愈加狭小，仅限于首都伊斯坦布尔及其周边地区。[②]

奥斯曼哈里发政权的不断腐化和衰落，使之前有望拉拢它打击沙俄扩张野心的英国转变了一贯的支持态度，这引起了帝国统治者的不满。1908 年，青年土耳其党人取得了奥斯曼帝国的实际主导权，他们试图通过社会改革扭转帝国的颓势。此时，德国趁机向奥斯曼帝国示好，促使帝国最终站在了同盟国一方阵营，参与对以英国为首的协约国的战争。但不幸的是，奥斯曼帝国在战争中遭遇失败，与协约国签订了停战协议。随后，协约国军队相继开

---

① I. H. Qureshi, *The Muslim Community of Indo-Pakistan Subcontinent （610-1914）: A Brief Historical Analysis*, Karachi: University of Karachi, 1999, p. 309.

② 刘竞主编《中东手册》，宁夏人民出版社，1989，第 101~107 页。

进了奥斯曼帝国腹地,英国占领了色雷斯等地,意大利和希腊等国占领了安塔利亚和伊兹密尔等地。协约国掀起的疯狂瓜分活动使奥斯曼帝国的统治岌岌可危,象征着帝国最高统治权的哈里发地位朝不保夕。奥斯曼帝国是当时世界上仅存的伊斯兰大帝国,其哈里发作为伊斯兰两圣地监护人,对穆斯林而言意义非凡。奥斯曼帝国和哈里发权力的衰落和消亡,意味着象征穆斯林团结的"乌玛"(Ummah,穆斯林政权)将失去统一的力量和完整性。[①]奥斯曼帝国和哈里发的命运受到了世界穆斯林的同情,印度穆斯林的表现尤为突出。

印度穆斯林与奥斯曼哈里发有着特殊的历史渊源。在古代伊斯兰世界,以沙里亚为基础的哈里发制度是伊斯兰教的传统政治制度。[②] 哈里发制度受到逊尼派穆斯林的推崇,被认为是伊斯兰正统权威的象征。印度穆斯林多属逊尼派,沿袭这一伊斯兰教传统认知。16 世纪初,奥斯曼帝国攻占阿拉伯地区,其苏丹开始以哈里发之名,在被征服地区实行统治。此时,印度莫卧儿帝国以共同的伊斯兰信仰为纽带与奥斯曼帝国取得了联系。17 世纪初,英国成立东印度公司,开始大规模入侵印度,印度穆斯林孤立无援。鉴于奥斯曼帝国是当时伊斯兰世界最强大的政治力量,部分印度穆斯林领导者注重发展与它的关系。18 世纪初,莫卧儿帝国统治者奥朗则布(1658~1707 年在位)去世后,奥斯曼哈里发宣布对印度穆斯林拥有保护权。[③] 19 世纪中叶,印度彻底沦为英国的殖民地。此时,英国与奥斯曼帝国的关系较为稳定,印度穆斯林试图在两者之间寻找平衡:政治上依附英国,精神上则接受奥斯曼哈里发的领导。这种平衡关系维持到 20 世纪初期,直到奥斯曼帝国与同盟国为伍参加一战,英国正式转变对奥斯曼帝国的政策为止。

随着第一次世界大战的到来,世界的局势变得动荡不安。当印度穆斯林得知奥斯曼帝国将与德国合作,共同抵抗英国等国家的消息后,他们十分担忧,试图通过多种途径劝说奥斯曼帝国不要参与战争。1914 年 8 月,印度穆斯林代表阿卜杜拉·巴里(Abdul Bari)、穆罕默德·阿里(Muham-mad Ali)和安萨里医生(Dr. Ansari)等人联名向奥斯曼哈里发发去电报,

---

① Nasreen Afzal,"Khilafat Movement and the Province of Sindh," *International Journal of Humanities and Social Science*, Vol. 1, No. 1, 2010, p. 53.

② 吴云贵:《伊斯兰教与哈里发制度》,《西亚非洲》1990 年第 2 期,第 16 页。

③ Salih Pay,"Indian Muslims, Ottoman Empire and Caliphate during Colonial Period," *International Journal of Business and Social Science*, Vol. 6, No. 2, 2015, p. 285.

请求哈里发在决定加入战争之前谨慎考虑，尽量保持中立。这些人之后成为哈里发运动的核心力量。10 月，奥斯曼哈里发全然不顾印度穆斯林的劝告，执意加入同盟国参战，这使奥斯曼帝国的境遇变得更加糟糕。为鼓动印度穆斯林支持协约国作战，英国向他们许诺战争只针对奥斯曼帝国政府而非奥斯曼哈里发，并且保证伊斯兰圣地和奥斯曼哈里发的地位不会在战争中受到损害。印度穆斯林相信了英国的承诺，参与了对奥斯曼帝国的战争。11 月 14 日，奥斯曼哈里发号召全世界穆斯林进行"圣战"，反抗西方的殖民侵略。在此境遇下，印度穆斯林意识到自己在英国和奥斯曼哈里发之间扮演着尴尬的角色。作为英国殖民统治的一部分，他们直接或间接地卷入英国对奥斯曼帝国的战争中，与英国一起将奥斯曼哈里发推向了危险的境地，因此应该为哈里发的困境负责。[①] 在一定程度上，发起保卫哈里发的运动是印度穆斯林的一种自我救赎。

（二）泛伊斯兰主义的兴起及其在印度的传播

进入近代以来，伊斯兰世界在政治上早已四分五裂，经济和文化则处于封闭状态，成为西方殖民列强掠夺的对象。西方的冲击使伊斯兰世界持续衰落，一些穆斯林思想家试图阻止这种颓势，重新恢复伊斯兰的辉煌。哲马鲁丁·阿富汗尼（1838~1897）就是其中的代表，他提出了泛伊斯兰主义。阿富汗尼出身于阿富汗[②]的名门望族，他在印度、英国和中东各国游学，学习了英语、法语等语言和一些自然科学知识。在游学的过程中，他对西方国家的殖民统治深恶痛绝，十分同情西方统治下的穆斯林同胞。在和一些中东穆斯林有识之士的接触中，他萌生了团结世界穆斯林，建立强大伊斯兰国家的思想。[③] 阿富汗尼认为，伊斯兰世界之所以在近代以来逐渐衰落，是因为穆斯林背离了真主的道路。要想重新恢复伊斯兰的荣光，穆斯林必须发动一场政治运动，遵循《古兰经》和圣训的指引，对穆斯林的社会、政治和经济体系等进行改良。他主张全世界穆斯林联合起来，共同拥立一位哈里发的领导，

---

① Husein Akberali Khimjee, "The Legacy of the Early Twentieth-Century Khilafat Movement in India," The Ph. D. Dissertation, Centre for the Study of Religion University of Toronto, 1998, p. 4.

② 关于阿富汗尼的出生地有两种说法，一种是阿富汗说，另一种是伊朗说，本文采用阿富汗说。

③ 张志华：《近代泛伊斯兰主义创始人——哲马鲁丁·阿富汗尼》，《阿拉伯世界》1986 年第 4 期，第 111 页。

建立强大的伊斯兰国家，抵御西方基督教国家的入侵。根据伊斯兰教义，他宣布全世界穆斯林皆兄弟，呼吁穆斯林"团结起来组成强大的联盟，逃离被西方控制的命运，解放处于西方统治下的伊斯兰土地，为了共同的伊斯兰事业而奋斗"[1]。阿富汗尼将伊斯兰教作为一种不同于西方的文化和意识形态，强调伊斯兰文化和西方文化的不同特质。

为宣扬泛伊斯兰主义，1857 年，阿富汗尼前往麦加朝觐，向来自世界各地的穆斯林宣传他的思想。之后他在阿富汗、埃及和伊朗等地辗转，宣传泛伊斯兰主义。1878 年，阿富汗尼在埃及宣传泛伊斯兰主义时遭到当局驱逐。之后他颠沛流离，到达印度，在加尔各答和海得拉巴等地居住了一年多的时间。在此期间，阿富汗尼敏锐地察觉到印度穆斯林的政治意识正在逐渐觉醒。借此机会，他不遗余力地向印度穆斯林宣传泛伊斯兰主义，并告诫他们，英国并非仁慈的统治者，其真实目的在于侵略和奴役伊斯兰世界。阿富汗尼用"西方"和"伊斯兰"来区分欧洲和伊斯兰世界，向印度穆斯林知识分子宣扬伊斯兰文化和历史的独特性。随着泛伊斯兰主义的传播，印度穆斯林与奥斯曼哈里发的关系进一步加深。1897 年，第一次希土战争爆发，印度穆斯林领导者组织群众为奥斯曼帝国捐献大量资金，用来救助战争中受伤的奥斯曼士兵及其家属。此后，印度穆斯林开始在周五的聚礼上念诵奥斯曼哈里发的名讳，并为其祈祷。

历史上，英国将奥斯曼帝国视为阻止沙俄扩张的屏障。随着奥斯曼帝国急剧衰落，沦为"欧洲病夫"，英国决定调整对奥斯曼帝国的政策。20 世纪初，英国支持巴尔干对奥斯曼帝国作战，并默许意大利侵占利比亚。1912年，随着第一次巴尔干战事的结束，英国彻底放弃了对奥斯曼帝国的支持。通过种种迹象，印度穆斯林认识到英国在蓄意打击奥斯曼帝国，这严重损害到奥斯曼哈里发的统治。他们把这些国际事件和英国殖民者取消孟加拉分割法案的决议相联系，深感英国是典型的利己主义者。许多穆斯林动摇了对英国的盲目信赖，形成对殖民统治的强大离心力，这为泛伊斯兰主义的传播创造了有利条件。泛伊斯兰主义首先为印度穆斯林资产阶级所接受，他们抨击英国对奥斯曼帝国的态度，鼓励穆斯林反抗殖民侵略，维护奥斯曼帝国的完整及其哈里发的地位。

---

[1] 参见 I. H. Qureshi, *Ulema in Politics*, Karachi：Ma'aref Ltd. , 1974，p.231。

英国对奥斯曼帝国立场的变化及其引发的印度穆斯林的不满，促进了泛伊斯兰主义在印度的传播。为迫使英国改变对奥斯曼帝国的政策，印度穆斯林仁人志士做出了巨大努力。穆罕默德·阿里深受泛伊斯兰主义的影响，1910 年，他在加尔各答创办了《同志报》（Comrade），倡导一个独立自主的印度必须以印度教徒和穆斯林的团结为先决条件的理念。[①] 1912 年，阿布·卡拉姆·阿扎德（Abul Kalam Azad）在加尔各答创办了《新月报》（Al-Hilal），他发表文章抨击英国对伊斯兰国家的态度，认为英国要为伊斯兰世界的不幸负责，并建议印度穆斯林放弃对英国的忠诚，争取印度自治。[②] 阿卜杜拉·巴里是奥斯曼帝国及其哈里发的坚决拥护者。他组织印度穆斯林募捐，筹集了大量的救援资金。1912 年，巴里遇到了志趣相投的穆罕默德·阿里和邵克特·阿里（Shaukat Ali）兄弟，并决定与他们合作，共同动员印度穆斯林支援奥斯曼哈里发。之后，他们建立了克尔白服务社团，致力于维护克尔白的宗教神圣性，防止它遭到破坏。克尔白服务社团最终因资金匮乏解散，但它为泛伊斯兰主义的传播以及印度穆斯林各群体之间的合作提供了一个良好平台。在印度穆斯林知识分子的推动下，泛伊斯兰主义得到迅速传播。穆斯林群众对英国的不信任加深，反英国活动频频发生。1913 年，阿扎德领导印度穆斯林抵制英国货物，反对殖民统治。同时，他还在印度穆斯林报刊《阿里格尔研究所公报》（Aligarh Institute Gazette）上发布了一项法特瓦（Fatwa，伊斯兰教法意见）[③]，号召所有的穆斯林联合起来援助奥斯曼哈里发，不要再助长敌人的气焰。

（三）印度穆斯林的生存危机和印度人民的反英活动

统治者信奉伊斯兰教的印度莫卧儿帝国在阿克巴大帝时期（1556~1605）曾盛极一时。奥朗则布上台后，采取宗教歧视政策，穆斯林与印度教徒和谐相处的局面被打破，社会陷入动乱，这为英国的入侵提供了机会。1858 年 8 月，《改进印度管理法案》宣告，印度由英国女王接管，并以她的名义直接

---

① Gail Minault, *The Khilafat Movement: Religious Symbolism and Political Mobilization in India*, Missouri: Columbia University Press, 1982, p. 23.

② I. H. Qureshi, *Ulema in Politics*, Karachi: Ma'aref Ltd. , 1974, p. 233.

③ 法特瓦在伊斯兰教中具有对某事物或人的裁决作用，在动员穆斯林大众方面起着重要的作用。

统治。至此，在印度延续 300 多年的莫卧儿帝国灭亡。[①]

英国统治印度之后，采用分而治之的政策，制造印度教徒与穆斯林之间的隔阂，扶植在人口上占优势的印度教徒，漠视穆斯林的权利，并试图淡化伊斯兰的文化和价值观。穆斯林在政府机构中受到排挤，社会地位一落千丈，逐渐走向边缘化。19 世纪中叶以后，一部分印度资产阶级试图利用印度教的辉煌历史，鼓励和激发印度教徒的民族感情，并以此来反对英国的殖民统治。然而，这种思想将穆斯林排除在促进印度独立的因素之外，不但没有赢得穆斯林群体的认同，反而引起了他们的不安。同时，印度教正统派发动的保护母牛运动，使社会气氛再一次紧张起来。此外，联合省还发生了穆斯林和印度教徒的语言之争。印度教徒要求在法庭上使用印地语，穆斯林认为印度教徒的做法无视传统，降低了乌尔都语的地位。对此，他们举行了游行集会，与印度教徒发生了激烈的冲突。印度教徒和穆斯林两群体之间的矛盾因为殖民政府从中作梗，变得更加复杂，穆斯林在印度教徒和英国统治者的夹缝中惶恐度日。[②]

1892 年，印度在英国的支持下通过议会法案，印度教徒因人口优势成为议会的主导力量。穆斯林对此十分不满，发动了抵制英国货物的运动。为平息争端，1905 年，殖民政府提出了孟加拉分割法案。根据该法案，孟加拉将被分割出一个新的穆斯林省区，称为东孟加拉。英国宣称新省区的穆斯林将拥有更多改善生活的机会。英国的做法得到了穆斯林的认可，并成功平息了穆斯林的不满情绪。但是，该法案遭到了印度教徒的强烈反对，他们认为英国的行为是在蓄意破坏印度的完整性。为了给政府施压，印度教徒发动了大规模的抵制英货运动。1911 年 11 月 12 日，适逢英王加冕，为维护帝国稳定，英国取消了孟加拉分割法案。

该法案的取消大大降低了英国在印度穆斯林心目中的威信。而此时广大的穆斯林下层群众正经历着艰难的生活考验。在孟加拉等地，穆斯林农民中有相当一部分没有永佃权，地主时常加租夺佃，农民处于无保障的地位。在北印度，土地税的不固定使得殖民当局可以随意提高税额，农民失地现象比较常见。此外，殖民政府对印度教徒的扶持政策使城市中的穆斯林手工业者

---

① 　林太：《印度通史》，上海社会科学院出版社，2007，第 294 页。
② 　林承节：《殖民统治时期的印度史》，北京大学出版社，2004，第 241~242 页。

和小商人遭到排挤。这些都在不同程度上加深了穆斯林对政府的不信任。当印度教徒争相接受西方教育，学习西方先进科学技术之时，印度穆斯林却因对殖民政府的抵触心理失去发展的机遇。他们对西式教育的普遍漠视，导致穆斯林青年在印度社会中竞争力下降，失业现象与日俱增。印度穆斯林在失去竞争力的同时还陷入了政治、经济和文化发展落后的恶性循环之中。

英国偏袒印度教徒的事件十分常见。比如在印度坎普尔，英国在扩建道路的过程中，有条主干道恰好介于印度教寺庙和伊斯兰教清真寺之间，由于担心印度教徒反对，殖民政府最终决定保留寺庙，拆除清真寺。英国此举彻底激怒了穆斯林，在协调无果的情况下，穆斯林与印度教徒发生暴力冲突，武装部队介入其中，打死包括儿童在内的数名穆斯林。[①] 印度穆斯林在英国的殖民统治下面临着空前的生存压力。奥斯曼帝国如果被西方侵占，不仅意味着一个强大的伊斯兰帝国的毁灭，还意味着印度穆斯林将失去唯一的保护人——哈里发。印度穆斯林担心自己会像犹太人那样成为没有家园的民族，沦为印度社会的"孤儿"，并在印度教徒占多数的环境里，靠英国政府的怜悯存活。

随着穆斯林资产阶级的发展，他们认识到穆斯林在政治、经济、文化和教育方面的落后并为此感到恐慌，迫切地希望改变现状。但是，政治参与的缺失使他们根本没有能力和印度教徒展开公平的竞争。因此，穆斯林精英亟须寻找一个可以参与印度政治的机会，为作为少数派的穆斯林谋福利。就在这时，印度社会反殖民的呼声渐起，穆斯林上层试图抓住这个机遇，谋求参政的权利。

一战期间，印度被迫卷入战争泥潭，成为英国兵力、物资和财力的主要供应地，印度民众饱受其害。据统计，英国在一战期间共派出 120 多万名印籍士兵参与海外作战，死伤 10 万人有余。还从印度运走了 500 多万吨的装备物资，这使印度不但失去了大量的青壮年劳动力，并且承受了史无前例的军费开支。截至 1918 年 3 月，英印当局的战争花费已达 1.3 亿英镑。[②] 战争的消耗是灾难性的，印度国库被搜刮一空，英印当局滥发货币并巧立名目增加

---

① Husein Akberali Khimjee, "The Legacy of the Early Twentieth-Century Khilafat Movement in India," The Ph. D. Dissertation, Centre for the Study of Religion University of Toronto, 1998, p.77.

② 林承节：《殖民统治时期的印度史》，北京大学出版社，2004，第 251 页。

税收。许多生活日用品因税收的加重而提价，又由于商人囤积居奇，农产品匮乏，物价全面飞涨，通货膨胀严重。1918~1919 年，印度遭遇旱灾，粮食大规模减产，但当局依旧征税，造成全国性的饥荒，瘟疫也随之流行。1918年 6 月至 1919 年 6 月，病饿而死者达 700 万人，群众苦不堪言。在战争年代，由于主要食品价格上涨，职工的实际工资大大降低，粮食批发价也上涨了200%。[1] 广大的小生产者对英国殖民者的不满空前加深。而这一阶段印度的资本主义经济却在英国参战之际逐渐发展起来。印度资产阶级不愿再受英国的殖民压制，要求印度自治。此外，政治上的二等公民身份和诸多歧视与压迫，使得反殖民成为印度各个阶层的共同愿望。

战前，英国殖民者为鼓励印度人民支持战争，许诺在战后给予印度自治地位。然而，英国战后的政策令部分致力于自治的印度领袖大失所望。1918年 7 月，英属印度政府颁布《蒙塔古-蔡姆斯福德改革方案》，仅允许印度在英国的统治下逐步建立责任制政府，试图以实现自治为幌子，继续其殖民统治。国大党和全印穆斯林联盟都对此表示不满，反英情绪再次高涨。

为镇压反政府活动，蒙塔古-蔡姆斯福德勋爵成立了专门委员会，罗拉特（Rowlatt）法官担任主席。1919 年 3 月 18 日，委员会通过《罗拉特法案》。该法案主要的内容包括：在印度设立由三个大法官组成的特殊法庭，可以在没有辩护律师和陪审员的情况下进行快速的审判和定罪，犯人没有上诉的权利；地方警察可以在没有证据的情况下搜查和逮捕任何可疑人员；禁止集会和游行示威活动。[2] 该法案使印度人民彻底失去政治自由，全国上下一片反对，印度部分地区爆发了武装起义。

1919 年 4 月 13 日，约 5 万人在阿姆利则市（印度西北旁遮普邦）贾良瓦那花园举行集会，抗议该法案。其中有一部分民众来自封闭的农村，他们对《罗拉特法案》的颁布毫不知情，来城里的主要目的是参加一年一度的白洒可节（Baisakhi），许多人还带着小孩参加了和平集会。该花园四面都是高大的围墙，只有一个窄小的出口，人群很难快速疏散。殖民政府军官戴尔将军（General Dyer）认为这是一个绝佳的镇压机会，于是指挥军队用装甲车堵住广场狭窄的出口，未经警告就向密集人群开枪射击，导致 379 人当场死亡，

① 彭树智：《现代民族主义运动史》，西北大学出版社，1987，第 42 页。
② R. C. Majumdar, *History of Freedom Movement in India*, Lahore：Book Traders, 1979, p. 2.

1200 人受伤。① 屠杀发生后，英国殖民政府以需要进一步调查为由，故意拖延时间，试图掩盖事情真相。阿姆利则惨案突破了印度人民的承受底线，成为大规模反殖民运动的导火索。

至此，英国殖民者的本质暴露无遗。印度人民认识到要想获得尊严和自由，就必须团结起来，反抗英国的殖民统治。哈里发运动领袖穆罕默德·阿里说："当事态涉及伊斯兰信仰的时候，我将自始至终坚持穆斯林的身份，将穆斯林的身份看成第一位。但是，当事态涉及印度及其未来的时候，我将自始至终坚持印度人的身份，将印度人的身份看作第一位。"② 他的观点得到穆斯林上层的赞同，成为穆斯林和印度教徒达成共识的必要条件。两者之后的多次接触和合作为哈里发运动的爆发提供了可能。

二 印度哈里发运动的历程

1919 年哈里发委员会成立后，哈里发运动在 5 年的时间里经历了兴起、高潮和衰落的历程。1924 年 3 月，凯末尔政府宣布废除哈里发制度，使得该运动最终淹没在历史的洪流中。在哈里发运动中，涌现了一大批优秀的领导人，比如阿里兄弟（穆罕默德·阿里和邵克特·阿里）、毛拉纳·阿扎德（Maulana Azad）、安萨里医生和哈基姆·阿杰马勒·汗（Hakim Ajmal Khan）等人，他们为哈里发运动做出了巨大贡献③，并共同见证了该运动的兴衰。

（一）哈里发运动的酝酿

19 世纪后半期，随着伊斯兰文化的衰落和莫卧儿王朝的覆亡，英国的殖民统治对印度穆斯林产生了深远的影响。印度教徒拜倒在西方文化的光环之下，迅速接受了西式的政治、经济、文化和教育体系等，穆斯林却被远远地甩在了后面。在这种情况下，印度穆斯林精英领导了一场旨在学习西方的先

---

① S. Priyadarshini, "The Non Co-Operation Movement in India," http://www.historydiscussion.net/history-of-india/the-non-co-operation-movement-in-india/2591.

② 参见 Husein Akberali Khimjee, "The Legacy of the Early Twentieth-Century Khilafat Movement in India," The Ph.D. Dissertation, Centre for the Study of Religion University of Toronto, 1998, p.4.

③ Husein Akberali Khimjee, "The Legacy of the Early Twentieth-Century Khilafat Movement in India," The Ph.D. Dissertation, Centre for the Study of Religion University of Toronto, 1998, p.153.

进理念，实现穆斯林群体强大的教育改革运动。其中，最为著名的三个教育改革组织是阿里格尔穆斯林大学（Aligarh Muslim University）①、迪奥班迪学院和佛朗基马哈（Firangi Mahal）组织，它们从一开始就带有明显的政治色彩。以阿里格尔穆斯林大学为依托，伊斯兰现代主义先驱赛义德·艾哈迈德·汗爵士（Sir Sayyid Ahmad Khan）发起了一场穆斯林教育改革运动。19 世纪 60 年代末期，赛义德爵士访问了英国。他在剑桥大学考察期间，对英国蓬勃发展的教育事业发出由衷感叹，立志要为印度穆斯林建立良好的教育和社会保障体系。1875 年，他创办了阿里格尔穆斯林大学，这是印度穆斯林第一所模仿西式教育体系创办的大学。此后，印度穆斯林将模仿该校创办理念的教育改革运动称为阿里格尔运动。

迪奥班迪学院在印度穆斯林改革运动中扮演了重要的角色。1866 年，在穆罕默德·卡西姆（Mohammad Qasim）的领导下，印度迪奥班迪学院得以成立。该学院主张学习西方先进文化，以此来反抗西方，恢复伊斯兰传统和莫卧儿帝国灭亡后穆斯林失去的社会权利。1906 年，在阿里格尔穆斯林大学和迪奥班迪学院的共同努力下，全印穆斯林联盟得以建立。赛义德去世后，阿里格尔运动开始衰退。但在阿里格尔穆斯林大学毕业生的共同努力下，该运动得以继续发展。1899 年，阿里格尔穆斯林大学的毕业生成立了老生协会（Old Boys' Association），阿里兄弟等人成为该协会的核心人物。② 阿里兄弟对印度时局十分关注，他们创办了多个报刊，批评英国对奥斯曼帝国的政策，并成立专门的救助机构，为奥斯曼帝国筹集了大量的资金。

在印度穆斯林掀起的教育改革运动中，佛朗基马哈组织逐渐凸显出来。该组织历史悠久，在奥朗则布时期就已经出现，是印度最重要的伊斯兰宗教教育中心。阿卜杜拉·巴里担任领导人之后，该组织得到了新的发展。他对西方的科技和文化大为推崇，认为印度穆斯林不应该一味拒绝西方的文化和科技，而应该学习其先进之处以促进穆斯林自身的发展。另外，阿扎德的声望也逐渐显赫。1888 年，阿扎德出生于麦加的一个学者家庭，他的母亲是阿拉伯后裔，父亲是一位笃信苏菲派教义的商人。20 世纪 90 年代，他们举家移

①　阿里格尔穆斯林大学曾称伊斯兰教—盎格鲁东方学院，1920 年改为现在的名字，该大学一直延续至今，是印度著名的穆斯林高等学府之一。

②　Gail Minault, *The Khilafat Movement: Religious Symbolism and Political Mobilization in India*, Missouri: Columbia University Press, 1982, p. 16.

居印度，在父亲的教育下，他对伊斯兰教产生了浓厚的兴趣。青年时期，他时常去当地的书店看书。得益于广泛的阅读积累，他在写作方面表现出天赋，并在当地的乌尔都语报刊上发表了大量文章，倡导社会和宗教改革。之后，他游历了叙利亚、伊拉克、土耳其和伊朗等中东国家。在与中东地区革命者的接触中，他深受泛伊斯兰主义的影响，同情奥斯曼哈里发的境遇，主张反对英国殖民统治，通过社会改革恢复伊斯兰文化的活力。[①] 这些领导人出生在特殊的年代，背负着沉重的时代责任，他们的家庭和人生经历对于哈里发运动的兴起意义重大。正是因为他们的积极努力，印度穆斯林和印度教徒之间的合作才成为可能。

在筹划哈里发运动的过程中，印度穆斯林逐渐认识到自身力量的有限性，于是选择与印度教徒合作成为穆斯林在运动前期准备工作中最重要的举措。当时，印度的政治局势为两者的合作创造了条件。英国统治印度后，虽主要扶植印度教徒，但并未放弃对穆斯林上层的拉拢。受到既得利益诱惑的部分穆斯林上层继续对英国保持忠诚。但是，这种情况逐渐发生了转变。一战前，印度穆斯林在英国和奥斯曼哈里发之间徘徊，难以抉择。1909 年，印度议会法案出台，英国给予穆斯林单独设立选区的特权。这一法案的出台暂时压制住了印度穆斯林的反英声音。一战后，奥斯曼帝国的战败备受印度穆斯林关注，他们希望奥斯曼哈里发能够保留对帝国的管辖权。[②] 然而，战后欧洲的报刊频频刊登指责奥斯曼帝国的文章。伴随着这些文章的出版，有流言宣称协约国将对奥斯曼帝国进行严酷惩罚，这无疑增加了印度穆斯林的焦虑。此时，迫于印度独立的需求，一些印度教徒知识分子认识到两大群体合作的必要性，开始公开支持奥斯曼帝国。印度教徒报刊《古吉拉特》（*Gujratee*）刊文指出："为保卫祖国而战的奥斯曼人应该得到我们的同情和尊重。奥斯曼帝国为人类文明的发展贡献良多，我们衷心祝愿它能完好无损。"[③] 印度教徒态度的转变使全印穆斯林联盟的领导层十分欣慰，他们开始相信穆斯林和印度

① Gail Minault, *The Khilafat Movement: Religious Symbolism and Political Mobilization in India*, Missouri: Columbia University Press, 1982, p. 18.
② Nasreen Afzal, "Khilafat Movement and the Province of Sindh," *International Journal of Humanities and Social Science*, Vol. 1, No. 1, 2010, p. 59.
③ 参见 Syed Razi Wasti, *Muslim Struggle for Freedom in British India*, Lahore: Book Traders, 1993, p. 295。

教徒实现联合的可能，并愿意为之而努力。

1913 年 3 月，印度穆斯林资产阶级在勒克瑙会议上取得领导权。他们宣布，穆斯林愿意和印度社会各群体团结一致，为了印度自治的目标而努力。[①]印度穆斯林的让步，对于印度教徒和穆斯林关系的改善大有裨益，这直接促成了《勒克瑙协定》（Lucknow Pact）的签订。1915 年，国大党预定在孟买召开年会，真纳领导的全印穆斯林联盟为表达合作的诚意，也提议在同一时间和地点召开年会。这一提议受到国大党和全印穆斯林联盟成员的热烈欢迎。1916 年，为进一步拉近与穆斯林的关系，国大党改变之前在穆斯林单独设立选区问题上所持的强硬立场。12 月，双方在勒克瑙召开年会，签订了著名的《勒克瑙协定》。协定内容包括扩大议会的民选成员比例等决议，并重申实现印度自治是印度人民最主要的斗争目标。真纳竭力劝说全印穆斯林联盟内部的反对者，宣称双方的合作将使穆斯林更有尊严地和印度教徒站在一起，取得参与印度政治的权利。该协议在实现穆斯林和印度教徒团结方面意义重大，真纳称其标志着"团结印度的诞生"[②]。协议签订后，国大党和全印穆斯林联盟之间的关系得到明显的改善，成为战后甘地和国大党积极支持穆斯林发动哈里发运动的基础。

（二）哈里发运动的兴起（1919~1920）

1918 年 12 月，全印穆斯林联盟在德里召开会议，西方派和传统派穆斯林就保卫奥斯曼哈里发议题达成一致。就在决定哈里发运动能否兴起的关键时刻，全印穆斯林联盟内部却因政见不和发生了分裂。印度穆斯林群龙无首，成立一个领导哈里发运动的组织迫在眉睫。1919 年 3 月 20 日，约 1.5 万名印度穆斯林在孟买集会，该会议促成了孟买哈里发委员会的成立。[③]为号召穆斯林群众积极参与，孟买哈里发委员会在 7 月 5 日召开会议，将保卫奥斯曼哈里发作为他们的基础任务。紧接着在 9 月的孟买穆斯林会议上，全印哈里发委员会（下文中"哈里发委员会"指全印哈里发委员会）得以最终成立，

---

① Syed Sharifuddin Prizada, ed., *Foundations of Pakistan: All India Muslim League Documents 1906 - 1947*, Vol. 1, Karachi: National Publishing House Limited, 1969, pp. 264-272.

② 林承节:《殖民统治时期的印度史》，北京大学出版社，2004，第 264 页。

③ Gail Minault, *The Khilafat Movement: Religious Symbolism and Political Mobilization in India*, Missouri: Columbia University Press, 1982, p. 35.

邵克特·阿里任委员会秘书。随后，哈里发委员会在印度各地建立了分支，并将 10 月 17 日定为哈里发日（Caliphate Day），规定穆斯林在这一天停止一切商业活动，专心斋戒和祷告。① 11 月 23 日，哈里发委员会在印度德里召开了首次全印哈里发大会，甘地参与并主持了会议，他用印度穆斯林所熟知的乌尔都语发表演讲，支持穆斯林发动哈里发运动。在这次会议中，穆斯林第一次将甘地的不合作策略作为议案提了出来。哈里发委员会对此议案相当重视，并命相关人员对其可行性进行考察。此外，会议还决定派遣代表团去英国等西欧国家游说。一旦英国和其他西欧国家拒绝印度穆斯林的要求，他们将采用甘地的建议，发动抵制政府的运动。至此，哈里发运动步入初期准备阶段。②

1920 年 1 月 19 日，在安萨里的带领下，印度穆斯林代表团一行拜见了印度总督。他们向总督表达了穆斯林对于战后奥斯曼哈里发命运的关注，并强调印度穆斯林将一直忠于政府统治，希望政府调整对奥斯曼帝国的立场。印度总督明确指出，英国政府不会同意他们的请求，奥斯曼帝国既然参与了战争就要像其他战败国一样接受惩罚，每个参与对协约国作战的国家都不能避免。印度总督的回应使印度穆斯林十分失望，哈里发委员会决定派代表团去英国等西欧国家游说。在哈里发委员会的积极筹备下，以穆罕默德·阿里为领导的代表团在 2 月 1 日前往欧洲。3 月 19 日，劳合·乔治会见了印度穆斯林代表团。他告诉印度穆斯林代表，英国对奥斯曼帝国的态度和对其他参战的基督教国家的态度是一致的，奥斯曼帝国不能例外。之后，代表团去了法国和意大利，希望得到他们的支持，但这些国家的冷淡反应和笼统说辞使印度穆斯林再次受挫。

欧洲之行让印度穆斯林意识到要想保住哈里发的地位就必须探索出一条有效的斗争路线。1920 年 6 月 22 日，穆斯林代表向总督递交了联合署名的公开信。他们表示，如果英国政府不能满足他们的要求，他们将在 8 月 1 日发动抵制政府的非暴力不合作运动。在没有得到政府任何回应的情况下，穆斯林通过了不合作纲领。而此时国大党还未决定是否采用甘地提出的不

---

① Naeem Qureshi, "The Indian Khilafat Movement（1918-1924），" *Journal of Asian History*, Vol. 12, No. 2, 1978, pp. 152-168.

② I. H. Qureshi, *Ulema in Politics*, Karachi: Ma'aref Ltd., 1974, p. 261.

合作策略，哈里发运动成为最先实践不合作纲领的阵地。[1] 哈里发委员会围绕不合作纲领，制定鼓励穆斯林辞去政府职务、放弃荣誉称号、拒绝纳税、抵制法庭和公立学校等活动内容，坚决杜绝穆斯林采用非暴力以外的斗争方式。

按照委员会的安排，哈里发运动在 8 月 1 日如期举行，穆斯林与印度教徒共同参与其中。由于当天是印度著名民族解放运动领袖提拉克的逝世纪念日，印度民众受悲怆气氛感染，纷纷参与到哈里发运动的队伍当中。甘地率先退还其在南非获得的两枚战争胸章，并在写给印度总督的信中称："帝国政府连续采用无耻的、不道德和不可理喻的态度，我不能再敬爱这样的政府。"[2] 8 月 10 日，协约国迫使奥斯曼帝国签订《色佛尔条约》。条约内容涉及阿拉伯各国家的独立，提出协约国将在叙利亚、美索不达米亚和巴勒斯坦建立委任统治等苛刻要求。奥斯曼帝国将失去大约 4/5 的领土，在政治和经济等方面丧失独立性。该条约被称为"奥斯曼帝国的死刑宣判书"，将帝国推向了灭亡的边缘。[3] 这一消息传到印度，穆斯林反应激烈。他们认为奥斯曼哈里发代表着伊斯兰教的神圣传统，穆斯林绝不会容忍非穆斯林占领伊斯兰的土地，这促进了哈里发运动的进一步发展。12 月，印度国大党在那格浦尔召开年会，会议通过甘地议案，将不合作策略作为国大党的行动纲领。甘地的非暴力思想得到广泛认可，他在国大党的领导地位也获得确立，国大党进入"甘地时代"。甘地领导地位的确立对于哈里发运动具有重大意义。之后，甘地偕同阿里兄弟等人在全国各地巡回演说，号召人们克服恐惧心理，站起来掌握自己的命运。他们深入农村，组织农会协调农民土地问题，鼓励群众采取适合自己的不合作形式投入斗争。[4]

阿里兄弟十分注重动员穆斯林尤其是他们中的富裕者为哈里发运动捐献资金。他们访问了各地的哈里发委员会分支机构，鼓励它们克服困难，积极引导穆斯林群众开展哈里发运动。经过努力，宣传工作取得实质性进展，为哈里发运动筹集了大量的资金。此外，穆斯林各阶层群众积极参加抵制活动，

[1] 林承节：《殖民统治时期的印度史》，北京大学出版社，2004，第 297 页。
[2] 参见林太《印度通史》，上海社会科学院出版社，2007，第 298 页。
[3] Nasreen Afzal, "Khilafat Movement and the Province of Sindh," *International Journal of Humanities and Social Science*, Vol. 1, No. 1, 2010, p. 59.
[4] 林承节：《印度近现代史》，北京大学出版社，1995，第 477 页。

直接推动了哈里发运动的迅速发展。之后，穆斯林和印度教徒的非暴力不合作运动融合在一起，形成规模宏大的群众性政治运动。

阿里兄弟积极鼓励穆斯林学生参加非暴力不合作运动，要求他们离开政府开办的学校。这一倡议得到了学生的热烈反响，许多学生退学加入哈里发运动的队伍，成为哈里发运动的中流砥柱。他们谴责英国政府对奥斯曼帝国的政策，要求学校放弃政府资助，建立由哈里发委员会统一管理的穆斯林学校。① 在广大穆斯林的支持下，10 月 29 日，穆斯林民族大学成功脱离英印政府而成立，穆罕默德·阿里为其举办庆典。印度各穆斯林大学受此鼓舞，纷纷加入抵制活动。②

在哈里发运动中，乌理玛和哈里发志愿者扮演着重要的角色。乌理玛作为印度穆斯林最主要的领导阶层，对穆斯林群众影响巨大。阿里兄弟和阿扎德等人十分看重这一点，积极动员乌理玛参加运动。③ 通过动员，部分乌理玛变得活跃起来。他们通过发布法特瓦等方式要求穆斯林参与哈里发运动，并利用其在清真寺的特殊地位，向参加周五聚礼的穆斯林群众宣传哈里发运动，点燃穆斯林群众的宗教热情，支持哈里发运动，争取印度自治。乌理玛发布的法特瓦直接推动了哈里发运动的兴起和发展，表现了法特瓦在政治动员上的重要作用。当民众得知自己的宗教信仰正在遭遇危难时，他们迅速地组织起来，发起了抵制英国货物、学校和法庭的活动。由此可见，缺少乌理玛动员的哈里发运动是难以想象的。④ 哈里发志愿者服务组织成为哈里发运动中最为活跃的因素之一，正是因为他们的积极宣传和活动，哈里发运动才得以顺利展开。其中，只有一小部分人参与了军事目的的行动，其余大部分人主要从事社会服务工作。他们的主要职责在于负责组织和督促商人罢市和工人罢工，抵制外国商品和法庭等。每次哈里发委员会召开会议都离不开他们的身影，他们在维持秩序以及保卫哈里发运动领导人的生命安全方面做出了不可低估的贡献。

---

① 〔德〕库尔克、罗特蒙特：《印度史》，王立新、周红江译，中国青年出版社，2008，第 348 页。
② Naeem Qureshi, "The Indian Khilfat Movement (1918–1924)," *Journal of Asian History*, Vol. 12, No. 2, 1978, p. 85.
③ Husein Akberali Khimjee, "The Legacy of the Early Twentieth-Century Khilafat Movement in India," The Ph. D. Dissertation, Centre for the Study of Religion University of Toronto, 1998, p. 110.
④ I. H. Qureshi, *Ulema in Politics*, Karachi: Ma'aref Ltd., 1974, p. 267.

（三）哈里发运动的高潮（1920~1922）

随着殖民当局的镇压和穆斯林的奋力抵抗，哈里发运动走向高潮。其中，印度穆斯林领导的莫普拉起义成为该阶段最突出的事件。1921 年正值哈里发运动的高潮期，莫普拉人群情激昂，最终引发了大规模的农民起义。该起义遭到英国殖民政府的残酷镇压，导致大量人员伤亡，在印度穆斯林的历史上留下了沉重的记忆。莫普拉人（The Mappillas）是印度马拉巴尔①（Malabar）地区穆斯林群体的共同称谓，其历史可以追溯到 8 世纪初阿拉伯人对印度的征服时期。阿拉伯人来到马拉巴尔地区之后，与当地女子通婚定居，借助该地区接近海港的优势进行海内外贸易，同时传播伊斯兰教。他们的后代大多沿袭祖先的传统，经济宽裕，在莫普拉人中间享有较高声望。然而，莫普拉人的构成并非如此简单。随着伊斯兰力量在印度的不断壮大，部分印度教徒尤其是一些低种姓者为了摆脱低下的社会地位纷纷皈依伊斯兰教。马拉巴尔的印度教徒也顺应这一历史潮流，成为莫普拉人最主要的组成部分。英国 20世纪初的人口普查显示，马拉巴尔的莫普拉穆斯林人口接近 100 万人，主要分布在马拉巴尔的南部海岸，是该地区人口最多也是增长速度最快的宗教群体之一。②

15 世纪末以来，随着欧洲通往印度新航路的开辟，葡萄牙人、荷兰人、英国人、法国人等殖民者相继来到马拉巴尔地区，莫普拉人受到了严峻的挑战，社会和经济地位都发生了剧烈的变化，大多数人沦为印度教地主控制下的佃农。18~19 世纪中叶，随着英国殖民统治的确立，为拉拢占人口多数的印度教徒，统治者将印度教地主的特权合法化。英国的特殊保护使印度教地主更加肆无忌惮，他们兼并莫普拉人的土地，并向后者索取严苛的地租，农民怨声载道，爆发了多次起义。③ 据记载，1836~1900 年，莫普拉人共发动起义 33 次，对英国的殖民统治造成一定打击。④ 莫普拉人持续的反抗引起了英

---

① 位于印度西南部的喀拉拉邦（Kerala），因邻近马拉巴尔海岸而得名。

② D. N. Dhanagare, "Agrarian Conflict, Religion and Politics: The Moplah Rebellions in Malabar in the Nineteenth and Early Twentieth Centuries," *Past & Present*, No. 74, 1977, p. 131.

③ Kathleen Gough, "Peasant Resistance and Revolt in South India," *Pacific Affairs*, Vol. 41, No. 4, 1969, p. 526.

④ Stephen F. Dale, "The Mappilla Outbreaks: Ideology and Social Conflict in Nineteenth-Century Kerala," *The Journal of Asian Studies*, Vol. 35, No. 1, 1975, p. 85.

国政府的注意，19 世纪中叶以后英国政府多次派人调查。[①] 调查结果表明土地分配不均是造成农民起义的主要原因。但殖民政府考虑到土地改革的风险，怕引起地主阶层的不满，便将该问题束之高阁。19 世纪中后期，莫普拉穆斯林开始接触泛伊斯兰主义。1912 年，莫普拉穆斯林在当地清真寺为奥斯曼帝国和哈里发进行了为期 40 天的祷告。1920 年 4 月 28~29 日，穆斯林在马拉巴尔门杰里（Manjeri）召开会议，1300 多名莫普拉人参与其中。[②] 经商讨，他们请求英国在对待奥斯曼哈里发的立场上考虑印度穆斯林的宗教感情。如果英国政府拒绝该请求，他们将发动抵制政府的运动。殖民政府对此不予理睬，但莫普拉人却得到了国大党的支持。之后，他们在国大党的引导下与印度教徒合作，共同反对英国的殖民统治。这次会议标志着莫普拉人的哈里发运动正式拉开帷幕。

门杰里会议后，哈里发委员会在马拉巴尔地区相继建立分支机构。作为印度哈里发运动领导人之一的阿扎德发布号召穆斯林参与哈里发运动的法特瓦，莫普拉穆斯林深受其感召。他们举行了诸如放弃政府和军队职务以及拒绝纳税等非暴力活动，支持哈里发运动。为吸引更多的群众参与，莫普拉穆斯林领导者将大众最为关心的土地问题提了出来，要求获得永久的土地耕种权。该诉求引起了地主的慌乱，他们认为土地改革即将发生，急于收回租给农民的土地，导致土地问题愈加尖锐。1921 年 2 月 15 日，喀拉拉邦的哈里发运动领袖雅库布·哈桑（Yaqub Hassan）来到莫普拉人聚集区演讲。然而，令人始料未及的是，雅库布·哈桑在返回的途中遭到警察逮捕，被处以 6 个月监禁。该事件引发了马拉巴尔各地穆斯林的游行示威活动，他们还与警察发生了冲突。[③] 该事件激起了莫普拉穆斯林的斗志，成为莫普拉起义的萌芽。

6 月 8 日，在莫普拉穆斯林中享有较高声望的乌理玛阿里·穆萨莱尔（Ali Musaliar）组织了 300~400 人的志愿者。他们在凯兹克卡帕勒清真寺（Kizhikkapalle Mosque）做完拉姆丹月的礼拜后，到一位殉道者的陵墓前进行

---

① Robert L. Hardgrave, "The Mappilla Rebellion, 1921: Peasant Revolt in Malabar," *Modern Asian Studies*, Vol. 11, No. 1, 1977, p. 65.

② Conrad Wood, *Moplah Rebellion and Its Genesis*, New Delhi: Peoples Publishing House, 1987, p. 34.

③ Robert L. Hardgrave, "The Mappilla Rebellion, 1921: Peasant Revolt in Malabar," *Modern Asian Studies*, Vol. 11, No. 1, 1977, p. 69.

祈祷。① 这次集体活动成为莫普拉起义爆发的一个重要预兆。7 月底，马拉巴尔的布克图尔（Pukkottur）村庄发生了印度教地主与莫普拉穆斯林的冲突。随着冲突的升温，马拉巴尔地区的局势越发紧张。8 月 19 日凌晨，马拉巴尔警察对提鲁兰加迪（Tirurangadi）展开搜捕。在此过程中，他们进入当地清真寺。之后，又来到了当地哈里发委员会办公室，将哈里发运动的旗帜随意扔在地上践踏。莫普拉穆斯林试图阻拦，被警察粗暴地挡回去，局势一片混乱。② 该事件很快传遍了马拉巴尔地区，4000 多名莫普拉人从各地农村赶来，他们与警察发生激烈冲突，并切断临近乡镇火车站和政府大楼的部分电路，局面开始失控。8 月 20 日，大规模起义正式爆发。阿里·穆萨莱尔等起义领导者号称"哈里发皇帝"（Khilafat Kings），与殖民者和地主展开了殊死搏斗。③ 他们带领莫普拉人烧毁了当地的警察局和法庭，并很快占领了大约 220 个村庄，杀死了 500~600 名地主（主要是印度教地主，也包括一些穆斯林地主）和英国殖民者。④ 起义中有部分印度教平民与莫普拉人发生了冲突。受此影响，马拉巴尔各地的印度教徒纷纷四散逃难。8 月 25 日，英国政府派军队进行残酷镇压。莫普拉人装备落后，根本不是英国军队的对手，起义受到重创。8 月 30 日，阿里·穆萨莱尔被捕，并被执行了绞刑。⑤ 阿里·穆萨莱尔的牺牲引发了新一轮的起义。1922 年 2 月 25 日，为期 6 个月的莫普拉起义最终在殖民政府和敌对势力的联合绞杀下失败。

莫普拉起义在哈里发运动中扮演着重要的角色，是印度 20 世纪初规模最大、最惨烈的穆斯林反殖民起义。据英国统计，大约有 3.9 万名莫普拉穆斯林参与了起义，其中 3989 人死亡⑥，1652 人受伤，5955 人被逮捕（大部分被执行枪决或绞刑），还有一部分遭受严刑拷打。相比之下，英国政府的损失极

---

① K. N. Panikar, *Against Lord and State: Religion and Peasant Uprisings in Mafabar* 1836-1921, Delhi: Oxford University Press, 1989, p. 232.

② Prakash Karat, "Review: Mappila Peasant Revolts," *Social Scientist*, Vol. 18, No. 2, 1990, p. 96.

③ D. N. Dhanagare, "Agrarian Conflict, Religion and Politics: The Moplah Rebellions in Malabar in the Nineteenth and Early Twentieth Centuries," *Past & Present*, No. 74, 1977, p. 138.

④ Kathleen Gough, "Peasant Resistance and Revolt in South India," *Pacific Affairs*, Vol. 41, No. 4, 1969, p. 531.

⑤ Robert L. Hardgrave, "The Mappilla Rebellion, 1921: Peasant Revolt in Malabar," *Modern Asian Studies*, Vol. 11, No. 1, 1977, p. 87.

⑥ 这只是保守估计，还有一种说法是 1 万多名莫普拉人死亡。

少，只有 43 人死亡（其中包括 5 名英国军官），126 人受伤。[①] 面对这些数字折射出的残酷事实，英国政府并没有进行反思，而是将莫普拉起义的起因完全归结为哈里发运动和非暴力不合作运动的诱导。部分印度教徒则将莫普拉起义指责为暴动和宗教狂热，认为该起义是对印度教徒土地和财产的威胁，要求当局将莫普拉穆斯林驱逐出马拉巴尔地区。

然而，这次起义并不仅仅是土地和经济因素引发的。在马拉巴尔地区，印度教平民同莫普拉穆斯林一样，遭受着殖民者和地主的严酷剥削，但他们并未像莫普拉人那样进行反抗。其主要原因在于印度教徒对自身的文化有强烈认同感，他们将印度教地主看作自己的依靠和保护人，而莫普拉人则恰好相反。此外，印度教的种姓制度也在其中起了重要的作用。该制度将印度教徒划分为不同的等级，低种姓者对生活缺乏动力，逆来顺受，他们对高种姓者的权利之争和政治参与漠不关心。莫普拉穆斯林则不同，他们团结一致，渴望被公平对待。历史上，土地问题和文化认同缺失引发的反抗传统一直伴随着莫普拉人的生活，但这些反抗活动的参与者和规模都非常有限。一战后，莫普拉人面临着不同于以往的社会环境，印度穆斯林领导的哈里发运动为他们提供了新的思路和组织，使他们拥有了奥斯曼哈里发这面旗帜，增加了反抗的合法性。[②] 莫普拉穆斯林在哈里发运动中，统一听从乌理玛的指导，将保卫奥斯曼哈里发的宗教感情和改变自身处境的现实需求相结合，参与反殖民运动。由于其政治、经济和宗教等方面矛盾的长期积累，印度民族解放运动的背景，地区煽动性的新闻报道以及警察的粗暴态度，大规模起义最终爆发。

如果说莫普拉起义代表了农村地区穆斯林的哈里发运动，那么印度信德省的哈里发运动则代表了城市穆斯林的参与情况。信德省穆斯林在哈里发运动中扮演了重要的角色，他们为该运动做出巨大贡献，促使哈里发运动在较短的时间内发展为规模性的群众运动。1919 年 10 月，信德省哈里发委员会召开会议。在这次会议上，大量苏菲派辟尔[③]宣布加入哈里发委员会。他们的追随者众多，使哈里发委员会很快就赢得了穆斯林的支持，推动了运动的进

---

① K. N. Panikar, *Against Lord and State: Religion and Peasant Uprisings in Mafabar 1836–1921*, Delhi: Oxford University Press, 1989, p.254.

② Stephen F. Dale, "The Mappilla Outbreaks: Ideology and Social Conflict in Nineteenth-Century Kerala," *The Journal of Asian Studies*, Vol.35, No.1, 1975, p.97.

③ 苏菲派中有声望者。

程。1920 年 2~4 月，印度教徒领导层在信德省召开了多次会议，部分领导人表示，西方对印度穆斯林代表团的冷淡态度表明了他们根本不打算履行诺言，呼吁穆斯林团结印度教徒发起非暴力不合作运动。

阿卜杜拉·哈伦（Abdullah Haroon）是信德省哈里发运动的主要领导者，他热衷于卡拉奇[①]的社会福利活动，在信德地区穆斯林中享有良好的声誉。在他的努力下，信德地区实现了真正的群众运动。他向穆斯林开放自己的家，将此作为哈里发委员会的办公地点。在他的慷慨捐助下，1920 年，信德地区穆斯林创办了著名的《艾瓦希德》（Al-Waheed）。该报刊最终成为信德地区关于哈里发运动进展的权威读物，得到了印度教徒和穆斯林的共同信任。英国试图取缔该报刊，但并未达到目的。[②] 此外，他和阿里兄弟志趣相投，结下了深厚的友谊。在阿里兄弟被关押期间，他们的家人得到了哈伦的悉心照料。信德省卡拉奇和苏库尔[③]两地的麦蒙人（Memon）在哈里发运动中热情高涨，他们大多从事商业，生活富裕，成为信德地区哈里发运动最为活跃的因素。[④]在哈伦的号召下，麦蒙人为哈里发运动筹集了大约 90 万卢比的资金，对于哈里发运动的发展大有裨益。尤其值得注意的是，麦蒙人穆斯林妇女积极参与了运动。她们为运动集资，有的人甚至将自己仅有的首饰也捐了出去。其中，哈伦的妻子和阿里兄弟的母亲表现尤为积极，她们穿上印度土布，在卡拉奇创建了专门的妇女社会福利项目，致力于信德地区妇女的教育问题。麦蒙人的慷慨捐赠使该地区的哈里发运动没有出现其他地区所面临的资金不足问题。

1921 年 7 月，穆罕默德·阿里在卡拉奇全印哈里发大会上发表演讲，提出穆斯林为英印军队服役违背宗教义务，号召穆斯林退出政府军队。穆罕默德·阿里的演讲活动引起了殖民当局的注意。9 月 14 日，阿里兄弟被捕。他们在卡拉奇接受审讯时无所畏惧，义正词严地指责英国的殖民统治伤害了穆斯林的宗教情感，穆斯林退出殖民军队是正当的权利。11 月 17 日，英国王储

---

① 巴基斯坦信德省首府。
② Ismail Moosa, "Role of Memon Community during the Caliphate Movement," *British Journal of Humanities and Social Sciences*, Vol. 11, No. 1, 2014, pp. 4-5.
③ 信德省南部的一个城市。
④ Nasreen Afzal, "Khilafat Movement and the Province of Sindh," *International Journal of Humanities and Social Science*, Vol. 1, No. 1, 2010, p. 59.

威尔士亲王访问印度的消息传来。穆斯林和印度教徒抓住这次难得的机遇，举行大规模罢市，和平抵制活动随处可见。威尔士亲王到达孟买后，抵制者与少数欢迎者发生冲突，拒绝罢市正常营业的商店受到袭击。殖民当局立即出动警察镇压，警察向抵制者开枪射击，导致 3 天内 59 人丧生的惨剧。然而，镇压活动并没有迫使印度人民放弃斗争。就在镇压发生的第二天，穆斯林和印度教徒聚集在德里的清真寺召开会议，他们决定一如既往地举行反殖民运动，并喊出了"穆斯林和印度教徒是兄弟"的口号。

这次抵制运动使英印政府震怒，大逮捕全面开始。包括尼赫鲁在内的许多社会活动家被捕入狱，哈里发委员会在镇压中受到重创。但是，令殖民当局始料未及的是，穆斯林群众积极响应甘地号召，掀起"入狱运动"，争先恐后地要求进入监狱，导致监狱中人满为患，政府无计可施。在这种情况下，英印政府开始大规模杀害国大党和哈里发委员会的志愿者，并关闭多家报刊，严重威胁到哈里发运动的发展。

（四）哈里发运动的衰落（1922~1924）

曹里曹拉村事件（Chauri Chaura）的发生标志着哈里发运动开始走向衰落。由于许多非暴力不合作运动的领导人被抓，抵制运动受到严重影响。1922 年 2 月 1 日，甘地向殖民当局发出最后通牒，要求政府在一周内释放"政治犯"，否则将发动全面的非暴力不合作运动。然而，就在运动一触即发之际，曹里曹拉村事件扭转了整个局势。2 月 4 日，约 2000 名民众在北方邦戈勒克布尔地区的曹里曹拉村举行游行示威活动时遭到警察袭击，多人伤亡。次日，愤怒的民众包围了警所并放火焚烧，22 名警察被当场烧死。[1] 这次恶性事件令甘地十分痛心，他认为人们背离了最初的纲领，如果任由事态发展，非暴力不合作运动将转变为暴力革命，许多无辜的印度人将为此付出惨重的代价。3 天后，他决定停止非暴力不合作运动，同时宣布撤销对穆斯林哈里发运动的支持。2 月 11 日，国大党工作委员会紧急会议在巴多利召开，会议通过决议，宣布中止非暴力不合作运动。中止运动的消息传来后，哈里发委员会公开指责甘地为叛徒，认为巴多利决议是投降书，穆斯林的利益被国大党出卖了。因为按照甘地非暴力不合作运动的要求，99% 的穆斯林官员在哈

---

[1] 林承节：《殖民统治时期的印度史》，北京大学出版社，2004，第 313 页。

里发运动中辞去了职务，同时穆斯林占被捕人数的 90%，损失惨重。[①]

非暴力不合作运动被中止后，哈里发委员会决定继续推动哈里发运动，但是国大党的离去使他们变得孤立被动，抵制运动很难继续开展。随着非暴力不合作运动的退潮，英印政府乘机再次发动镇压活动。3 月 13 日，甘地被捕入狱。失去了甘地苦苦维系的印穆团结，加上莫普拉起义后穆斯林对印度教徒产生的不信任，使得两者的联盟土崩瓦解，再次陷入了大规模的仇杀。

在此情况下，凯末尔政府宣布废除哈里发制度的消息给了哈里发运动最后一击。1923 年 10 月 29 日，土耳其共和国成立，凯末尔当选为总统。11月，土耳其召开国民议会，在安卡拉废除了协约国控制下的苏丹穆罕默德六世（Muhammad Ⅵ）的哈里发称号，扶植阿卜杜勒·马吉德（Abdul Majeed）为哈里发。新任哈里发只保留宗教义上的称号，没有任何政治权力，实际上就是一个傀儡。印度哈里发委员会领导者得到这个消息后悲喜交加。凯末尔政府的政策虽然与印度哈里发运动的要求相悖，但他却仍然宣称自己是伊斯兰世界精神领袖的保护者，并宣布继续效忠哈里发，一切以哈里发和土耳其民族的利益为重。凯末尔政府此举是在考虑社会发展进度的情况下做出的，因为当时土耳其社会中的大多数依然对奥斯曼帝国及其哈里发保持认同，土耳其还不是独立的民族国家。印度穆斯林哈里发委员会被迫承认了新任哈里发的地位。安萨里为安抚印度穆斯林，解释说，凯末尔政府并未取缔哈里发的精神领袖地位，而是将哈里发的地位进一步合法化。为了表达对凯末尔的敬仰之情，他甚至将其称为"伊斯兰之剑"（The Sward of Islam）。

随着政治形势的稳定，1924 年 3 月 1 日，凯末尔领导的土耳其国民议会通过决议，宣布废黜哈里发，并将其家族逐出土耳其。在伊斯兰世界延续了1300 多年的哈里发制度遂告终结。这个消息使印度穆斯林十分震惊，更让他们难以接受的是，奥斯曼哈里发居然最终被自己所在的阵营所葬送。他们感到十分迷茫，只能在周五聚礼时默念哈里发的名字。面对这一突然的变故，哈里发运动领导层产生了严重的分歧，穆罕默德·阿里倡导重建哈里发制度；但另外一些领导人，比如阿扎德等人则建议印度穆斯林最好不要再去干涉土

---

① 林太：《印度通史》，上海社会科学院出版社，2007，第 300 页。

耳其的国事，而应该将精力放在国内。①领导人的政见分歧最终导致哈里发委员会发生分裂，摧毁了哈里发运动的组织，哈里发运动就这样逐渐落下了帷幕。

1924 年 3 月 19 日，哈里发委员会召开全体会议，其领导人在巨大的悲痛中宣布了终止哈里发运动的决定。印度穆斯林为哈里发运动付出了沉重的精神和物质甚至生命的代价，但哈里发制度的废除使他们亲眼看着自己所有的努力付诸东流，这对他们的打击可想而知。据统计，哈里发运动期间，大约有 20 万名穆斯林被捕入狱，直接资金损失大约 5000 万卢比，间接损失达 2 亿卢比。②

三　印度哈里发运动的失败原因及影响

哈里发运动在印度民族运动史上影响深远，促进了印度独立运动的发展。但是，该运动没能保住奥斯曼哈里发的地位，更没有完成反殖民运动的目标。可见这次运动并没有取得现实意义上的成功。

（一）哈里发运动失败的原因

首先，穆斯林和印度教徒在历史上的矛盾根深蒂固，是哈里发运动失败的主要原因之一。印度教和伊斯兰教之间存在着明显区别，教徒间难以形成强烈的认同感。历史上，穆斯林从公元 8 世纪前后进入印度，到 19 世纪中叶莫卧儿帝国灭亡，长期占据着印度的统治权。印度教徒虽为社会主体，但政治地位相对较低，不满情绪较为普遍。英国在印度建立殖民统治以后，将占社会多数的印度教徒看作巩固政权的有力保障。为获得印度教徒的支持，英国对其实行政治和经济政策上的扶植，通过诸如包税制、固定赋额法以及回收免税土地等措施，将原本属于穆斯林的财富逐渐转移到印度教徒的手中。英国政府的政策导致了基于免税和捐赠之上的印度穆斯林教育的衰败。失去

① Nasreen Afzal, "Khilafat Movement and the Province of Sindh," *International Journal of Humanities and Social Science*, Vol. 1, No. 1, 2010, p. 67.
② Ismail Moosa, "Role of Memon Community during the Caliphate Movement," *British Journal of Humanities and Social Sciences*, Vol. 11, No. 1, 2014, pp. 4–5.

教育机会的穆斯林在社会竞争中完全赶不上印度教徒，竞争力的缺失也意味着政治和经济的落后。这种模式导致他们的发展逐渐陷入了一种恶性循环。

《勒克瑙协定》的签订虽然得到了印度社会的良好评价，促进了双方关系发展，为哈里发运动的兴起奠定了基础，但是并不是所有的穆斯林和印度教徒都欢迎这个协定。在全印穆斯林联盟中，有不少人对他们与国大党的合作持怀疑态度，尤其是一些穆斯林上层保守派对两者的合作毫无好感。印度教徒中，也有相当一部分人反对国大党在穆斯林单独设立选区问题上的妥协，认为国大党是在故意讨好穆斯林，忽略了印度教徒的利益。可以看出，印穆合作在起初就存在着诸多的矛盾，只不过这些矛盾被哈里发运动和非暴力不合作运动的势头所掩盖。然而，一旦两者的关系出现嫌隙，这些矛盾就开始显现。

随着印度教民族主义的发展，一些宗教民族主义者认为，要想建立强大的印度，就必须唤起印度教徒对往昔辉煌历史的回忆，形成以印度教为文化核心的民族。但是，印度教徒的这一呼声无疑将穆斯林群体排除在实现国家富强的力量之外，穆斯林对此颇为不满。受印度教民族主义的影响，1920 年以后国大党的政策出现了明显变动，确立了以印度教徒为主体的政治发展基调，对少数派的政治要求视而不见。[①] 尤其值得注意的是，1921 年爆发的莫普拉起义中，印度教徒的怀疑和国大党的抛弃致使穆斯林知识分子产生被背叛的感觉，对两者的关系产生较大冲击。

甘地的目的在于建立对印度教徒和穆斯林不加区分的共同体，但印度穆斯林领导层却不这样认为。他们在和印度教徒的联合中始终保持警惕，担心一旦两者合力将印度从英国的统治下解放出来，印度教徒就会以人数优势取得国家的统治权，而穆斯林将会被社会遗忘。1922 年曹里曹拉村事件之后，印度穆斯林对甘地仓促结束运动的做法十分不满，加入国大党的穆斯林相继退党。阿里兄弟与甘地的关系一度恶化，也于 1924 年离开国大党。[②] 印度教徒则认为甘地偏袒穆斯林，曹里曹拉村事件的制造者大多是穆斯林，印度教徒不应为此承担责任。自此，两教间的基本信任不复存在。另外，印度教徒和穆斯林对哈里发运动的立场各异。站在穆斯林的立场上看，哈里发运动名义

---

① 陈明华：《印度国大党对穆斯林的政策与穆斯林分离意识的确立》，《南亚研究季刊》1988 年第 3 期，第 64~65 页。

② Gail Minault, *The Khilafat Movement: Religious Symbolism and Political Mobilization in India*, Missouri: Columbia University Press, 1982, p. 184.

上是一次宗教运动，但实质上是为了给穆斯林谋福利。但是，对于印度教徒而言，该运动是印度反殖民运动的一部分，他们同样为此付出了巨大的努力。因此，他们认为，穆斯林提出的政治要求对于独立印度的建立没有益处。印度教徒和穆斯林对哈里发运动所持的不同看法最终导致了联盟的失败。

其次，印度穆斯林的孤立无援和内部分裂也是造成哈里发运动失败的主要原因之一。哈里发运动的领导者之所以选择将宗教特征明显的奥斯曼哈里发作为反殖民运动的旗帜，是因为宗教能够最大限度吸引群众参与。但伊斯兰色彩浓厚的哈里发对印度教徒毫无吸引力，间接造成两者的不信任乃至分裂。对于穆斯林而言，合作的破裂意味着哈里发运动失去了社会上大多数人的支持，维系运动的强大动力突然间化为幻影，哈里发运动就此成为印度两大群体不可复制的历史。在哈里发运动中，印度穆斯林既没有得到其他地区穆斯林的支持，也没能实现内部的团结协作。一战后，伊斯兰世界的局势发生巨大变化。在奥斯曼帝国面临殖民瓜分之际，阿拉伯民族主义趁势兴起，使原本四分五裂的伊斯兰世界变得更加动荡。哈里发运动发生后，阿拉伯人认为这是奥斯曼帝国统治者的阴谋，目的在于阻止他们独立。因此，他们对哈里发运动保持警惕，不愿意支持印度穆斯林。[1]

另外，由于阶层和教派利益的不同，印度穆斯林内部矛盾重重，难以达到真正意义上的团结一致。穆斯林传统主义者视奥斯曼哈里发为伊斯兰统一的象征，因此支持哈里发运动。但是，穆斯林亲西方派大多主张与英国政府进行合作，反对哈里发运动。英国殖民政府不愿看到国大党和穆斯林的联合，竭力扶植穆斯林内部亲英势力，阻碍两者的合作。20 世纪初，全印穆斯林联盟与国大党的接触，使阿扎德等人遭到亲英派的冷嘲热讽。他们称，国大党和全印穆斯林联盟提出的印度自治要求无异于"摘未熟的苹果"。[2] 此后，印度穆斯林内部的分歧一直延续到哈里发运动时期。在哈里发运动陷入衰落之际，他们之间的争斗变得更为明显。

在哈里发运动期间，还出现了地方组织各自为政的问题。对于中央哈里发委员会的决议，并不是所有的地方组织都能领会其含义。部分地方穆斯林领导者未能严格执行委员会提出的非暴力不合作运动要求，致使他们陷入了

---

[1] Sankar Ghose, *Mahatma Gandhi*, Allied Publishers, 1991, p. 126.
[2] 林承节：《殖民统治时期的印度史》，北京大学出版社，2004，第 249 页。

暴力的泥潭。群众的愤怒一旦被点燃就很难得到控制，哈里发委员会花费了大量的时间和人力来纠正暴乱群众的行为。但是，由于哈里发委员会的力量有限，未能对地方组织进行有效的指导，暴力事件愈演愈烈，违背了哈里发运动的非暴力初衷。此外，志愿者服务组织也引发了一系列突发事件，他们时常骚扰外国人的商铺甚至发展到了抢劫的地步，还经常与警察发生激烈的冲突，在小范围内将哈里发运动引向暴力，造成了不必要的生命财产损失。一些别有居心的人利用哈里发志愿者的称号到处作恶，对哈里发运动的声誉产生了极为不利的影响。①

1921 年，阿里兄弟遭遇"道歉风波"冲击，招致民众对哈里发运动领导人产生信任危机，给内部的合作造成了不良影响。印度穆斯林迁徙运动②期间，穆罕默德·阿里在一次哈里发会议上表示，如有可能，印度穆斯林欢迎阿富汗军队进入印度，赶走英国统治者。穆罕默德·阿里的言论引起了国大党和印度教徒的恐慌。他们认为穆罕默德·阿里作为哈里发运动的领导人之一，他的言论代表着全体穆斯林的看法。该言论已经突破了非暴力不合作运动的底线，阿富汗军队一旦进入印度将给印度教徒带来巨大伤害。甘地认为穆罕默德·阿里的真实意图在于激励穆斯林反对殖民统治，不存在伤害印度教徒的想法。但为使阿里兄弟的政治声誉不受影响，他希望阿里兄弟能出面向印度教徒致歉。阿里兄弟接受了甘地的建议，随后向印度教徒道歉，并向他们保证穆斯林不会出卖印度的利益，他们的道歉得到了印度教徒的欢迎。但不幸的是，印度穆斯林对此大加谴责，认为阿里兄弟的做法涉嫌向殖民政府妥协，损害了穆斯林的尊严。这次"道歉风波"致使阿里兄弟的支持率急剧下降，哈里发运动组织内部出现了权力之争。

就在哈里发运动陷入内部纷争之际，相关人员挪用公款问题再次将哈里发委员会推向舆论的浪尖。在穆斯林组织运动的过程中，资金问题赫然凸显。

① Gail Minault, *The Khilafat Movement*: *Religious Symbolism and Political Mobilization in India*, Missouri: Columbia University Press, 1982, p. 144.

② "迁徙"一词源于伊斯兰历史上具有重要转折意义的"希吉拉"（Higra，迁徙）。伊斯兰教创教伊始，穆斯林遭到麦加贵族的残酷迫害。为了摆脱迫害，公元 622 年，穆圣率领其追随者从麦加迁到麦地那，这就是"希吉拉"。这一年被定为伊斯兰教历元年，开启了伊斯兰历史的新纪元。穆圣在麦地那创建了伊斯兰历史上首个政教合一的政权——乌玛，并在伊斯兰力量发展壮大之后返回麦加，征服麦加贵族，进而统一阿拉伯半岛，为辉煌的伊斯兰时代的到来做了铺垫。1920年印度穆斯林迁徙运动就是对"希吉拉"的效仿，该运动发生在一战后印度民族解放运动的背景下，深受哈里发运动的影响，是印度穆斯林反殖民斗争和阿富汗对英外交策略双重作用的产物。

截至 1920 年，哈里发委员会尚未建立起任何有关资金流向的监管系统。1922
年 6 月，在哈里发委员会的动员下，哈里发基金得以设立，基金的一部分用
于委员会的日常花销。该基金在哈里发运动初期运作良好，但随着委员会内
部纷争的出现，哈里发基金出现了严重的资金流向不明问题。对此，穆斯林
要求基金管理人员做出解释，但他们的说辞并不能令人信服。之后，哈里发
委员会陷入了财政丑闻当中。相关人员在调查中发现，自 1920 年开始，哈里
发委员会的宣传花费共计 14.7 万卢比。其中，有接近 5 万卢比的资金缺乏明
细记录，另外 3 万多卢比的支出明细上简单地写着"账目不明"或者"支付
给了一个绅士"之类的简短模糊话语。① 其中，邵克特·阿里的报账清单就
十分可疑，他的花费包括：洗衣费、理发费、药品费、电报费、报纸补贴费、
奖金、小费、杂志费、大量的租车费用以及旅行途中不计其数的陌生人的开
销。另外，哈里发基金的管理者艾哈迈德·晁坦尼（Ahmad Chotani）将 160
万卢比的捐助资金挪用于个人的家族生意。

大量的资金流向不明和挪用问题使得哈里发委员会遭遇了巨大的舆论压
力，其领导者备受穆斯林政治家和大众的批评，给哈里发运动带来致命一击。
无论是穆斯林还是印度教徒都对哈里发委员会感到失望，不愿意再为其提供
资助。资金支援的缺失使大量哈里发志愿者难以维持生计。他们无奈地退出
了非暴力不合作运动的队伍，哈里发运动的前景变得十分暗淡。之后，委员
会领导层发生分裂。以阿扎德、安萨里医生和哈基姆·阿杰马勒·汗为首的
一派依旧支持甘地，希望印度早日摆脱殖民统治，建立印度教徒和穆斯林和
平共处的国家；以阿里兄弟为代表的一派则赞同真纳提出的两个民族理论和
巴基斯坦独立计划，他们加入真纳领导的全印穆斯林联盟，致力于建立穆斯
林自己的国家。领导人的政治分歧直接导致了哈里发委员会的分裂，印度穆
斯林在孤立无援的情况下，又丧失了统一的领导，哈里发运动逐渐走向失败。

最后，凯末尔世俗化改革和泛伊斯兰主义的失败是哈里发运动失败的另
一个诱因。"泛伊斯兰主义的创始人阿富汗尼主张全世界穆斯林不分民族，拥
戴一位共同的哈里发，在伊斯兰教法的基础上建立起一个超国家、超民族、

---

① Gail Minault, *The Khilafat Movement：Religious Symbolism and Political Mobilization in India*, Missouri：
Columbia University Press, 1982, pp. 141-142.

超地域的伊斯兰大帝国。"① 1892 年，奥斯曼哈里发阿卜杜勒·哈米德二世
（1876～1909 年在位）邀请阿富汗尼到伊斯坦布尔协助宣传泛伊斯兰主义。
在哈米德二世的支持下，阿富汗尼积极呼吁伊斯兰世界团结起来，共同反抗
西方殖民侵略，保卫和拥护奥斯曼哈里发；他还要求进行伊斯兰宗教改革，
学习西方的科学和技术，以改变伊斯兰国家的落后状态。但是，这种思想缺
乏现实的土壤。结合当时的历史趋向，哈里发运动有其自身的局限性。

泛伊斯兰主义过于强调宗教的共性，从而掩盖了不同种族、教派以及政
治团体间穆斯林的分歧。此外，泛伊斯兰主义将希望寄托在哈米德二世一类
的统治者身上，而这些统治者的真实目的在于激发穆斯林反抗西方入侵，保
障其统治权力。他们对于泛伊斯兰主义者所倡导的革新思想并不感兴趣。尤
其值得注意的是，以英国为代表的西方殖民主义者不会允许一个统一的伊斯
兰世界的出现。他们鼓吹"哈里发阿拉伯化"的主张，拉拢阿拉伯人倒向西
方，反对奥斯曼帝国，分裂伊斯兰世界。印度穆斯林将泛伊斯兰主义作为反
殖民运动的指导思想，从一开始就种下了失败的种子。

1922 年 12 月，凯末尔政府实行政教分离政策，新上任的哈里发没有任何
政治权利。鉴于国内支持哈里发的声音较大，凯末尔政府一再强调对哈里发
的忠诚。但是，凯末尔政府保卫哈里发的外衣下掩藏着建立现代民族国家的
本质，这一点是印度穆斯林无法改变的现实。最终，凯末尔世俗化改革给泛
伊斯兰主义沉重一击，撕裂了维系哈里发运动的纽带。世俗化改革未启动之
前，印度穆斯林普遍将凯末尔视为伟大的领导者，赞赏其对土耳其民族的贡
献，并将振兴伊斯兰的重任寄托在他的身上，将他誉为"伊斯兰之剑"。② 然
而，正是这把"利剑"在 1924 年砍断了哈里发运动的旗帜，使这一时期的泛
伊斯兰主义失去前进的方向，哈里发运动也随之失败。

除上述原因外，英国殖民者的挑拨离间也是哈里发运动失败的因素之一。
由于印度两大群体之间在历史认知、价值观和现实利益中的分歧，他们之间
冲突不断。英国趁机离间穆斯林与印度教徒之间的关系，利用两者的固有矛
盾，分化非暴力不合作运动的阵营，最终导致联盟失败，哈里发运动陷入绝境。

① 金宜久主编《伊斯兰教》，中国社会科学出版社，2009，第 285～286 页。
② 林太：《印度通史》，上海社会科学院出版社，2007，第 302 页。

（二）哈里发运动的影响

首先，哈里发运动对印度独立运动产生了积极影响。该运动第一次践行了甘地的不合作策略，为印度人民采用非暴力不合作的反殖民路线开了先河。印度穆斯林在哈里发运动中摈弃前嫌，接受甘地的调解，与印度教徒联合，此举对印度民族解放运动意义重大，促进了印度的独立。在哈里发运动中，人民群众对殖民当局的恐惧心理逐渐消除，就像尼赫鲁所描述的那样，"他派我们到农村去，农村地方就有了无数传布新的行动真理的人在生气勃勃地活动着。农民被摇撼醒了，并且开始从他的静寂无为的蜗壳中挣脱出来了"[1]，这为以后大规模的反殖民运动提供了基础。印度获得独立后，哈里发运动的领导人，比如阿扎德、安萨里医生和哈基姆·阿杰马勒·汗等人深受民众爱戴，为印度穆斯林的国家认同提供了一定的基础。

另外，受哈里发运动的启发，印度涌现出一大批歌颂奥斯曼哈里发和穆斯林的优秀乌尔都语诗歌作品。它们对于了解这段时期印度穆斯林的历史和文学以及泛伊斯兰主义的发展和衰落很有价值。乌尔都语诗歌在印度穆斯林文化中扮演着十分重要的角色。无论是在重大的宗教节日上还是在日常的故事讲述中，印度穆斯林都喜欢通过吟唱乌尔都语诗歌的方式表达情感。乌尔都语诗歌创作受波斯苏菲派的影响巨大，曾在莫卧儿帝国时代达到鼎盛，之后一度衰落，但还是得到了延续，在哈里发运动时期又出现了复兴。在这一时期，乌尔都语诗歌吟唱成为大众集会的一部分。这种古老的语言和它所传达出来的伊斯兰文化传统最能触动穆斯林内心深处的宗教情感，激励他们为哈里发和印度的自由而战，并将穆斯林精英和普通民众紧密地联系在一起。哈里发运动领导者穆罕默德·阿里对乌尔都语诗歌十分重视，他以朱哈尔（Jauhar）为笔名创作了大量的诗歌作品。他的作品大多创作于因禁期间，受所处环境影响，其诗歌中频频出现"笼中鸟"的意象。他将封闭的监牢比作笼子，将深陷牢狱的自己比喻为渴望自由的飞鸟。[2]

其次，哈里发运动唤醒了穆斯林的自我意识，催生了印度穆斯林民族主

---

[1] 〔印度〕贾瓦哈拉尔·尼赫鲁：《印度的发现》，齐文译，世界知识出版社，1956，第 477 页。

[2] Gail Minault, "Urdu Political Poetry during the Khilafat Movement," *Modern Asian Studies*, Vol. 8, No. 4, 1974, pp. 460-466.

义。印度穆斯林在哈里发运动中接触到西方的先进理念，组织能力有所提高，涌现出一大批优秀人才。他们当中有相当一部分成为巴基斯坦独立运动的骨干力量，最有代表性的当数以阿里兄弟为领导的穆斯林群体。在哈里发运动时期，他们的思想发生了巨大转变，从一味地效忠英国到举起穆斯林民族主义的大旗。印度穆斯林民族主义的形成并不是一个简单的过程，它基于印度穆斯林对世界的逐渐认知和大量的改革尝试。19 世纪，穆斯林文化和教育改革取得了快速发展，迪奥班迪学派和其他一些学派均热衷于调动穆斯林大众在教育改革方面的积极性。随着教育改革运动的发展，穆斯林的自我意识逐渐觉醒，穆斯林政治团体数量也与日俱增。为了获取政治权利，印度穆斯林将哈里发作为构建伊斯兰认同的利器。对于传统的乌理玛而言，哈里发象征着沙里亚法在现代社会的延续，是实现宗教自由和穆斯林自治的必要条件，也是对抗西方社会体制的武器。对于穆斯林普通民众而言，哈里发就是伊斯兰教本身，基督教统治者正在奴役他们，使他们的传统和信仰受到威胁。因此，哈里发等一系列的宗教象征符号可以广泛地吸引穆斯林的支持。哈里发运动前期，他们在道路、清真寺以及巴扎周围举行政治活动。这种方式将接受过西式教育的政治家和传统的乌理玛会聚在一起，成为他们表达和沟通政见的便利平台。这些灵活的组织给之后的穆斯林民族主义运动提供了人力和经验，成为穆斯林认识自我的工具，促使民族主义意识进一步发酵。

随着土耳其民族主义革命的成功，印度穆斯林民族主义最终成长起来，但这个过程十分曲折。凯末尔政府废除哈里发制度使印度穆斯林十分愕然，他们请求土耳其政府不要废除哈里发制度，但凯末尔政府的回应极其简单，即新的共和国不需要哈里发。之后，他们又劝告凯末尔继承哈里发的称号，但仍然遭到土耳其政府的拒绝。此时，印度穆斯林才终于清醒过来，他们接受了现实，认识到民族主义对于建立伊斯兰国家的重要性。可以说，土耳其民族主义革命的成功在某种程度上促进了印度穆斯林民族主义的形成。但是，印度穆斯林的哈里发运动和土耳其的民族主义运动之间存在着很大的差别。哈里发运动深受泛伊斯兰主义的影响，而土耳其民族主义运动的主要目标在于建立独立的民族国家。但是，印度穆斯林在和土耳其民族主义者的合作中认识到民族主义已成大势所趋，他们必须做出改变，适应时代的发展需要。凯末尔政府的成功对于印度穆斯林而言是一个无与伦比的榜样，鼓励他们为了穆斯林的自由而战。

此后，印度穆斯林领导层号召建立穆斯林自己的国家，他们认为土耳其民族主义运动和他们的事业十分相似，借此拔高自己的政治动机。[①] 1924 年，印度著名穆斯林哲学家穆罕默德·伊克巴尔（Muhammad Iqbal）还在为凯末尔废除哈里发制度而惋惜。但是，到了 1930 年 12 月，他不仅不再为此哀叹，反而宣布支持凯末尔，并为他的改革辩护，宣称凯末尔的改革是一种自我更新的吉哈德。[②] 之后，他在阿拉哈巴德全印穆斯林联盟会议上阐述了"穆斯林民族"的概念，认为穆斯林民族是构建巴基斯坦国家的基础。伊克巴尔完成了思想上的全面蜕变，并将这种思想传播给他的穆斯林同胞。随着"穆斯林民族"思想的传播，印度穆斯林的政治参与热情被调动起来，为真纳领导的巴基斯坦运动奠定了基础。以阿里兄弟为领导的穆斯林群体选择加入全印穆斯林联盟支持真纳，在他们的积极活动下穆斯林建立了巴基斯坦，阿里兄弟等人成为开国元勋。

最后，哈里发运动对土耳其和阿富汗民族独立运动产生了积极的影响。印度穆斯林为挽救奥斯曼帝国这个伊斯兰世界仅存的大帝国做出了巨大的努力。为达到挽救哈里发的目的，他们很早就和土耳其民族主义者取得了联系，并尽力化解和印度教徒结下的仇恨，联合各方坚决抵制殖民政府的统治，给英国殖民统治制造了大量的障碍。印度穆斯林在哈里发运动中实行的游行、集会和拒绝与政府合作等方式，在一定程度上迫使英国在制定对奥斯曼帝国的政策时有所顾忌，甚至影响到英国在洛桑会议上的外交政策。[③] 1922 年 11 月 20 日，洛桑会议召开，以英国为首的协约国对奥斯曼帝国表现出的态度使哈里发运动领导者大为沮丧。在之后的哈里发会议中，印度穆斯林宣称，协约国的目的在于瓜分和肢解奥斯曼帝国，他们必须加快哈里发运动的步伐，迫使英国改变立场。该消息很快就传到了伦敦，印度总督提醒英国政府可以适当考虑印度穆斯林的诉求。此后，英国政府虽然没有完全满足印度穆斯林提出的要求，但做了一定的让步。然而，印度穆斯林认为英国并未满足他们

---

① I. H. Qureshi, *Ulema in Politics*, Karachi: Ma'aref Ltd. , 1974, p. 265.

② Ishtiaq Ahmad, *From Pan-Islamism to Muslim Nationalism: The Indian Muslim Response to the Turkish War of Liberation*, National Institute of Historical & Cultural Research, 2005, p. 14.

③ Ishtiaq Ahmad, *From Pan-Islamism to Muslim Nationalism: The Indian Muslim Response to the Turkish War of Liberation*, National Institute of Historical & Cultural Research, 2005, p. 2.

的要求，因此继续推动哈里发运动。在凯末尔政府废除哈里发制度之前，印度穆斯林始终没有放弃对奥斯曼帝国的援助。他们对土耳其民族主义者的精神和物质支援，不自觉地为现代土耳其民族国家的建立做出了贡献。另外，该运动还对阿富汗民族解放运动起到了促进作用。1920 年，印度穆斯林受国内毛拉和阿富汗政府的鼓动开展迁徙运动。该运动因阿富汗政府的背弃而失败，使印度穆斯林蒙受了巨大的损失。但迁徙运动保持了相对的非暴力性，它并未给印度社会带来大的骚乱，反而使阿富汗拥有了牵制英国的一张好牌，最终迫使英国签署了承认阿富汗独立的协议，使阿富汗实现了国家和民族的独立和解放。

结　语

一战后，伊斯兰世界的反殖民热情高涨，比如阿富汗的抗英斗争和埃及抗英运动等，这些都是民族主义的产物。就此而言，印度哈里发运动具有一战后伊斯兰世界民族主义运动的普遍特征。相对而言，其独特之处在于将民族主义的政治理念和泛伊斯兰主义的宗教理念相结合，诉诸非暴力不合作的斗争方式来反抗英国的殖民统治。由此可见，哈里发运动并不是完全意义上的民族主义运动，而是在民族主义运动基础上，以泛伊斯兰主义为指导，以非暴力不合作运动为手段的宗教政治运动。作为印度社会中的非主体民族和少数派，穆斯林有着巨大的不安全感。因此，他们更加迫切地希望得到外来统治者的眷顾。但是，英国对伊斯兰世界的态度以及背弃诺言的做法，使印度穆斯林丧失了对英国的政治认同。他们担心奥斯曼哈里发一旦被废除，穆斯林将在印度教徒占多数的国家中失去政治和宗教上的地位。也就是说，印度穆斯林的少数派心理，以及这种心理作用下的对不确定未来的担忧，造成他们对数量庞大的印度教徒以及强势的西方国家的集体敏感。在这种情绪的影响下，泛伊斯兰主义顺利融入印度民族解放运动中，并最终引发了哈里发运动。

印度穆斯林处在政治缺失的环境里，亟须寻找一个能和印度教徒共享政治权力、重现印度穆斯林辉煌的符号。在此背景下，奥斯曼哈里发充当了这样的角色。实际上，印度穆斯林发动哈里发运动并不是为了挽救一个垂死的、已经失去了实用价值的哈里发，而是为了印度穆斯林自身的利益。保卫奥斯曼哈里发的口号使泛伊斯兰主义成为抵制英国殖民统治的有力武器，也成为和强大的印度教徒竞争的保障。印度穆斯林政治家试图通过保卫奥斯曼哈里发唤起民众的支持，实现其在政治上的诉求。在哈里发运动中，奥斯曼哈里发的宗教含义不自觉地成为构建印度穆斯林认同的武器，加深了穆斯林群体的宗教情感，从而为穆斯林民族主义运动的形成奠定基础。因此，这场运动更多的是一个获取政治权利的手段，而不是一场虔诚的宗教运动。[①]

哈里发运动虽然并未获得一般意义上的成功，但它为印度穆斯林树立起一种团结的意识，增强了穆斯林对自身文化的认同。通过它，印度穆斯林将传统派和现代主义派团结在同一个平台上，为印度穆斯林民族主义的长远发展做出了决定性的贡献。印度穆斯林民族主义者在泛伊斯兰主义的包装下参与印度民族解放运动，并迅速融入了印度政坛。同时，土耳其民族主义者的成功对于印度穆斯林而言是一个令人振奋的消息，成为指引他们走上民族主义道路的灯塔。印度穆斯林民族概念最初由伊克巴尔提出，最后在真纳的实践下完成了建国梦想。伊克巴尔和真纳的共同之处在于，两者都是凯末尔民族主义革命和世俗化改革的崇拜者。哈里发运动规模宏大，它还为印度穆斯林提供了广泛的领导阶层，并教会他们如何去组织穆斯林以及发动群众运动，也为印度穆斯林在政治斗争方面提供了一个新视角。穆斯林在旁遮普、信德和西北边境省的积极活动，为即将建立的新国家培育了大量的包括记者、商人和律师在内的人才。这些人最终成为两个民族思想和巴基斯坦建国运动的热烈拥护者和践行者。[②] 在哈里发运动中，印度穆斯林非暴力的运动方式和灵活的地方性组织，打破了传统的政治斗争手段，这些政治方式为巴基斯坦所继承和延续，为穆斯林的新发展做出了积极贡献。同时，应该看到，哈里发运动对巴基斯坦独立的确存在影响，但都是间接性的，因此要对该运动有一个客观合理的认识。

[责任编辑：曹峰毓]

---

① Ishtiaq Ahmad, *From Pan-Islamism to Muslim Nationalism: The Indian Muslim Response to the Turkish War of Liberation*, National Institute of Historical & Cultural Research, 2005, p. 19.

② I. H. Qureshi, *The Struggle for Pakistan*, Karachi: University of Karachi, 1979, p. 41.

孟加拉国世俗主义发展道路的嬗变与现状[*]

杨玉龙[**]

摘　要　世俗主义作为一种社会政治学说、意识形态和政治体制，是当代孟加拉国体制的主要政治基础。现代孟加拉国的形成是基于世俗民族主义运动的革命，人民联盟作为独立后的执政党，推出了强调"孟加拉民族主义"和"世俗主义"的政治理念，但未能有效地适应孟加拉国国情而遭遇政治挫折。1975~1990年，孟加拉国进入伊斯兰化快速发展阶段，宗教政党干预国家事务，宗教与政治关系模糊化，教育体系宗教化，世俗主义体制及其宪法精神被废止。1991年后孟加拉国进入民主化阶段，人民联盟重返政坛，民主体制的恢复为孟加拉国重新推行世俗主义改革创造了稳定环境。在此背景下，2008年大选胜利后执政的谢赫·哈西娜总理，制定了新世俗主义改革进程，在宪法、政教关系、女性权利、法律体系等方面做了大量改革工作，推动了孟加拉国的世俗化进程，重新确立了世俗主义原则在国家与社会的重要地位。

关键词　世俗主义　人民联盟　新世俗主义　孟加拉国

　　孟加拉国自1972年建国以来其国家发展道路的探索始终在世俗民族主义（Secular Nationalism）与宗教民族主义（Religious Nationalism）之间纠结和徘徊，并引起了国家政治的剧烈变迁和不断波动。在巴基斯坦统治时期（1947~1971），孟加拉民众和政治精英以文化的、语言的民族主义为政治动员武器，成功实现了民族独立的夙愿。在实现国家独立后，孟加拉人身份认同中的文化语言观念与宗教认同理念之间出现了严重冲突，世俗民族主义者认为孟加

---

　　*　本文受国家社科基金重大项目（21VGQ015）资助。
　**　杨玉龙，西北农林科技大学马克思主义学院讲师，兰州大学一带一路研究中心副研究员。

拉民族认同的基础应当是族群、文化和语言；而宗教民族主义者认为孟加拉民族认同的核心是伊斯兰身份认同。民族主义理念与身份认同的差异化和冲突剧烈地反映在孟加拉国政治发展进程和政教关系层面，深刻影响着当代孟加拉国社会与政治发展。

现代孟加拉国的世俗主义体制（Secularism Institution）由孟加拉国父谢赫·穆吉布·拉赫曼（Sheikh Mujib Rahman）设计而形成，通过 1972 年的宪法而制度化和法律化，由此形成了政治与宗教相分离的现代国家结构。孟加拉国世俗主义政治体制将伊斯兰教从政治系统和法律体系中剥离，使其远离公共空间和教育体系，严禁宗教干预政治运行和立法、司法活动。但是，孟加拉国世俗主义体制在 1975 年谢赫·穆吉布遇刺后发生了剧烈变化。1975～1990年，孟加拉国军人政府极力推动国家和社会的伊斯兰化。虽然政教分离的世俗主义体制和世俗法律体系得以保留，但伊斯兰化进程大大加快。21 世纪以来，孟加拉国政府推行了新的世俗化政策。新世俗主义重塑了孟加拉国国家与社会的二元关系，削弱了宗教势力对于政治的干预，巩固了世俗主义政教关系的基础。

目前，国内学术界对于孟加拉国的世俗主义政治体制或政治文化的相关研究较为薄弱①，而直接涉及孟加拉国政教关系的学术成果也较为匮乏。已有的相关研究主要关注点为孟加拉国的伊斯兰运动等宗教政治相关议题②，对孟加拉国的世俗主义体制及其政教关系的研究亟须加强。本文将从三个方面分析现代孟加拉国的政教关系，并分别从历史考察和现状探究两个角度论述孟加拉国政教关系的历史嬗变和现实。本文第一部分将阐释孟加拉国世俗主义国家体制的确立过程，具体内容包括世俗主义体制确立的历史条件和政治动机，以及世俗主义体制的政治文本和实践。本文在第二部分论述孟加拉国伊斯兰运动的历史进程，主要分析国家主导的伊斯兰运动的相关动因，以及社会和政治伊斯兰化的具体表现。本文第三部分重点分析孟加拉国民主化转型后世俗主义体制的新变化和新特点，特别是 2008 年后的新世俗主义进程及其内涵和影响。结论部分将概括孟加拉国政教关系的历史阶段特点，重点

---

① 参见张世均、王英《孟加拉国政治文化中世俗化的特点》，《重庆三峡学院学报》2007 年第 6 期。
② 参见储永正《孟加拉国伊斯兰极端势力发展历史及其根源》，《南亚研究季刊》2007 年第 3 期；张世均《孟加拉国政治现代化进程中的民族与宗教问题》，《西南民族大学学报》（人文社科版）2008 年第 6 期。

分析新世俗主义面临的主要挑战。

一 民族主义思潮与现代孟加拉国世俗主义体制的确立

在 20 世纪历史上，孟加拉政治精英集团的政治动员资源中最具号召力和影响力的是伊斯兰宗教认同和孟加拉族群认同，这两种有效的认同资源曾经被广泛地应用于巴基斯坦独立运动和孟加拉独立运动。其中，巴基斯坦独立运动更为强调和突出作为穆斯林身份的伊斯兰宗教认同，而孟加拉独立运动进程中语言民族主义的认同占据主导地位。1971 年 12 月，孟加拉民族独立，宣告了巴基斯坦国父真纳 "两个民族理论" 的破产，独立后的孟加拉国不再坚持作为巴基斯坦国家意识形态的 "穆斯林民族主义"，作为执政党的 "孟加拉人民联盟" （Bangladesh Awami League，BAL）[1] 推出了建国四大原则，分别为 "民族主义"、"民主"、"社会主义" 和 "世俗主义"。[2]

孟加拉由巴基斯坦统治时期，奠定了世俗主义国家发展理念的历史基础。巴基斯坦统治孟加拉时期，伊斯兰教被作为强化巴基斯坦认同、遏制孟加拉民族自治运动的政治武器，但巴基斯坦相对忽视了孟加拉人强烈的民族认同诉求，宗教认同宣传只团结了一部分孟加拉宗教精英群体，如乌理玛阶层。从人口结构角度分析，当时西巴基斯坦（以下简称为 "西巴"）人口少于东巴基斯坦（以下简称为 "东巴"），东巴总人口占巴基斯坦全国总人口的56%。[3] 巴基斯坦政府不顾人口结构的现实问题而强制推行乌尔都语，引起了东巴大多数孟加拉人的不满。国语之争成为引起东巴与西巴政治分歧乃至后来东巴走向自治运动和分离运动的重要因素之一。

具体而论，东巴地区对西巴地区的不满主要源于以下三个方面。其一，国家投资大多分配给西巴，东巴农业发展停滞。其二，位于西巴的中央政府将外国援助主要用于改善西巴社会经济和基础设施，东巴民众生活水平未得

---

[1]　"阿瓦米" （Awami）一词在孟加拉语中的含义为 "人民"，在外文文献中一般将该政党直接称为阿瓦米联盟，我国新华社等官方媒体一般将其意译为 "人民联盟"，本文采用国内通行翻译标准。

[2]　Ali Riaz, *God Willing: The Politics of Islamism in Bangladesh*, Lanham: Rowman and Littlefield Publishers, 2004, p. 31.

[3]　Kamal Hossain, *Bangladesh: Quest for Freedom and Justice*, Dhaka: University Press Limited, 2013, p. 6.

到有效改善。① 其三，东巴、西巴在中央政府权力分享体系方面未能达成一致，西巴政治精英集团并不乐意与东巴政治精英们分享国家最高权力。特别是 1970 年谢赫·穆吉布·拉赫曼领导的人民联盟取得巴基斯坦全国议会选举胜利后，西巴拒绝移交政权，这一事态彻底打破了孟加拉穆斯林对巴基斯坦政府平等地分享政治经济权力的幻想，导致了东巴、西巴间关系的最终破裂。甚至有学者将 1947～1971 年东巴与西巴之间的关系称为殖民剥削模式。② 这一观点虽引发了不小争议，但也反映出当时巴基斯坦政府对东巴地区政治和经济利益的相对忽视酿成了东巴地区的分离运动。

以谢赫·穆吉布·拉赫曼为代表的孟加拉世俗民族主义精英并不否认孟加拉人民的宗教虔诚性，但他们更加强调作为一个民族共同体所拥有的自决权利。1971 年东巴独立后，谢赫·穆吉布·拉赫曼将世俗主义作为孟加拉国建国四大原则之一的动因，在于强调宗教不能作为谋求政治目的的手段，个人信仰不应作为干预国家政治的动员形式。因此，由人民联盟主导的孟加拉国政府于 1972 年 11 月正式公布了孟加拉国宪法，这部宪法的世俗主义理念体现在将世俗主义列为国家宪法原则，并且禁止以宗教为旗帜建立政治组织从事国内政治活动。1974 年，孟加拉国公布的《特别权力法案》（*Special Powers Act*）再次阐述了严禁以宗教名义从事政治活动的原则，③ 进一步强化了世俗主义国家原则的法律外延。在个人信仰和社会层面，1972 年宪法并不限制孟加拉国公民的个人信仰自由，也允许各个合法宗教自由地宣教，建立宗教组织进行传教，保证了孟加拉国人民的信仰自由。在公共教育层面，1972 年宪法明确阐释了教育世俗化原则，任何教育部门不得强迫孟加拉国公民接受或实践宗教义务或仪式，这也是对其宗教自由化和个人信仰自由的一种文本阐释。

谢赫·穆吉布·拉赫曼领导的人民联盟政府将世俗主义作为建国原则，

---

① 1947～1971 年，巴基斯坦全国约 80% 的外国援助用于西巴地区发展，70% 的市政建设资金用于西巴地区，而国防开支基本全部用于西巴地区，社会经济投资的极度不平衡政策是导致东巴地区孟加拉人日益不满的重要原因。参见 Talukdar Maniruzzaman, *Radical Politics and the Emergence of Bangladesh*, Dhaka: Mowla Brothers, 2003, pp. 20-26; S. M. G. Kabir, "Religion, Language and Nationalism in Bangladesh," *Journal of Contemporary Asia*, Vol. 17, No. 4, 1987, pp. 473-487.

② 参见 Talukdar Maniruzzaman, *Radical Politics and the Emergence of Bangladesh*, Dhaka: Mowla Brothers, 2003, pp. 12-18.

③ Jahid Hossain Bhuiyan, "Secularism in the Constitution of Bangladesh," *The Journal of Legal Pluralism and Unofficial Law*, Vol. 49, No. 2, pp. 205-206.

还充分考虑了孟加拉国不同民族、宗教和教派的社会结构现实，试图利用世俗主义原则扭转国内社群主义（Communalism）倾向。人民联盟政府在孟加拉国第一个五年计划（1973~1978）中明确指出，世俗主义国家原则是遏制和消灭社群主义倾向的政治理念，虽然不能根除宗教保守主义或宗教激进主义，但要在宪政领域内防止社群主义的政治化，以免威胁国家统一和团结，同时防范宗教激进主义等思想的渗透。人民联盟实际上担心的是宗教政治化、宗教激进化和宗教派别化对国家政治稳定和社会团结的破坏。

人民联盟政府对于社会撕裂的担忧有着深远的政治考虑和重大的历史教训。在英国殖民时代，英国殖民政府惯用分而治之的殖民统治策略，致使南亚次大陆各个不同民族和宗教间的隔阂加深①，在 1947 年印巴分治后引发了大规模族际暴力冲突。而印巴分治以及巴基斯坦国家的建立都是基于宗教边界产生的政治分野现象，这种现实对于孟加拉国政府是并不遥远的历史记忆和经验教训。

孟加拉国成立后，其国内部分伊斯兰主义组织广泛地宣传基于宗教认同的社会边界思想，是破坏孟加拉国社会团结的重要政治隐患。"保卫伊斯兰联盟"（Hefazat-e-Islam）组织拒绝接受"孟加拉民族"的国族理念。他们认为区分孟加拉国各个族群的标准是宗教信仰，并将孟加拉国人民划分为穆斯林、印度教徒、基督教徒和佛教徒等，以宗教信仰制造社会边界。为了防范主体宗教信仰群体的迫害，孟加拉国独立后形成了"孟加拉国印度教徒—佛教徒—基督教徒联合委员会"（Bangladesh Hindu Buddhist Christian Unity Council，BHBCUC）。② 而在宗教与政治的关系方面，孟加拉国独立战争时期，作为孟加拉国第一大伊斯兰政党的伊斯兰大会党在政治上投靠巴基斯坦政府，这使人民联盟政府对于宗教政治力量产生了强烈的政治忧虑。

总体而论，人民联盟政府建构的世俗主义国家原则在实践方面强调的是价值中立性，其核心理念是宗教与政治的分离。孟加拉国的世俗主义国家原则并不意味着政府任由宗教自由发展，而是在宪政框架内合理地引导不同宗教间的平等、包容和自由发展，宗教间不得相互歧视和冲突。世俗主义意味

---

① Dick Kooiman, "Communalism and Indian Princely States: A Comparison with British India," *Economic and Political Weekly*, Vol. 30, No. 34, 1995, p. 2123.

② Meghna Guhathakurta, "Amidst the Winds of Change: The Hindu Minority in Bangladesh," in Tanweer Fazal, ed., *Minority Nationalism in South Asia*, Oxon: Routledge, 2013, p. 137.

着孟加拉国政府不设置对于某种宗教的偏向性政策，更不会将某个宗教列为
国教。在政教关系方面，世俗主义制度设计的目的是防止某些宗教组织或个
人利用宗教为其政治目的服务，引起孟加拉国的宗教冲突和社会撕裂；而世
俗主义宪政原则给予了孟加拉国政府合法手段去调适社会-宗教的二元关系，
保障宗教作为个人信仰的自由发展，确保国家政治运行以现代民主为原则。

然而，孟加拉国并未按照人民联盟设计的社会政治理念前行，谢赫·穆
吉布·拉赫曼倡导的民族主义和世俗主义等建国原则受到了国内宗教精英集
团的抵制。穆斯林身份的伊斯兰宗教认同成为反人民联盟的政治动员资源。
1975 年谢赫·穆吉布·拉赫曼遇刺后，孟加拉国开始朝着伊斯兰化的方向发
展。这对后来的孟加拉国政治和社会文化产生了深远的影响。

二 孟加拉国世俗主义道路的发展困境及
短暂退却（1975~1990）

现代孟加拉伊斯兰运动的产生是孟加拉民族社会文化和宗教认同数百年
汇聚积累的必然结果，有着深厚的历史根源和社会文化背景。历史上的东孟
加拉地区直至 13 世纪依然没有被印度教文化征服。相比于在西孟加拉地区占
据主导地位的印度教文化，13 世纪东孟加拉地区社会文化主要由万物有灵论
等原始宗教信仰支配，只有小部分区域信仰印度教等其他南亚主流宗教。
1204 年，来自北印度的征服者穆罕默德·巴赫蒂亚尔·卡尔吉①（Muhammad
Bakhtiyar Khalji）及其军队为东孟加拉地区引入了全新的宗教信仰形式和农业
耕作方式，从而改变了东孟加拉地区的经济和社会文化形态。东孟加拉地区
原有的经济形态尚未过渡至较为高效的稻作农业，保留了传统原始农业形态，
大量沼泽和荒地无法被有效利用，北印度突厥征服者进入东孟加拉地区后，
引入了先进的大河流域稻作农业生产方式，促进了东孟加拉地区的农业化和
定居化。同时，突厥征服者还携带了大量伊斯兰传教士和苏菲派教职人员，
外来的伊斯兰信仰与东孟加拉的地方风俗文化传统迅速融合，形成了具有孟

---

① 穆罕默德·巴赫蒂亚尔·卡尔吉是德里苏丹国著名的军事将领，他率领德里苏丹国军队占领当时
的孟加拉和比哈尔地区后，摧毁了当地的佛教文化，包括那烂陀寺和超戒寺等，并通过军事移民
开启了东孟加拉地区的伊斯兰化历史进程。

加拉化特色的地域性伊斯兰教传统。在此期间，稻作农业生产方式的扩张和伊斯兰化是同一历史进程的两个方面，定居化和农业化的农民阶层和地主阶层也相应地接受了本土化的伊斯兰信仰。① 因此，伊斯兰信仰经过数百年传播和本土化后已深深扎根于孟加拉社会，成为孟加拉认同重要的组成部分。

孟加拉穆斯林群体在巴基斯坦独立运动中扮演着重要角色，这一时期伊斯兰宗教认同发挥了凝聚穆斯林社群和政治动员的作用。对于孟加拉穆斯林而言，虽然孟加拉人和旁遮普等西巴地区的穆斯林并未拥有相同的语言文化，但宗教认同将两个相隔甚远的不同语言族群连为一体，使巴基斯坦独立运动得以成为全印范围内的民族主义运动。另外，孟加拉穆斯林积极参与巴基斯坦独立运动还有更为重要的动因，即争取充分的经济自主权和政治权利。在英国殖民统治印度时期，孟加拉穆斯林一直处于边缘地位，无论是英印政府抑或是印度教上层都对孟加拉穆斯林采取了边缘化政策。政治上，孟加拉穆斯林没有自己的政治代表和发言权，政治诉求无处落实。经济上，孟加拉穆斯林大多处于印度教徒地主、商人和官僚阶层的控制或剥削之下，缺乏经济自主权利。巴基斯坦独立运动的愿景为孟加拉穆斯林提供了从边缘走向中心的历史机遇，而宗教认同则在政治动员和去边缘化进程中发挥了工具理性的功能。

1971年东巴独立后，谢赫·穆吉布·拉赫曼试图建构的世俗化孟加拉民族主义意识形态并未得到所有孟加拉国民众的认同，并引起了孟加拉国伊斯兰主义派别的反弹和抗拒。世俗化孟加拉民族主义强调的"孟加拉族群认同"是以"Bengali"的"孟加拉认同"为核心，孟加拉国穆斯林认为"Bengali"族群理念与印度西孟加拉邦的孟加拉印度教徒有着密切联系。谢赫·穆吉布·拉赫曼对这一世俗民族主义的强化和推崇被认为是亲印度的行为，被国内许多穆斯林排斥和反对。此外，谢赫·穆吉布·拉赫曼掌握政权后的威权主义倾向，以及他在外交层面的亲印度政策均激起了国内其他政治派别和民众的强烈不满。独立后经济不振的局面进一步严重破坏了他的公众形象。1975年8月孟加拉国发生独立后的第一次政变。人民联盟政权垮台后，孟加拉国伊斯兰运动取得了在文化和政治层面影响孟加拉国社会的历史机遇，一批有着伊斯兰主义倾向的政治组织和民间激进组织先后涌现。

① Richard Eaton, *The Rise of Islam and the Bengal Frontier, 1204-1760*, Berkeley: University of California Press, 1993, p.310.

谢赫·穆吉布·拉赫曼倡导的世俗主义和社会主义建国原则也是许多孟加拉国伊斯兰主义派别所反对的国家宪政原则。自英国殖民时期开始，孟加拉社会中流行着一种穆斯林民族主义的社会理念。[①] 在人民联盟政权垮台后，孟加拉国政府开始有意识地支持和推广穆斯林民族主义思想，缓解和减少民众对于世俗主义的抗拒和不满。另外，孟加拉国伊斯兰主义派别对于谢赫·穆吉布·拉赫曼建国四原则的不满还在于伊斯兰原则的缺失，而 1970 年人民联盟取得巴基斯坦全国议会选举胜利的原因之一在于其倡导伊斯兰原则在全国的推广，但建国后伊斯兰价值被人民联盟相对忽视了。[②] 1972 年孟加拉国宪法将世俗主义列入宪法条文之中，而伊斯兰教没有被作为国教列入宪法条文，更激起了孟加拉国伊斯兰主义派别的强烈不满。孟加拉国伊斯兰主义派别认为穆吉布政府在通过国家立法手段强化世俗主义体制，其目的是弱化伊斯兰教在孟加拉国的政治和社会影响力，并把穆吉布政府的世俗化政策称为"印度化"政策。当时，孟加拉国伊斯兰主义领导人毛拉那·巴哈拉尼（Mawlana Bhalani）批评印度对于孟加拉国的霸权政策，特别是印度对孟加拉国的经济剥削，激起了孟加拉国广泛的反印情绪。事实上，印度政府通过第三次印巴战争帮助孟加拉国实现了独立，而穆吉布政府也尝试与印度建立良好的双边合作关系，拓展周边外交空间，这却成为伊斯兰主义者攻击政府的口实，激化了孟加拉国国内的反政府情绪。

1975～1990 年的孟加拉国政府采取扶持伊斯兰运动的国家政策。世俗主义建国原则被废止，国家政策导向下的政治和文化日益伊斯兰化。1977 年，齐亚·拉赫曼担任总统后，为了打压人民联盟的政治力量，采取了积极扶持伊斯兰运动的国家政策，并借由伊斯兰主义派别执行他的反印度外交政策。1977 年，齐亚·拉赫曼通过宪法修正案将谢赫·穆吉布制定的社会主义和世俗主义原则从宪法中删除，并替换为"社会正义"和"认主独一"原则[③]，

---

① N. Shahid & C. Rajeesh, "Growth of Islamic Consciousness in Bengal and the British Colonial Policy," *International Journal of Recent Technology and Engineering*, Vol. 7, No. 685, 2019, pp. 410-424.

② 需要说明的是，孟加拉国伊斯兰主义派别认为谢赫·穆吉布·拉赫曼对于伊斯兰价值的忽略，主要集中在宪法原则和政治实践以及伊斯兰教法等方面的事务，事实上人民联盟政府在执政时期一直在倡导伊斯兰文化价值和推广伊斯兰学术事业，孟加拉国宗教事务部下辖的伊斯兰基金会就是谢赫·穆吉布执政时期建立的，至今仍然是孟加拉国非常有影响力的伊斯兰学术与文化机构。

③ Rasel Parvez, "The Repeal of the Fifth Amendment: Musings," e-bangladesh, February 18, 2010, www.ebangladesh.org/2010/02/18/the-repeal-of-the-fififth-amendment-musings1.

强化了孟加拉国宪法的伊斯兰色彩。齐亚·拉赫曼在宪法修正案中还加入了"孟加拉国基于伊斯兰团结原则加强、巩固与伊斯兰国家的兄弟关系"的相关表述，其目的是执行孟加拉国的伊斯兰外交原则，加强与伊斯兰世界的外交关系，特别是争取沙特阿拉伯的外交和经济支持。①

在宗教事务方面，齐亚·拉赫曼政府采取了偏向性的伊斯兰化政策。齐亚·拉赫曼建立了"宗教事务部"（Ministry of Religious Affairs）来管理全国宗教事务。宗教事务部虽然被定义为管理全国各个宗教相关事务的政府部门，但在实际操作层面却主要为孟加拉国伊斯兰化政策服务②，偏离了谢赫·穆吉布时代的宗教中立原则。

在外交方面，齐亚·拉赫曼政府倒向了以美国为首的西方国家和海湾阿拉伯国家。齐亚·拉赫曼执政时期孟加拉国外交有着鲜明的伊斯兰因素。凭借着与沙特阿拉伯等海湾石油国家的良好关系，孟加拉国得到了大量的石油美元援助；同时，为了获取西方国家的经济援助，孟加拉国改变了谢赫·穆吉布时代的外交政策，疏远了印度和苏联。

1983 年执政的侯赛因·穆罕默德·埃尔沙德（Hussain Muhammad Ershad）总统继承了齐亚·拉赫曼时代的伊斯兰化政策。在埃尔沙德统治时期，孟加拉国伊斯兰化进程进一步加速，1988 年 6 月，埃尔沙德军政府通过宪法第八修正案，以修宪方式将伊斯兰教定为孟加拉国国教，实现了孟加拉国伊斯兰主义派别多年来的政治理想。但是，埃尔沙德总统对伊斯兰化进程的极力推进并没有使他赢得国内伊斯兰主义政党的支持。埃尔沙德上台之始是凭借他掌握的军权确立了个人政治地位。孟加拉国长期处于军人政权的独裁统治之下。无论是人民联盟等世俗主义政党还是伊斯兰主义的宗教政党，其政治诉求均是民主化理念。虽然在世俗主义与宗教化的问题上两派存在尖锐矛盾，但是在反对埃尔沙德独裁问题上孟加拉国各反对派之间达成了政治共识。③

在齐亚·拉赫曼与埃尔沙德统治时期，孟加拉国教育体系和公共空间也

① P. Sukumaran Nair, *Indo-Bangladesh Relations*, New Delhi: A. P. H. Publishing Corporation, 2008, pp. 81-82.

② Lamia Karim, *Microfinance and Its Discontents: Women in Debt in Bangladesh*, Minneapolis, MN: University of Minnesota Press, 2011, pp. 9-10.

③ Sandra Destradi, *Indian Foreign and Security Policy in South Asia: Regional Power Strategies*, Oxon: Routledge, 2012, p. 132.

日益伊斯兰化。在教育方面，孟加拉国政府积极引导伊斯兰课程融入基础教育体系，兴建清真寺和推广宗教教育的马德拉萨学校。伊斯兰大学也得以建立，用于推广伊斯兰教相关学术门类的高等教育研究。通过数十年的持续发展，孟加拉国形成了南亚规模最大的马德拉萨教育体系。这些民间宗教学校据估计有 15000 多所，在校学生超过 200 万人。① 在公共空间方面，国家电视台和广播电台日常播放相关宗教知识和礼拜内容，使民众日常生活更加宗教化。这一时期"伊斯兰基金会"②（Islamic Foundation）的建立和运行对于推广伊斯兰化社会发挥了很大作用。该组织不仅致力于伊斯兰教的相关学术研究，还负责《古兰经》孟加拉语版本的翻译工作。③ 直到今天，伊斯兰基金会依然活跃在公共空间，在全国 64 个县都设有分支机构，推广伊斯兰文化、伊斯兰价值观和伊斯兰学术，强调伊斯兰文化中的宽容和正义等价值观，有着非常广泛的社会影响力。

20 世纪 90 年代后，孟加拉国的政治伊斯兰化色彩更加显著。主流政党纷纷加强了伊斯兰化的象征表达，宗教政治力量对国家政治的影响力与日俱增。人民联盟在建国初期是孟加拉国世俗主义原则和中左翼政党的代表，但 80 年代后孟加拉国社会的伊斯兰化发展趋势迫使人民联盟对其世俗主义原则进行了折中。谢赫·哈西娜（Sheikh Hasina）公开表达了伊斯兰信仰的文化象征，演讲时频繁引用伊斯兰经典。人民联盟实际上已公开标榜自身对伊斯兰文化的认同，将其作为孟加拉国社会文化的主要形式加以推广。需要指出的是，虽然人民联盟公开倡导伊斯兰文化，但并不赞成宗教对政治的过度干涉，依然以世俗主义为发展的主要理念。倡导伊斯兰象征和伊斯兰文化在某种程度上是人民联盟争取民众支持的一种手段，因此在谢赫·哈西娜巩固了个人权威和社会权力基础后，她不失时机地在孟加拉国重新推出了世俗主义发展道路。

---

① Martin Griffths & Mubasar Hasan, "Playing with Fire: Islamism and Politics in Bangladesh," *Asia Journal of Politics Science*, Vol. 23, No. 2, 2015, pp. 227-235.

② 孟加拉国伊斯兰基金会是孟加拉国宗教事务部下属的一个政府组织，致力于传播伊斯兰的价值观和理想，并开展与这些价值观和理想相关的活动。该基金会成立于 1975 年 3 月 22 日，总部位于达卡，创始人是谢赫·哈西娜总理的父亲谢赫·穆吉布·拉赫曼，该组织得到 6 个省级办公室和 64 个地区办公室以及 7 个伊玛目培训学院和 29 个伊斯兰教教派中心的支持。总干事是基金会的首席执行官。其官方网址为 http://www.islamicfoundation.gov.bd。

③ A. Riazand & A. Naser, "Islamist Politics and Popular Culture," in A. Riaz & C. Fair, eds., *Political Islam and Governance in Bangladesh*, London: Routledge, 2011, pp. 115-152.

　　20 世纪八九十年代孟加拉国的伊斯兰运动不仅是内生性的宗教文化和政治变动，也受到了外来宗教思潮和国际伊斯兰运动影响。

　　首先，1979 年伊朗伊斯兰革命震撼了当时的伊斯兰世界，孟加拉国穆斯林也受到霍梅尼主义的深刻影响。霍梅尼倡导的"不要东方，不要西方，只要伊斯兰"的革命输出理论使许多伊斯兰国家出现了宗教政治化的浪潮。虽然孟加拉国这一时期在外交方面执行的是亲西方政策，该国的伊斯兰主义派别仍受到了霍梅尼主义的影响，开始批判孟加拉国的非伊斯兰文化，在对外方面将海湾阿拉伯国家视为西方国家的代理人，抨击海湾阿拉伯君主制国家的非伊斯兰文化。

　　其次，这一时期全球化浪潮也席卷了孟加拉国。数以百万计的孟加拉国人移民至沙特阿拉伯、阿联酋等海湾阿拉伯产油国家。其结果是不仅带回了大量侨汇，也将阿拉伯半岛的伊斯兰文化传回孟加拉国。特别是瓦哈比主义等宗教激进主义思潮进入孟加拉国后，在该国出现了批判孟加拉国文化中的非伊斯兰文化和苏菲主义文化的趋势。① 而在政治上，追求阿拉伯半岛所谓的正统伊斯兰文化的孟加拉国逊尼派穆斯林将人民联盟视为非伊斯兰的政治组织，因为人民联盟强调多元主义价值观，主张包容孟加拉国文化中的印度教文化因素。这些所谓的正统派孟加拉国穆斯林成为政治上支持孟加拉民族主义党②（Bangladesh Nationalism Party，BNP）的群众基础。孟加拉民族主义党不仅政治上主张孟加拉国的伊斯兰化，而且在宗教层面支持这些所谓的正统宗教派别，抨击非伊斯兰的孟加拉国文化传统。孟加拉民族主义党的政治和宗教倾向得到了国内主流宗教政党的支持。伊斯兰大会党就是孟加拉民族主义党的重要宗教政党盟友。这些孟加拉国宗教政党不仅抨击孟加拉国传统文化中的非伊斯兰文化传统，还将人民联盟称为非伊斯兰文化传统的捍卫者和传播者，并称该党为印度和印度教文化的"代理人"。

---

① "How Saudi Arabia Finances Radical Islam in Bangladesh," UCA News, May 29, 2017, https://www.ucanewscom/news/how-saudi-arabia-finances-radical-islam-in-%20%20%20%20%20%20Bangladesh/79312.

② 孟加拉民族主义党是孟加拉国前总统齐亚·拉赫曼建立的世俗主义政党，目前由其遗孀卡莉达·齐亚领导。该党自建立以来，就反对人民联盟提出的所谓孟加拉民族主义，而是主张构建基于伊斯兰认同的孟加拉民族主义意识形态。该党在埃尔沙德总统独裁统治时期，与人民联盟携手合作，为孟加拉国的民主化作出了巨大贡献。但在意识形态和国家发展道路方面，两党之间存在不同的看法和理念。

最后，孟加拉国伊斯兰运动还受到了国外穆斯林少数派相关问题的影响，强化了他们反西方的政治立场。孟加拉国伊斯兰主义派别认为，西方国家在巴勒斯坦、克什米尔、菲律宾摩洛人（Moros）和缅甸罗兴亚人（Rohingyas）等问题上存在偏袒行为，使这些国家穆斯林少数派受到了不公正对待，充分体现了西方的霸权主义。而以美国为首的西方国家对阿富汗和伊拉克的入侵，也被孟加拉国伊斯兰主义派别视为现代新殖民主义的表现，是对伊斯兰世界赤裸裸的侵略。这些相关国际问题的出现强化了孟加拉国伊斯兰主义派别对西方世界的敌意，激发了他们强烈的宗教政治意识。

三　当代孟加拉国民主化转型与新世俗主义国家发展道路

1991~2005 年，孟加拉国处于民主化转型的政治发展阶段。这一时期孟加拉国恢复了自由平等的民主选举，军人政权退出历史前台，人民联盟和孟加拉民族主义党成为左右国家选举政治的两大阵营。1990 年的孟加拉国处于政局动荡之下，实施军事独裁统治的埃尔沙德遭到孟加拉国民主政治精英和民众的联合抵制。在大规模民众示威活动和卡莉达·齐亚等政治家们的共同抗争下，埃尔沙德被迫辞去全部行政职务，维系了数年的军人政权宣告终结。1991 年后的孟加拉国恢复了中断数年的民主选举。

孟加拉民族主义党和人民联盟等孟加拉国主流政党为了重构孟加拉国的民主体制，通过 1991 年宪法第十二修正案恢复了孟加拉国国民议会的民主体制。为了防止国家领导人权力膨胀威胁民主体制，根据宪法第十二修正案，孟加拉国总统为国家元首，但并无实际行政权力，孟加拉国总理为最高行政领导人，并对孟加拉国国民议会负责，总理由议会大选后的议会多数党提名产生。[1] 在埃尔沙德统治时期，孟加拉国国民议会实际上不能限制军人政权的权力，国民议会的立法权被架空，权力制衡作用无法实现。

在孟加拉国民主化进程中，民间社会组织发挥了重要的基础作用，大量民间社会组织在民主制度恢复后建立。在政治发展和经济增长方面，孟加拉

---

① Shahajadi Khanom, "12th Amendment of Bangladesh Constitution: A Boon or Bane for Good Governance," *International Journal of Law, Humanities & Social Science*, Vol. 1, No. 3, 2017, pp. 35-41.

国格莱珉银行（Grameen Bank）和孟加拉国农村发展委员会（Bangladesh Rural Advancement Committee，BRAC）作出了巨大贡献，促进了孟加拉国社会经济发展，并对政治民主化产生了积极影响。在社会发展方面，孟加拉国也涌现出新闻传媒、妇女权利等方面的各种民间社会组织。它们向孟加拉国社会提供了部分公共产品，促进政府在医疗卫生、妇女权利、就业市场等方面的进步。因此，民间社会组织为孟加拉国的民主体制和世俗主义作出了很大贡献，在某种程度上成为限制孟加拉国政治偏离民主和世俗原则的社会阀门。

2008 年孟加拉国恢复了全国议会选举，谢赫·哈西娜领导的人民联盟及其政治同盟获得了议会三分之二强的议席，以压倒性优势取得执政权力。在此之前，2006 年孟加拉国在军方监督下成立了临时政府，代行国家行政权力。因而 2008 年大选意味着孟加拉国代议制民主体制的恢复运行。对于孟加拉国政教关系而言，2008 年人民联盟登台执政可谓当代孟加拉国世俗主义与政治伊斯兰两大政治集团之间的分水岭，谢赫·哈西娜领导的人民联盟决心在孟加拉国社会全方位推动世俗主义，严格控制伊斯兰运动的政治化倾向，削弱伊斯兰主义对孟加拉国社会的影响，当代孟加拉国社会随之进入了新世俗主义时期。这一新世俗化进程被称为"独特的世俗国家"（Uniquely Secular State）。在谢赫·哈西娜执政之前，2005 年孟加拉国最高法院上诉法庭曾宣布当年齐亚·拉赫曼政府废止世俗主义宪法原则的宪法第五修正案为非法决议，试图恢复世俗主义原则的宪法基础，但遭到孟加拉民族主义党与伊斯兰大会党的行政抵制而未能执行。① 谢赫·哈西娜执政后，立即同孟加拉国最高法院合作，着手恢复 1972 年宪法条文中的世俗主义原则，废止了宪法第五修正案。

哈西娜二次执政后，致力于恢复孟加拉国世俗主义国家原则的宪政基础。2010 年 7 月 28 日，孟加拉国最高法院上诉法庭正式驳回 1979 年孟加拉国议会通过的宪法第五修正案。② 宪法第五修正案删除了 1972 年宪法中的世俗主义建国原则，以伊斯兰价值观取而代之，并为当时的军政府统治提供了法律

---

① Jahid Hossain Bhuiyan, "Secularism in the Constitution of Bangladesh," *The Journal of Legal Pluralism and Unofficial Law*, Vol. 49, No. 2, p. 212.

② Adeeba Aziz Khan, "The Politics of Constitutional Amendments in Bangladesh: The Case of the Non-political Caretaker Government," *International Review of Law*, No. 9, 2015, https://www.qscience.com/content/journals/10.5339/irl.2015.9? crawler=true&mimetype=application/pdf, 2020-01-12.

依据。在废除宪法第五修正案的同时，孟加拉国最高法院重申了 1972 年宪法的世俗主义国家原则，肯定了世俗主义是孟加拉国国家精神的一部分。孟加拉国最高法院对世俗主义的界定是，其弘扬了宗教宽容和宗教自由精神，即孟加拉国世俗主义精神不以任何特定的信仰体系为偏好，主张一切合法宗教的平等和自由。孟加拉国世俗主义精神应当保护一切信仰体系不受到社会歧视，包括无神论信仰。基于世俗主义原则的精神，孟加拉国最高法院删除了宪法第 25 条第 2 款。这一款内容宣称："孟加拉国要基于伊斯兰团结去巩固、维持和加强与伊斯兰国家的友好关系。"这意味着孟加拉国的外交政策不再基于宗教因素制定其对外战略的发展方向，即不再偏向于以中东地区的伊斯兰国家为主导的宗教外交取向。最高法院上诉法庭恢复世俗主义宪法原则后，孟加拉国国民议会建立了议会特别委员会负责审核宪法第十五修正案，经国民议会投票表决后通过了修正案[1]，给予了世俗主义宪法原则立法层面的有效性。

为了贯彻孟加拉国宪法的世俗主义精神，消除宗教对于国家政治的持久影响，哈西娜政府严禁任何宗教组织或政党以宗教名义参与政治。2011 年 6 月 30 日，孟加拉国议会正式通过宪法第十五修正案，该修正案主要精神即严禁任何以宗教为名义的政党或政治组织参与国家或地方政治活动，实施严格的政教分离和世俗主义国家原则。[2]

哈西娜政府推行孟加拉国社会世俗化的另一个方面是司法改革，废止各种形式的借由宗教名义对孟加拉国女性实行的非法刑罚，尤其是在民间盛行的一些残酷刑罚，如石刑等反人道主义的刑罚措施。2010 年 7 月 8 日，孟加拉国最高法院宣布禁止一切形式的以宗教"法特瓦"（Fatwa）名义在地方司法领域实施的非法刑罚措施。这一决定实际上宣告了孟加拉国存在了数百年的宗教法特瓦的终结，在很大程度上消除了孟加拉国妇女面临的严酷和不平等的反人道主义刑罚，也意味着法特瓦作为一种伊斯兰教法形式的法律判决在孟加拉国成为非法的司法实践方式，杜绝了伊斯兰教法对孟加拉国司法领

---

[1]　Jagran Josh, "The Bangladesh Parliament Passed the Constitution (15th Amendment) Bill, 2011," Jagran Prakashan, July 1, 2011, https://www.jagranjosh.com/current-affairs/the-bangladesh-parliament-passed-the-constitution-15th-amendment-bill-2011-1309508901-1.

[2]　Badiul Alam Majumdar, "Legitimacy and legality of 15th Amendment," The Daily Star, October 31, 2013, https://www.thedailystar.net/news/legitimacy-and-legality-of-15th-amendment.

域的干涉。

哈西娜政府还对 1971 年孟加拉国独立战争中的战争罪问题进行了历史性清算。谢赫·哈西娜再次担任总理后，建立了国内战争罪法庭，审判在孟加拉国独立战争中犯战争罪和叛国罪的犯罪分子。这个历史问题在孟加拉国一直未得到有效解决。孟加拉国独立战争时期有上百万名民众遇害，其中部分战争罪行是由孟加拉族的伊斯兰主义者参与实施的，以伊斯兰大会党为代表的伊斯兰主义势力不仅反对孟加拉国独立运动，还积极协助巴基斯坦军队镇压孟加拉国民众。哈西娜二次执政后通过国内战争罪法庭和海牙国际法庭，审判了许多当年犯有战争罪行的伊斯兰大会党成员。其中罪行严重者被孟加拉国最高法院判处极刑。[①] 历史问题的解决，不仅消除了孟加拉国民族历史记忆中的伤痕，惩罚了当年那些逃脱审判的战争罪犯，还沉重打击了孟加拉国伊斯兰主义势力，客观上使其政治势力难以再对孟加拉国世俗主义体制构成威胁。

在社会文化方面，哈西娜政府采取了强有力的司法干预手段革新孟加拉国社会文化，特别是针对伊斯兰服装文化做了革新。首先，孟加拉国政府宣布强制妇女穿着罩袍"布卡"（Burqa）为违法行为。2010 年孟加拉国最高法院正式宣布在公共教育空间或办公场所强制妇女穿着有着伊斯兰象征意义的罩袍布卡是违法行为。其次，2010 年 4 月 8 日，孟加拉国最高法院宣布不再强制妇女在公共教育空间或私人空间佩戴面纱或头巾。

谢赫·哈西娜政府的执政思路有着鲜明的世俗化和国家女性主义（State Feminism）倾向，并且具体表现在女性权利的相关问题方面。上文述及的针对女性的非法刑罚和妇女服饰问题实际上就是孟加拉国妇女平等权利的两个方面，而在女性财产继承权方面，谢赫·哈西娜政府也表现出性别平等化的努力和改革动力。在孟加拉国传统社会文化中，家庭财产继承权大部分由男性子嗣掌控，且这一传统得到了伊斯兰教法的认同。《经济学人》（*The Econ-*

---

① "Report on Bangladesh's Execution of Jamaat-e-Islami Chief Motiur Rahman Nizami: He Had Opposed the Very Notion of Bangladesh," The Middle East Media Research Institute, May 20, 2016, https://www.memri. org/reports/report-bangladeshs-execution-jamaat-e-islami-chief-motiur-rahman-nizami-he-had-opposed-very1.

omist）统计数据显示，孟加拉国社会中只有 2% 的妇女拥有可耕地。[①] 这表明作为一个农业大国的孟加拉国，其绝大部分女性都无权继承家庭财产。谢赫·哈西娜第二次执政后，推动孟加拉国财产继承法的改革，提出财产继承的平等化改革思路，要求男女享有平等的财产继承权利。这是孟加拉国近年来妇女改革运动的重要内容，也体现了谢赫·哈西娜总理解放妇女和维护女性权利的政治决心。但是，谢赫·哈西娜的妇女平等权利改革遭到国内伊斯兰组织的反对，由沙阿·艾哈迈德·沙菲仪（Shah Ahmad Shafi）领导的"保卫伊斯兰联盟"是反对女性平等赋权的伊斯兰主义组织[②]，其思想不仅是男权主义的产物，也是孟加拉国伊斯兰主义的重要表现，是世俗化改革的主要反对力量之一。

孟加拉国虽然在宪法层面实现了新世俗主义进程的重要变革，但在政治实践层面还是保留了事实上的伊斯兰国家特性。谢赫·哈西娜总理在宪法第十五修正案通过后，公开表示孟加拉国应当以《麦地那宪章》（*Medina Charter*）的伊斯兰原则为基础进行治理，她的公开表述可以被理解为孟加拉国虽然是世俗主义国家，但治国理念依然要基于伊斯兰国家的社会价值观。

谢赫·哈西娜政府在宪法第十五修正案的内容方面也有所保留。其中关于孟加拉国以伊斯兰教为国教的文本表述并没有变化。[③] 虽然孟加拉国政府宣称世俗主义宪法原则已经恢复，但以伊斯兰教为国教的宪法条文依然保留在宪法文本中。这与谢赫·哈西娜政府宣称的世俗主义国家原则矛盾。世俗主义国家原则要求国家在宗教事务层面保持价值中立，但显而易见的是国教的存在意味着孟加拉国政府必然会在宗教事务方面有一定的价值偏向性。从政治动机层面分析，谢赫·哈西娜政府一蹴而就地废止以伊斯兰教为国教而实施全面的世俗化政策并不现实。经过数十年伊斯兰化进程后，孟加拉国民众已经接受了伊斯兰因素存在于政治和社会各个层面的现实。如果贸然触及民众敏感神经，谢赫·哈西娜政府会产生很严重的信任危机甚至是选票流失

---

① "Women and Property Rights: Who Owns Bangladesh?" The Economist, 2013, http://www.economist.com/blogs/banyan/2013/08/women-and-property-rights.

② Martin Griffths & Mubasar Hasan, "Playing with Fire: Islamism and Politics in Bangladesh," *Asian Journal of Political Science*, Vol. 23, No. 2, 2015, p. 227.

③ "Assignment on 15th Amendment in the Constitution of Bangladesh," Scribd, July 23, 2013, https://www.scribd.com/doc/155651480/15th-Amendment-in-the-constitution-of-Bangladesh.

的风险。为此，谢赫·哈西娜政府特意在宪法修正案中加入了确保印度教徒、基督教徒和佛教徒宗教地位平等的相关条款，力图在法律层面保障宗教少数派别的平等地位。

从比较角度来看，孟加拉国宪法将伊斯兰教定位为国教并没有产生法律层面的实际性变革。将伊斯兰教定位为国教的宪法原则在伊斯兰国家非常普遍，如沙特阿拉伯、阿联酋、埃及、也门、卡塔尔等，这些国家在立法和司法层面不同程度地引入了伊斯兰教法作为其立法来源或立法、司法原则。宗教教法对这些国家的法律体系和司法体系影响甚大。孟加拉国虽然确立了伊斯兰教的国教地位，但保持了法律体系的世俗性，并没有引入伊斯兰教法作为立法或司法原则。①

哈西娜政府推行的新世俗主义政策在选举政治层面产生了积极的影响，有效地削弱了伊斯兰政党在孟加拉国选举中的代表比例和在议会中的影响。2008年孟加拉国国民议会选举结果显示，伊斯兰大会党获得4.7%的选票，只得到了国民议会两个议席名额。② 作为孟加拉国最大的伊斯兰政党，伊斯兰大会党对于孟加拉国国民议会的影响力持续衰退，仅剩下了象征性的代表名额。但是，伊斯兰大会党在选举政治层面的严重衰退并不意味着它对孟加拉国社会的影响力已经消退，因为选举政治反映的是对孟加拉国政治和公共政策等方面问题的选举诉求表达，尤其是涉及社会民生和失业率等的问题更受到孟加拉国选民的切身关注。相较而言，宗教化的政治并不是大多数孟加拉国民众主要关注的社会政治议题。信仰被大多数孟加拉国民众视为个人事务，因此人民联盟等世俗政党提出的施政纲领和社会改革计划能得到大多数孟加拉国穆斯林的拥护和支持。

谢赫·哈西娜总理在新世俗主义进程和国家治理层面取得的重大进展和经济增长成就，使人民联盟在孟加拉国国民议会选举中取得了前所未有的政治优势。2018年12月30日，孟加拉国举行了新一轮全国大选，哈西娜领导的人民联盟一举拿下议会300个议席中的191席，取得了组建政府、任命总

---

① Tad Stahnke & Robert C. Blitt, *The Religion-State Relationship and the Right to Freedom of Religion or Belief: A Comparative Textual Analysis of the Constitutions of Predominantly Muslim Countries*, Washington, DC: United States Commission on International Religious Freedom, 2005, pp. 29-52.

② "Awami League Wins Bangladesh Election," CNN, December 30, 2008, http://www.cnn.com/2008/WORLD/asiapcf/12/30/bangladesh. elections.

理的权力。更为突出的表现是反对党联盟仅获得 5 个席位。① 目前，哈西娜领导的人民联盟在孟加拉国政坛已经形成了"一党独大"的政治格局。但哈西娜总理本人年事已高，近年来也多次透露出她即将退出政坛的消息。未来的政治继承问题将是人民联盟维系其现有政治地位"超然性"的主要挑战。

从选举政治角度分析，人民联盟在此次全国大选的压倒性胜利至少与两个因素紧密相关。其一，谢赫·哈西娜总理推行的新世俗主义政策发挥了一定的政治功能。根据孟加拉国政府推行的新世俗主义国家政策，任何国内政党不得以宗教为名义成立政党参与国内选举。2013 年 8 月，孟加拉国最高法院宣布伊斯兰大会党的政党登记无效，导致该党完全失去了参与国内选举政治的权力。这一变化极大地压缩和削弱了孟加拉国宗教政党的生存空间和参与政党政治的权利，客观上沉重打击了孟加拉国政治伊斯兰势力。其二，孟加拉国司法系统的反贪腐活动导致孟加拉民族主义党主席卡莉达·齐亚被捕入狱，致使人民联盟在政党政治层面没有了主要竞争对手。2018 年 2 月，孟加拉国特别法庭裁定孟加拉民族主义党主席卡莉达·齐亚贪污罪名成立，判处有期徒刑 5 年。② 卡莉达·齐亚入狱使孟加拉民族主义党失去了核心领导人，因贪污问题该党公共形象受到严重损害，短期内已经没有政治竞争力，无法与人民联盟在选举政治层面抗衡。

总而言之，当前孟加拉国的新世俗主义国家发展进程仍在继续，人民联盟的主要执政目标是实现孟加拉国经济社会现代化，消灭贫困和实现经济增长是人民联盟维持其现有执政地位的主要根基。2018 年 3 月，联合国发展政策委员会宣布，孟加拉国已顺利通过评审，可以从"最不发达国家"进入"发展中国家"行列。哈西娜政府凭借近年来在经济社会发展领域的成就得到了国际社会的广泛赞誉。这也是人民联盟在选举政治中屡次取得胜利的主要原因。在宗教与世俗的二元关系方面，当前孟加拉国政坛没有哪一支宗教反对派力量可以在选举政治下挑战人民联盟的强势地位，但近年来孟加拉国国内宗教激进势力也有抬头的迹象。"保卫伊斯兰联盟"等宗教激进团体依

---

① 《孟加拉国大选结果出炉 谢赫·哈西娜再次当选总理》，人民网，2019 年 1 月 1 日，http://world.people.com.cn/n1/2019/0101/c1002-30497938.html。

② 《孟加拉国前总理卡莉达·齐亚被判贪污罪名成立获刑 5 年》，新华网，2018 年 2 月 8 日，http://www.xinhuanet.com/2018-02/08/c_129808926.htm。

然是挑战孟加拉国世俗主义社会价值观的潜在隐患，并在近年来频繁与孟加拉国政府发生冲突。这些宗教激进势力及促进其发展的社会文化土壤，是哈西娜政府需要谨慎面对的不稳定因素。

<h1 style="text-align:center">结　论</h1>

世俗主义作为一种社会政治学说、政治体制和意识形态，是近代西方国家启蒙运动和法国大革命的历史产物。在欧洲中世纪和中古伊斯兰世界并没有世俗与神圣之边界，也没有宗教与政治的严格区分。古代伊斯兰国家作为一种国家结构形式，本质上是宗教与政治紧密结合的政教关系。宗教服务于政治甚至是凌驾于政治之上，国家法律体系思想和实践严格以四大教法学派的伊斯兰教法为根据。这种政教关系在中世纪的欧洲也是存在的，王权的神圣性和合法性来自宗教权威的赋予，国家法律和公共空间充满宗教化内容，宗教裁判所有权力，审判异端思想。启蒙运动以降，西方国家大体上形成了两种世俗主义模式。其一是"法国模式"。法国世俗主义模式是一种严格的政教分离关系，其核心思想是国家不干涉宗教事务，宗教也不能干涉政府事务。其法律依据是 1905 年的《法国教会与国家分离法》(*French Law on the Separation of the Churches and the State*)。其二是美国模式。美国世俗主义模式强调宗教的多元化和宗教自由，[①] 相对于法国模式，其对宗教事务的限定性规则更少一些。总体而言，世俗主义体制立足于两大基本原则，一是宗教与政治的严格分离，二是宗教在社会实践中的规范和管理。[②]

现代孟加拉国的形成是基于世俗民族主义运动革命。这种世俗民族主义混合了孟加拉民族主义的语言认同、文化认同和地域认同，弱化了巴基斯坦强调的穆斯林民族主义的宗教认同。人民联盟作为独立后的执政党，其政治精英群体深受英国和印度社会政治文化学说的影响，笃信英国工党的民主社会主义思想，试图在孟加拉国建构现代代议制民主。因此，谢赫·穆吉布执

---

① Mubashar Hasan, "The Diverse Roots of the 'Secular' in East Pakistan (1947–71) and the Crisis of 'Secularism' in Contemporary Bangladesh," *History and Sociology of South Asia*, Vol. 11, No. 2, 2017, pp. 156–173.

② Jose Casanova, "The Secular and Secularism," *Social Research*, Vol. 76, No. 4, 2009, pp. 1049–1066.

政后推出了建国四原则，强调孟加拉民族主义和世俗主义的政治理念，并将建国四原则列入了 1972 年孟加拉国宪法。在建国四大原则中，世俗主义理念体现的是国家制度设计者们对现代孟加拉国政教关系原则和结构的一种理想化规范，他们试图在孟加拉国复制西方模式下的世俗主义政教关系。但是，西方化的世俗主义体制并不能完全适应孟加拉国国情，1972 年设计的世俗主义体制未能得到有效实施。

1975~1990 年，孟加拉国进入伊斯兰化快速发展阶段，伊斯兰大会党等宗教政党频频干预国家事务，宗教与政治关系模糊化，教育体系逐渐宗教化，伊斯兰教法在民间社会广泛施行。齐亚·拉赫曼和埃尔沙德两位军人政权总统不仅将世俗主义原则从宪法中删除，而且将伊斯兰教定为国教，在宪法中加入了许多宗教话语表述，这是孟加拉国自上而下的伊斯兰化表现。另外，私立宗教教育学校大幅增加，宗教学生达到上百万人，民间伊斯兰相关学术、文化和社团组织发展迅速，自下而上推动着孟加拉国社会伊斯兰化。

1991 年孟加拉国进入民主化转型阶段，人民联盟和孟加拉民族主义党重返政坛，民主体制的恢复为孟加拉国政治发展创造了稳定机制。在民主化转型初期，人民联盟和孟加拉民族主义党为了争取伊斯兰主义派别支持，并未在其各自执政时期推行世俗主义政策，而是在既定政治和社会环境下推动孟加拉国民主政体的稳定发展，加速经济增长，解决民生问题。经过 1991 年以来民主化体制转轨，孟加拉国已经形成了稳定的三权分立民主体制，议会民主制基础牢铸。

在此背景下，2008 年大选胜利后二次执政的谢赫·哈西娜总理着手推动孟加拉国新世俗主义改革进程。新世俗主义改革进程不同于 1972 年宪法时期的世俗主义，它保留了以伊斯兰教为国教的宪法原则，也允许宗教文化在社会层面的合理发展，尊重民众的宗教传统和个人信仰。新世俗主义进程在宪法、政教关系、女性权利、法律体系等方面进行了大量改革，实质上大大推动了孟加拉国的世俗化进程，重新确立了世俗主义原则在孟加拉国的重要地位。在宪法层面，世俗主义重回宪法文本，相关宗教话语被删除，这是对 1972 年宪法世俗主义精神的修复和重建。在政教关系方面，孟加拉国制定了严格的宗教与政治分离政策，严禁伊斯兰政党参与国内选举政治。在女性权利方面，哈西娜总理推动孟加拉国财产继承制度改革，提高女性地位，禁止对妇女采取非法刑罚，禁止强制妇女穿戴伊斯兰服饰。在法律体系方面，哈西娜总理坚守了孟加拉国世俗主义的立法和司法体系，严禁任何伊斯兰组织或宗教学者发布所谓的法特瓦，保障了孟加拉国法律体系的世俗性。在文化教育领域，哈西娜政府采取的是将伊斯兰文化与现代教育体系融合的政策，这一点是其新世俗主义政策不同于西方的特点。该策略既能保证国家对文化教育事业的全面管理，又能照顾到孟加拉国宗教文化方面的国情，比较温和和务实地解决了教育领域的一系列关键分歧，使哈西娜政府能够得到民众更为坚实的支持。

比较而论，孟加拉国世俗主义模式不同于法国或美国等西方国家的模式，主要原因在于孟加拉国是一个穆斯林占绝对优势地位的伊斯兰大国。西方国家经历了数百年的世俗化进程，宗教信仰早已转型为个人事务，政教分离体制已经定型，国家法治化和世俗主义精神深入人心。孟加拉国作为1972年才诞生的新生国家，又经历了多年军人政权统治，民主体制确立与运行时间较短。世俗主义精神和世俗化的国家体制更是在谢赫·哈西娜总理二次执政后才重新确立。孟加拉国仍存在根基较深的伊斯兰主义势力，甚至还有一些受境外势力影响的极端主义团体盘踞在孟加拉国北部地区。这些势力仍然是挑战孟加拉国世俗主义体制与精神的反对力量。他们从国家安全、政教关系和社会运动等不同侧面发挥着不能忽视的社会影响力。对此，2018年人民联盟再次赢得全国大选胜利后，在坚守世俗主义体制和推进新世俗主义改革进程的同时，积极打击国内的激进主义势力仍然是谢赫·哈西娜政府需要面对的现实议题。

［责任编辑：曹峰毓］

论南亚区域经济合作的缘起、历程及挑战[*]

曹峰毓[**]

摘　要　南亚各国独立以来面临的严峻经济形势与不断演变的区域地缘政治，加之世界其他地区特别是欧洲、东南亚一体化的示范效应，促使以印度为主体的南亚地区在 20 世纪 80 年代开启了区域经济合作的进程。经过多年的发展，目前，南亚的区域经济合作在三个层面上取得不同程度的进展。其中，双边经济合作是区域经济合作的主要表现，区域、次区域经济合作则起到了补充作用。南亚区域经济合作的水平较低、结构失衡，合作的形式大于内容，各国的离心倾向严重，这些都使南亚区域经济合作在未来只能绕过一体化议题，在部分技术性领域寻求突破，实现更符合南亚地区实际情况的发展。

关键词　区域经济合作　南亚区域合作联盟　环孟加拉湾多领域经济技术合作倡议　印度

引　言

对一个地区内的国家而言，加强区域经济合作有助于实现地区内国家的产业分工与产能合理配置，促进地区经济的健康发展；同时，随着经济合作的推进，政治交流与互信程度也将提升，有助于改善地区内的紧张关系，实

---

[*]　本文系国家社会科学基金青年项目"海上恐怖主义及其治理研究"（项目批准号：21CGJ009）与陕西省教育厅重点科学研究计划青年创新团队建设项目"新冠肺炎疫情常态化背景下陕西石油企业中东经营战略研究"（项目批准号：21JP120）的阶段性成果。

[**]　曹峰毓，西北大学中东研究所副教授。

现从对手向伙伴的身份转型，最终重塑地区内的战略格局。随着全球各区域经济合作的发展，南亚也搭上了这趟"末班车"，在 20 世纪 80 年代迈出了区域经济合作的步伐。经过多年的发展，南亚区域经济合作仍存在问题，在未来发展中机遇和挑战并存。

关于南亚区域经济合作的研究，国内学者已有不少成果。[①] 不过，这些成果多默认南亚经济一体化是南亚区域经济合作的路径，并以此为基础展开论述。国外相关研究则趋向两个方面：要么是对南亚区域经济合作的具体协议、成果的评估；要么是将区域经济合作置于南亚地缘政治博弈的大背景下论述。本文试图在系统探讨南亚区域经济合作背景与现状的基础上，反思南亚经济一体化与建立南亚经济联盟的可行性，进而对南亚区域经济合作的未来趋势进行评估。

一 南亚区域经济合作的缘起

（一）经济形势的迫切需求

南亚人口占世界人口总数的 20%，而土地面积仅为世界土地面积的 3.1%。[②] 与此同时，原油、褐煤、天然气、锑、钢、金、银、锌、铅、钨等重要矿物的储量均不到世界的 1%。[③] 面对庞大的人口基数与贫乏的自然资源，南亚各国经济发展的压力巨大，一直是世界最不发达的地区之一。在世界 36 个最不发达国家中，南亚地区占到了 4 个。南亚地区国民生产总值（GNP）只占世界总产值的 2%，粮食产量仅占世界总产量的 12%。[④] 20 世纪 70 年代，南亚地区的出口额仅占世界出口总额的 0.6% ~ 0.8%，进口额仅占

[①] 比较重要的成果包括：袁群、安晓敏《南亚区域经济合作的现状、问题与前景》，《经济问题探索》2010 年第 10 期；郎平《区域经济一体化如何突破安全困境——以南亚区域合作联盟为例》，《国际安全研究》2014 年第 6 期；杨文武、朱俭《试论南亚区域经贸合作发展的经济制约因素》，《南亚研究季刊》2006 年第 2 期；戴永红、王俭平《环孟加拉湾多领域技术经济合作倡议：转型与前景》，《南亚研究季刊》2019 年第 3 期；吴兆礼《印度推进"孟不印尼"次区域合作的政策路径——兼议其与中国经济走廊倡议对接的愿景》，《太平洋学报》2017 年第 5 期。其余著作、论文成果多集中于 20 世纪 90 年代，对研究南亚区域经济合作的早期发展阶段具有参考意义。

[②] Imtiaz H. Bokhari, "South Asian Regional Cooperation: Progress, Problems, Potential, and Prospects," *Asian Survey*, Vol. 25, No. 4, 1985, p. 372.

[③] 以上为 20 世纪 80 年代数据。

[④] 锋君、唐璐：《南亚区域合作联盟发展趋势》，《南亚研究》1987 年第 3 期，第 22 页。

世界进口总额的 0.9%～1.3%。[1]

在这种背景下，1973 年与 1978 年接连爆发的两次世界石油危机使得南亚各国的经济雪上加霜。一方面，随着国际石油价格猛增约 11 倍，石油产品基本依赖进口的南亚国家不得不背负更加沉重的财政负担。[2] 另一方面，石油危机引发的世界性经济衰退给南亚国家造成了巨大的经济打击。与此同时，发达国家的经济政策则趋于内向，逐步转向贸易保护主义并大幅削减发展援助。随后进行的南北对话也没有取得预期效果。棉花、茶叶等该地区主要出口产品价格在 1981～1988 年下跌了 33%～55%。经济合作与发展组织（Organization for Economic Co-operation and Development）成员国提供的官方发展援助占国民生产总值的比重则从 0.48% 降至 0.36%。受此影响，南亚各国的经常性外债在 1970～1988 年增加了 7.26 倍，达到了 198.66 亿美元。[3]

面对严峻的经济形势，南亚国家亟须通过开展国际合作的方式发展经济，但北方国家的僵硬态度使得南亚国家难以向域外大国寻求帮助。这成为开启南亚区域经济合作的重要背景。

（二）世界其他地区的示范作用

1958 年欧共体成立后，世界其他地区也积极开始了区域经济合作尝试，南亚国家不可避免地受到影响。在 20 世纪 60 年代东南亚国家联盟（Association of Southeast Asian Nations）尚在筹备之时，印度便流露出愿意加入的想法；20 世纪 80 年代初，斯里兰卡也曾多次申请加入东盟。[4] 南亚国家也积极加入亚洲及太平洋经济社会委员会（ESCAP）这类大区域合作组织。不过，南亚地区内部的区域经济合作一直处于空白状态。

从历史上看，南亚拥有区域经济合作的有利条件。这一地区长期处于文化互动、经济互通的状态下，尤其是英国殖民统治建立后，南亚区域内的政治、文化、经济、社会整合得以大力推进。就区域经济合作而言，南亚次大陆的铁路、公路网络已初步成形，各地区的经济分工已建立，劳动力流动也

① 锋君、唐璐：《南亚区域合作联盟发展趋势》，《南亚研究》1987 年第 3 期，第 22 页。
② *BP Statistical Review of World Energy 2015*，London：BP，June 2015，p.15.
③ 王宏纬主编《南亚区域合作的现状与未来》，四川大学出版社，1993，第 4 页。
④ 王宏纬主编《南亚区域合作的现状与未来》，四川大学出版社，1993，第 5 页。

很通畅，有着较好的区域内经济合作基础。该地区的经济合作条件较好。[①]
反观东南亚地区，英、法、荷等的殖民地交错并存，有着不同的经济体系，
各国间的经济交流存在明显的阻滞现象。[②] 可是，合作基础远逊于南亚的东
南亚却依托东盟成功将各个国家逐步整合在一起，这极大地刺激了南亚诸国
的政治精英。他们随后也在南亚地区积极倡导区域合作，其中经济合作被提
上了议事日程。

（三）区域地缘政治的影响

对南亚各国而言，区域经济合作并不陌生。该设想早在 1947 年 4 月召开
的亚洲关系会议（Asian Relations Conference）上就曾被提出，但由于纷繁复
杂的地缘政治的演变与南亚各国的博弈，合作一直都停留在倡议层面。

在南亚内部，1950~1975 年的地缘政治主题集中在印度与巴基斯坦对南
亚地区领导权的争夺上。1971 年，印度通过第三次印巴战争成功肢解了巴基
斯坦，1972 年孟加拉国宣布独立。在这一对抗的大背景下，印度加强了对尼
泊尔、不丹的外交控制，并在 1975 年吞并了锡金。这一时期，印巴又分别援
引外部力量参与南亚地缘政治争夺，巴基斯坦领导层"通过展示一个割裂了
历史文化传统并与南亚地区相隔离的国家形象，试图证明巴基斯坦存在的合
法性"[③]，巴基斯坦加强与美国、中国以及中东伊斯兰国家的联系，而印度则
强化了与苏联的军事合作。

1975~1980 年，随着巴基斯坦势力的收缩，南亚呈现印度一家独大的态
势，但地缘政治中的不稳定因素依然广泛存在：西北部印巴传统对抗仍在继
续；东北部印度—孟加拉国水资源争端所引发的新对抗也愈演愈烈；南部斯
里兰卡内战与印度的介入导致了前景未明的族群对抗。中美关系的缓和及对
苏联的战略优势，则迫使苏联以 1979 年对阿富汗的入侵为回应，寻求南方
"温暖水域的港口"。[④] 巴基斯坦首先受到苏军入侵的冲击，而印度则持观望

---

① 〔美〕斯坦利·沃尔波特：《印度史》，李建欣、张锦冬译，东方出版中心，2013，第 237~247 页。

② Pushpa Thambipillai，"Prospects for South Asian Regional Cooperation：Lessons from ASEAN，" *Contemporary Southeast Asia*，Vol. 8，No. 4，1987，p. 321.

③ Maneesha Tikekar，"Cultural Iniom in the Indo-Pak Conflict，" in P. M. Kamath，ed.，*India-Pakistan Relations：Courting Peace from the Corridors of Wars*，New Delhi：Promilla and Company，2005，p. 196.

④ 〔美〕斯坦利·沃尔波特：《印度史》，李建欣、张锦冬译，东方出版中心，2013，第 411 页。

态度，进一步撕裂了南亚内部关系。

可以看出，1950~1980 年，南亚内部以对抗、冲突为主线的地缘政治格局决定了区域经济合作难以在实质上取得进展。不过，正如沃尔波特指出的，印度从苏联入侵阿富汗的战争中看到了历史上南亚遭受西北方入侵的预示——从雅利安人、贵霜人、阿拉伯人、蒙古人、波斯人到苏联人——印度和巴基斯坦逐步协调双方在阿富汗冲突中的立场①，加之印巴应对国内危机的需求，都软化了双方的对抗态势。而印度综合国力远超巴基斯坦的现实使其战略视野不再局限于次大陆，它需要周边环境的稳定来使其在亚洲乃至世界发挥更大的作用。巴基斯坦则因国内各种困境而空前衰弱，其挑战印度的成本急剧增加，而与印度进行军事和经济合作的动机却在增长。② 这一时期孟加拉国的倡议为印巴寻求区域合作提供了一个契机。

二 南亚区域经济合作的历程及成果

成立南亚区域合作组织的设想最早由孟加拉国领导人齐亚·拉赫曼（Ziaur Rahman）在 1977 年提出，并于 1980 年正式发出倡议。③ 在随后的 1983 年 8 月，南亚七国外长第一次会议通过了《区域合作宣言》（*Declaration on Regional Cooperation*），标志着南亚区域合作的正式起步。此后，各国又在 1985 年 12 月签署了《达卡宣言》（*Dhaka Declaration*）。该文件的签署意味着南亚区域合作联盟（SAARC，简称"南盟"）的诞生。

南亚区域经济合作之初，各国都采取了试探性态度。议题未涉及经济部门的核心，而多局限在电信、气象、卫生等技术性领域。④ 1986 年 3 月，南盟在伊斯兰堡召开了关于"国际经济问题"的部长级会议，强调了加强经济合作的重要性，但实际进展不大。1991 年，南亚各国专家在南盟框架下完成了"贸易、制造业及服务业研究"的课题。在该研究指导下，1991 年 5 月，经济合作委员会（Committee on Economic Cooperation）宣告成立，后又于

---

① 〔美〕斯坦利·沃尔波特：《印度史》，李建欣、张锦冬译，东方出版中心，2013，第 412~413 页。
② 〔美〕苏米特·甘古利主编《印度外交政策分析：回顾与展望》，高尚涛等译，世界知识出版社，2015，第 20 页。
③ 高鲲、张敏秋主编《南亚政治经济发展研究》，北京大学出版社，1995，第 326~327 页。
④ 王宏纬主编《南亚区域合作的现状与未来》，四川大学出版社，1993，第 8 页。

1992 年 12 月成立了工商业协会（Chamber of Commerce & Industry）。上述部门致力于从整体上协调南亚的经济合作，并促进地区工商业的发展，使南亚区域合作有了机制性保障。[①]

此后，经过南亚各国的不懈努力，该区域的经济合作得到了长足推进，已经形成了区域（南盟）、次区域（各类地区性合作组织）与双边三个合作层面，合作机制日益完善。

（一）以南盟为平台的区域合作

1991 年 12 月，为了推动南亚地区的贸易自由化，南盟在第六届首脑峰会上决定成立专门机构，为未来《南盟优惠贸易协定》的制定进行预先研究。[②] 1993 年 4 月，南盟第七届首脑峰会签署了《南盟优惠贸易协定》，并在 1995 年 12 月正式生效。该协议有着里程碑式的意义，标志着南亚区域自由化贸易进程进入了实质推进阶段。《南盟优惠贸易协定》规定各国可自愿申报可降低关税的商品。截至 2010 年，南亚各国已经进行了四轮谈判，关税优惠商品种类已上升至 5000 项。[③]

《南盟优惠贸易协定》签署后，深受鼓舞的南亚各国将设立自由贸易区定为下一阶段的目标。1995 年 12 月，南盟第十六届部长会议开始进行南亚自由贸易区的准备工作，旨在促进南亚地区的双边、多边自由贸易与经济合作，取消缔约国之间的贸易壁垒以创造公平竞争条件，在兼顾不同国家经济发展水平的前提下保证所有缔约国获得均等利益。[④]

为完成上述目标，南盟于 1996 年成立了一个跨政府专家小组。此后又于 1998 年成立了专门的专家委员会以进行相关的准备工作。经过近九年的筹备，《南亚自由贸易区条约》（*South Asian Free Trade Area Agreement*）最终在 2004 年 1 月召开的南盟第十二届首脑峰会上被通过。其管理部门为部长理事

[①] "Area of Cooperation-Economic and Trade," South Asian Association for Regional Cooperation, 2015, http://www. saarc-sec. org/areaofcooperation/cat_detail. php? cat_ id = 45.

[②] "Colombo Declaration," South Asian Association for Regional Cooperation, 2015, http://www. saarc-sec. org/userfiles/06-COLOMBO-6thSummit1991. pdf.

[③] "SAARC Preferential Trading Arrangement（SAPTA）," South Asian Association for Regional Cooperation, 2015, http://www. saarc-sec. org/areaofcooperation/detail. php? activity_ id = 4.

[④] 袁群、安晓敏：《南亚区域经济合作的现状、问题与前景》，《经济问题探索》2010 年第 10 期，第 162 页。

会（Ministerial Council），而政策咨询机构则为专家委员会（Committee of Experts）。① 该条约于 2006 年 1 月生效，南亚自贸区随即建立。南亚自贸区的建立为促进该地区的经济合作做出了突出贡献，区域内贸易额提升显著（见图 1）。②

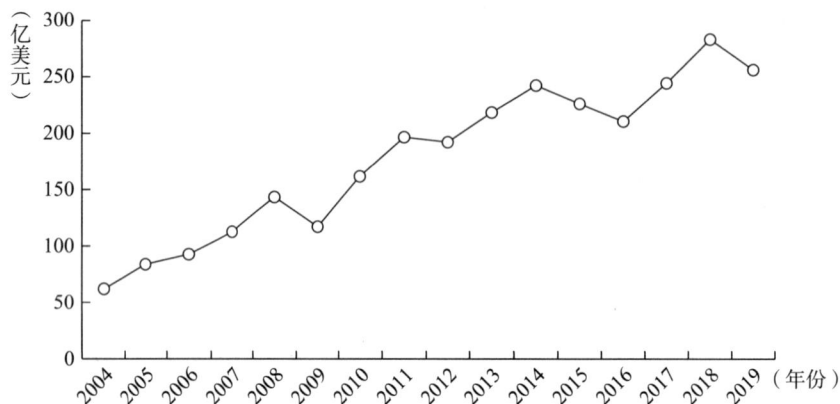

图 1　2004~2019 年南盟地区内出口额

资料来源："Regional Trade Analysis," World Integrated Trade Solution, 2020, http://wits.worldbank.org/regional-trade-analysis-visualization.html。

近年来，南盟继续推进经济一体化建设，经济合作机制日益完善。例如：为解决部分国家缺少发展资金的问题，南盟于 2005 年 11 月设立了地区发展基金（Development Fund）。此后，为解决各国间的贸易纠纷，南盟又在 2009 年 1 月成立了仲裁委员会（Arbitration Council）。此外，随着南亚各国间服务贸易的日益增加，南盟第十六届首脑峰会签署了《服务贸易协定》（*Agreement on Trade in Services*）。2011 年 8 月，南盟又成立了区域标准化组织（RSO），进一步提升地区内贸易活动的标准化水平。③

未来，南亚准备进一步推进地区经济一体化，成立"南亚经济联盟"（South Asian Economic Union）。南盟已经在亚洲开发银行（Asian Development Bank）的帮助下完成了第二期"区域经济一体化研究"，为区域合作的进一步深入奠定了必要的理论基础。南盟区域经济合作的短期工作重点将放在扩

① "South Asian Free Trade Area（SAFTA），" South Asian Association for Regional Cooperation, 2015, http://www.saarc-sec.org/areaofcooperation/detail.php? activity_id=5.

② "South Asian Free Trade Area（SAFTA），" South Asian Association for Regional Cooperation, 2015, http://www.saarc-sec.org/areaofcooperation/detail.php? activity_id=5.

③ "Area of Cooperation-Economic and Trade," South Asian Association for Regional Cooperation, 2015, http://www.saarc-sec.org/areaofcooperation/cat-detail.php? cat_id=45.

大关税减免商品范围、消除非关税与准关税壁垒、统一商品认证标准、通关便利化等方面，同时将会为地区内最不发达的内陆与小岛国家提供必要的经济发展援助。[①]

（二）次区域经济合作

在南亚区域经济合作不断推进的情况下，南亚的次区域经济合作也在 20 世纪 90 年代以后获得了较快发展。

1997 年 4 月，为了回避印巴紧张关系所造成的不确定局面，印度与孟加拉国、尼泊尔、不丹成立了"南亚增长四角"（SAGQ）。与南盟致力于从整体上促进南亚地区的经济一体化不同，"南亚增长四角"以经济项目合作为主，并不要求成员国改变其经济政策。该组织试图以交通、通信、能源等领域的项目合作为基础，推动次区域经济发展。不过，由于基础设施建设滞后与缺少资金，"南亚增长四角"在很长时间里都未能发挥预想的积极作用。[②]

面对"南亚增长四角"的发展困境，印度等四国向亚洲开发银行寻求帮助。在随后的 2001 年，促成了"南亚次区域经济合作项目"（SASEC）。该项目将合作范围进一步扩大至马尔代夫与斯里兰卡，合作重点则没有明显变化，仍主要关注交通与贸易便利化以及能源合作，运作资金与技术支持则主要来自亚洲开发银行。[③]

亚洲开发银行的资金注入后，"南亚次区域经济合作项目"的运作相对比较成功。通过这个合作项目，六国间的贸易额有了显著提升。[④] 印度与孟加拉国、尼泊尔、不丹间的交通状况也有了明显改善，这也是次区域合作项目中的一大重点。仅在 2012~2013 年，"南亚次区域经济合作项目"就在交通领域投入了约 41 亿美元，占总投资额的 87.2%。其中，西孟加拉走廊开发项目（West Bengal Corridor Development Project）极大地改善了不丹、尼泊尔、孟

① "Status Note on Eco and Fin Cooperation as on 22 January 2015," South Asian Association for Regional Cooperation, 2015, http://www.saarc-sec.org/areaofcooperation/detail.php? activity_ id = 50.

② Isher Judge Ahluwalia, "Economic Cooperation in South Asia," *Development Assistance Strategies in the 21st Century: Global and Regional Issues*, Tokyo: Japan Bank for International Cooperation, 2002, p. 321.

③ Sonu Jain, *Regional Cooperation in South Asia: India Perspectives*, Promoting Economic Cooperation in South Asia, Washington D. C.: World Bank, 2007, p. 305.

④ *South Asia Subregional Economic Cooperation*, Asian Development Bank, 2015, http://www.adb.org/countries/subregional-programs/sasec.

加拉国与印度间的交通状况，并使得不丹、尼泊尔能够使用印度的加尔各答等港口进行进出口贸易。[①] 截至 2022 年 3 月，"南亚次区域经济合作项目"的成员国已在交通、贸易便利化、能源、经济走廊、信息与通信技术等领域签署并实施了 72 个亚洲开发银行资助的投资项目，价值超过 172.7 亿美元（见表 1）。

表 1 2001～2022 年"南亚次区域经济合作项目"投资分布情况

单位：个

项目类别	项目数量	投资金额
交通	44	123.2 亿美元
能源	16	29.2 亿美元
经济走廊	7	19.3 亿美元
贸易便利化	3	8066 万美元
信息与通信技术	2	2080 万美元

资料来源："What is SASEC," South Asia Sub-regional Economic Cooperation, 2022, https://www.sasec.asia/index.php? page=what-is-sasec。

以"南亚增长四角"和"南亚次区域经济合作项目"为依托，印度在 2013 年提出了"孟不印尼"（BBIN）次区域合作倡议。四国已经于 2015 年 6 月签署了《机动车辆协议》（Motor Vehicle Agreement），就水资源开发和交通问题成立了多个工作组，并举办了多次会议。同时，印度还希望能将该次区域合作扩展至斯里兰卡和马尔代夫，将其升级为"BBIN+2"。[②]

几乎与"南亚增长四角"成立同时，南亚与东南亚的部分国家于 1997 年 6 月成立了"孟印斯泰经济合作组织"（BIST-EC），东南亚的缅甸以及南亚的不丹、尼泊尔又陆续加入了该组织。"南亚增长四角"也因此被改组为"环孟加拉湾多领域经济技术合作倡议"（BIMSTEC）（简称"环孟倡议"）。与参与国数量的逐步增加同步，环孟倡议的合作领域也从最初的运输、贸易、投资逐渐扩展至气候变化乃至反恐、人文交流等领域。其性质也由单纯的经济合作组织升级为全方位合作平台。该组织也因此成为两地区间重要的跨区域合作组织。[③]

---

① *South Asia Subregional Economic Cooperation*, Mandaluyong: South Asia Sub-regional Economic Cooperation, 2013, pp. 3, 9.

② 吴兆礼：《印度推进"孟不印尼"次区域合作的政策路径——兼议其与中国经济走廊倡议对接的愿景》，《太平洋学报》2017 年第 5 期，第 34～36 页。

③ "Overview," Bay of Bengal Initiative for Multi-Sectoral Technical and Economic Cooperation, 2015, http://www.bimstec.org/index.php? page=overview.

环孟倡议在运作中的最大亮点是，每个合作领域均由一个国家负责分管，充分调动各国参与合作的积极性（见表2）。每个合作领域的具体分管国政府将负责选定具体的合作项目，并组织专家小组进行前期研究工作。① 环孟倡议的最高决策机关是首脑峰会，每两年举办一届。贸易/经济部长会议（Trade/Economic Ministerial Meetings）主要负责监督项目进展，视项目的具体进展情况每一年至两年举办一届。高级贸易/经济官员会议（Senior Trade/Economic Officials' Meetings）则负责项目的具体执行工作，每年举办一届。此外，该组织还设有商务与经济论坛（Business Forum and Economic Forum），作为组织内的跨国政企交流平台。②

表 2 环孟倡议经济合作领域分管情况

领域	贸易与投资	技术	能源	运输	旅游	渔业	农业	扶贫
分管国	孟加拉国	斯里兰卡	缅甸	印度	印度	泰国	缅甸	尼泊尔

资料来源："Sectors," Bay of Bengal Initiative for Multi-Sectoral Technical and Economic Cooperation，2015，http://www. bimstec. org/index. php？page＝sectors。

环孟倡议还计划建立一个跨南亚与东南亚地区的自由贸易区，并在2004年签署了《环孟倡议自由贸易区框架协议》（*BIMSTEC FTA Framework Agreement*）。同年起，其成员国便开始就自贸区协议的具体细节进行谈判。③ 经历了十年的漫长谈判，成员国终于在2014年召开的第三届首脑峰会上签署了《货物贸易协议》与《海关事项合作与互助协定》。④

2018年召开的第四届环孟倡议首脑峰会又提出了建立"环孟倡议发展基金会"（BDF）的计划。该基金会除了为组织的运行、课题研究提供费用外，还为各成员国的工程与各类项目提供资金或贷款支持，将该区域合作的范围进一步扩展至金融领域。⑤

① "Sectors," Bay of Bengal Initiative for Multi-Sectoral Technical and Economic Cooperation，2015，http://www. bimstec. org/index. php？page＝sectors.

② "Mechanism," Bay of Bengal Initiative for Multi-Sectoral Technical and Economic Cooperation，2015，http://www. bimstec. org/index. php？page＝bimstec-mechanism.

③ "Free Trade Agreement," Bay of Bengal Initiative for Multi-Sectoral Technical and Economic Cooperation，2015，http://www. bimstec. org/index. php？page＝bimstec-mechanism.

④ 戴永红、王俭平：《环孟加拉湾多领域技术经济合作倡议：转型与前景》，《南亚研究季刊》2019年第3期，第92~93页。

⑤ 戴永红、王俭平：《环孟加拉湾多领域技术经济合作倡议：转型与前景》，《南亚研究季刊》2019年第3期，第92页。

（三）南亚区域内的双边经济合作

南亚国家经济发展水平存在显著差异，进展缓慢的区域合作难以满足所有国家对于经济发展的要求；而印巴等国间巨大的政治分歧也成为南亚区域经济合作难以克服的巨大阻碍。在此情况下，形式多样的双边经济合作便成为南亚各国间开展经济合作的主要途径，而南亚区域、次区域的经济合作只是对双边合作的一个补充。

1. 自由贸易协定

旨在消除贸易壁垒、促进经济一体化的自由贸易区谈判是南亚地区双边经济合作的最高形式。目前，南亚地区共签订了印度—斯里兰卡、巴基斯坦—斯里兰卡两个自由贸易协定。

印巴两国一直是斯里兰卡在南亚地区最为重要的贸易伙伴。随着 1998 年印巴核军备竞赛的开始，已经有所缓和的南亚局势再次紧张起来，南盟层面上的区域经济合作也陷入停滞。为促进双边经济合作朝着更健康、更可持续的方向发展，尽可能维护本国经济利益，斯里兰卡与印巴两国在 20 世纪 90 年代末先后开始了自由贸易谈判，并分别于 1998 年和 2002 年签署了《印度—斯里兰卡自由贸易协定》（*Indo-Sri Lanka Free Trade Agreement*）、《巴基斯坦—斯里兰卡自由贸易协定》（*Pakistan-Sri Lanka Free Trade Agreement*）。两协定均允许有关国家各自划定一份免于关税减免的"敏感清单"（Sensitive Lists），其余商品的关税将在 3~8 年的时间内逐步取消。随着上述协定于 2000 年、2005 年先后生效，斯里兰卡与印巴两国的双边贸易得到了极大促进（见图 2、图 3）。自由贸易协定对印度—斯里兰卡贸易的提振作用更为明显。上述协定的另一个积极影响则是使斯里兰卡成为外部资本、商品免税通往印度、巴基斯坦市场的跳板，从而极大地提升了斯里兰卡的外商直接投资水平。[1] 为了进一步加深在服务贸易、投资等领域的经济合作，斯里兰卡还就签署"全面经济合作协定"与印巴两国展开谈判。[2]

[1] Sonu Jain, "Regional Cooperation in South Asia: India Perspectives," *Promoting Economic Cooperation in South Asia*, Washington D.C.: World Bank, 2007, p. 304.
[2] 孙乐东：《斯里兰卡将重启与印度全面经济伙伴协定谈判》，驻斯里兰卡使馆经商参处，2011 年 2 月 14 日，http://lk.mofcom.gov.cn/aarticle/jmxw/201102/20110207399322.html。

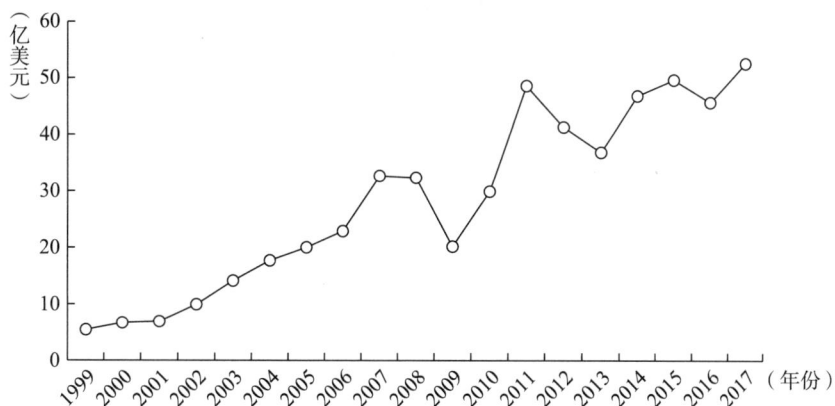

图 2　1999～2017 年印度和斯里兰卡贸易额

资料来源："Country Profile," World Integrated Trade Solution, 2020, http://wits. worldbank. org/CountryProfile/Country/LKA/StartYear/1995/EndYear/1999/TradeFlow/Export/Indicator/XPRT-TRD-VL/Partner/IND/Product/all-groups。

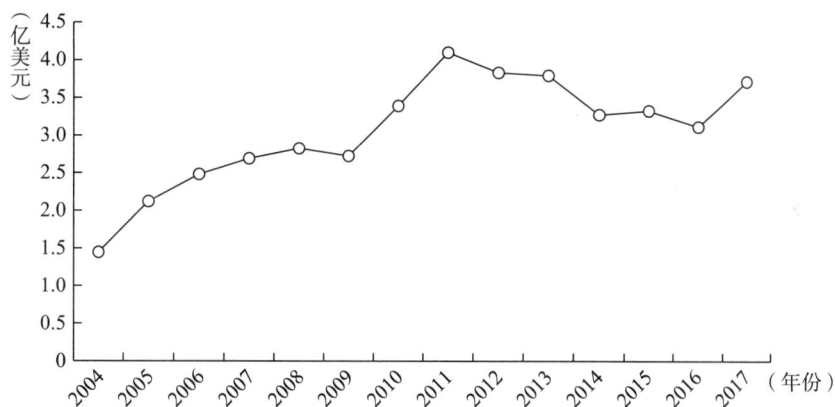

图 3　2004～2017 年巴基斯坦和斯里兰卡贸易额

资料来源："World Integrated Trade Solution," World Integrated Trade Solution, 2020, http://wits. worldbank. org/CountryProfile/Country/LKA/StartYear/2005/EndYear/2009/TradeFlow/Export/Indicator/XP-RT-TRD-VL/Partner/PAK/Product/all-groups#。

2. 双边贸易协定

南亚地区内部广泛存在着各类双边贸易协定，涉及内容千差万别，例如《印度-孟加拉国贸易协定》（*India-Bangladesh Trade Agreement*）的重点在于实现两国间跨境运输的便利化，《阿富汗-巴基斯坦过境贸易协定》（*Pakistan-Afghanistan Transit Trade Agreement*）使得阿富汗可以利用卡拉奇港（Karachi）进行对外贸易，《印度-马尔代夫贸易协定》（*India-Maldives Trade Agreement*）给予了双方贸易最惠国待遇，而《印度-阿富汗优惠贸易协定》（*India-Afghani-stan Preferential Trade Agreement*）则使得两国的部分商品可在双边贸易中享受关税减免待遇。[①]

在众多双边贸易协定中，印度与尼泊尔、不丹两国签署的协定包含内容最为广泛，实施也最为成功。独立后，凭借共同的历史、语言、地缘、民族和社会联系，印度与尼泊尔、不丹两国便建立了特殊关系。1950 年与 1972 年，印度分别与尼泊尔、不丹两国签署了《印度-尼泊尔贸易协定》（*India-Nepal Treaty of Trade*）、《印度-不丹贸易和过境协定》（*India-Bhutan Trade and Transit Agreement*）等重要协定。[②] 在随后的数十年中，印度与两国的贸易协定历经多次增补与修订，各类贸易壁垒逐渐消除。虽然没有签署正式的自由贸易协定，但印度与尼泊尔、不丹两国实际上已经分别在 1991 年与 1995 年建成了自由贸易区，经济整合步伐远超其他南亚国家。[③] 1999 年，从印度的进口额分别占到了尼泊尔、不丹进口总额的 46% 与 75%；对印出口额则分别占两国出口总额的 35.6% 与 94.5%。[④] 目前，在对印度双边贸易中处于弱势的尼泊尔、不丹基本上可以在不受限制的情况下对印度进行出口，而印度对两国的出口则要被征收关税或受到贸易配额这类非关税限制。同时，印度还要为尼泊尔、不丹两国与第三国之间的贸易提供交通便利。[⑤]

三　南亚区域经济合作的挑战

南亚区域经济合作经过多年的发展已经在促进贸易自由化、地区一体化

[①] "Brief on India's Current Engagements in RTAs," Department of Commerce, 2007, http://commerce. nic. in/india_ rta_ main. htm.

[②] Valentine J. Belfiglio, "India's Economic and Political Relations with Bhutan," *Asian Survey*, Vol. 12, No. 8, 1972, p. 680; Gyanu Raja Shrestha, *Nepal-India Bilateral Trade Relations: Problems and Prospects*, New Delhi: Research and Information System for the Non-Aligned and other Developing Countries, 2003, p. 27; "Brief on India's Current Engagements in RTAs," Department of Commerce, 2007, http:// commerce. nic. in/india_ rta_ main. htm.

[③] Dushni Weerakoon, "SAFTA: Current Status and Prospects," *Promoting Economic Cooperation in South Asia*, Washington D. C.: World Bank, 2007, p. 86.

[④] "Country Profile," World Integrated Trade Solution, 2020, http://wits. worldbank. org/CountryProfile/ Country/NPL/Year/1999/TradeFlow/Export/Partner/all/Product/Total.

[⑤] "Brief on India's Current Engagements in RTAs," Department of Commerce, 2007, http://commerce. nic. in/india_ rta_ main. htm.

等方面取得了一定成果。不过其中存在的问题也是十分明显的。

（一）区域内贸易水平低，结构失衡

随着南亚区域经济合作的不断推进，其区域内贸易在绝对数额上有了显著增加。1988 年，南亚区域内的出口额仅有 4.12 亿美元；到 2018 年，这一数字已上升至 290.09 亿美元。[①] 不过，从相对值上看，南亚区域经济合作的成果十分有限。印度是南亚最大的经济体。然而，1988~2018 年，该国与南亚其他国家贸易额的比重仅从 1.57% 增加至 3.1%。[②] 可以说，尽管有着区域、次区域合作组织，以及自由贸易区等平台或激励措施，但南亚地区内部的经贸水平却没有显著提升。南亚地区内贸易额绝对值的提升似乎只是各国贸易总量增加，而不是南亚地区一体化带来的。若与世界其他地区进行横向比较，南亚地区经济一体化的滞后性就更加暴露无遗。2018 年，欧洲与中亚（作为一个地区）、亚太、北美、撒哈拉以南非洲、拉美、中东地区内出口额占其出口总额的比例分别为 70.7%、51.72%、32.32%、20.06%、15.11%、13.44%，而南亚地区的这一数字仅为 8.34%，是全世界最低的。[③]

南亚内部有限的贸易还存在着明显的结构不合理现象。第一，印度凭借自身在南亚的绝对经济优势，长时间在区域内部贸易中处于巨额顺差地位（见表 3）。第二，印度与南亚其他国家的贸易也呈现不对等的依赖现象，即其他国家对印度的贸易依赖要远远高于印度对这些国家的贸易依赖（见表 4）。

表 3　南亚国家区域内贸易情况

单位：万美元

	阿富汗	孟加拉国	不丹	印度	马尔代夫	尼泊尔	巴基斯坦	斯里兰卡
出口	147715.7	60753.7	52163.5	2464472.4	1115.7	43152.6	287672.0	111666.3
进口	289574.9	681249.5	79551.2	456952.1	46210.1	658068.2	261502.1	505020.1

---

① "Regional Trade Analysis," World Integrated Trade Solution, 2020, http://wits.worldbank.org/regional-trade-analysis-visualization.html.

② "Country Profile," World Integrated Trade Solution, 2020, http://wits.worldbank.org/CountryProfile/Country/IND/Year/1988/TradeFlow/Export/Partner/by-region/Product/Total/Show/Partner Name; Export (US$ Thousand); Export Product Share (`); /Sort/Partner Name.

③ "Regional Trade Analysis," World Integrated Trade Solution, 2020, http://wits.worldbank.org/regional-trade-analysis-visualization.html.

续表

	阿富汗	孟加拉国	不丹	印度	马尔代夫	尼泊尔	巴基斯坦	斯里兰卡
顺差	−141859.2	−620495.8	−27387.7	2007520.3	−45094.4	−614915.6	26169.9	−393353.8

注：孟加拉国数据为 2015 年，不丹为 2012 年，尼泊尔为 2017 年，其余为 2018 年。

资料来源："Country Profile," World Integrated Trade Solution, 2020, http://wits. worldbank. org/Country-Profile/Country/NPL/Year/2012/TradeFlow/Export/Partner/all/Product/Total。

表 4　印度与南亚其他国家的贸易依赖情况

单位：%

印度对南亚其他国家的贸易依赖							
	阿富汗	孟加拉国	不丹	马尔代夫	尼泊尔	巴基斯坦	斯里兰卡
出口	0.23	2.71	0.20	0.73	2.26	0.73	1.45
进口	0.08	0.17	0.05	0.10	0.08	0.10	0.25
南亚其他国家对印度的贸易依赖							
	阿富汗	孟加拉国 *	不丹 **	马尔代夫	尼泊尔 ***	巴基斯坦	斯里兰卡 ***
出口	40.64	1.63	93.69	1.55	56.72	1.62	6.72
进口	4.78	12.24	78.80	9.68	64.95	3.21	21.08

注：* 为 2015 年数据，** 为 2012 年数据，*** 为 2017 年数据，其余为 2018 年数据。

资料来源："Country Profile," World Integrated Trade Solution, 2020, http://wits. worldbank. org/Country-Profile/Country/LKA/Year/2014/TradeFlow/Export。

（二）经济合作形式大于内容

虽然南亚地区的区域经济合作相较于 20 世纪 80 年代初启动时已经取得长足进展，但其合作仍存在着形式大于内容，缺少实质性成果的问题。

一方面，虽然经济合作已经成为南盟框架下多边合作的核心内容，南亚国家还成立了多个次区域经济合作组织，但由于制度建设的缺陷，这些组织难以从根本上推动南亚经济一体化。例如"南亚增长四角"、环孟倡议这类次区域合作组织均是以具体的项目合作为依托，并不把推动区域自由贸易作为组织发展的首要目标。虽然环孟倡议已经着手推行自贸区建设，并进入协商筹备阶段，但这个自贸区不仅未能整合南亚区域经济合作，反而由于将巴基斯坦与阿富汗排除在外，而显得有撕裂南亚经济区之嫌。南盟虽然将促进地区经济一体化列入了核心议题，并将建立拥有单一市场的经济联盟作为组织奋斗的最终目标，但由于南盟的秘书处仅对合作项目具有监督权，加之在争端解决方面缺乏制度性或法律约束机制，南盟很多经济合作协议、举措均仅停留在纸面上，难以得到落实。

另一方面，南盟虽已采取多种手段促使贸易自由化，但该地区贸易保护主义仍非常盛行。1989~1990 年，南亚国家的加权平均关税率高达 76%，而同一时期的东亚国家仅为 20%。① 20 世纪 90 年代以来，南盟虽然致力于通过签订特惠贸易协定与建设自由贸易区等手段促进地区内的自由贸易，但其成员国仍以保护本国工业为由将大量商品列入"敏感清单"，从而避免对进口产品实施关税减免。最初，地区内有多达 53% 的进口商品处于"敏感清单"之中。② 虽然经过了两轮缩减，但"敏感商品"总数仅相较于最初减少了 24.8%~37.7%（见表 5）。

表 5　南亚自由贸易区成员国"敏感清单"包含商品种数

单位：种

国别	原始"敏感清单"商品种数	缩减后"敏感清单"商品种数
阿富汗	1072	858
孟加拉国	1233（针对最不发达国家） 1241（针对其他国家）	987（针对最不发达国家） 933（针对其他国家）
不丹	150	156
印度	480（针对最不发达国家） 868（针对其他国家）	25（针对最不发达国家） 614（针对其他国家）
马尔代夫	681	154
尼泊尔	1257（针对最不发达国家） 1295（针对其他国家）	998（针对最不发达国家） 1036（针对其他国家）
巴基斯坦	1169	936
斯里兰卡	1042	837（针对最不发达国家） 963（针对其他国家）
合计	7952（针对最不发达国家） 7518（针对其他国家）	4951（针对最不发达国家） 5650（针对其他国家）

资料来源："Revised Sensitive Lists under SAFTA（Phase-II），" South Asian Association for Regional Cooperation，2015，http://www.saarc-sec.org/areaofcooperation/detail.php? activity_id=35。

（三）离心倾向明显

在南亚区域经济合作缓慢推进的同时，该地区部分国家却对与域外国家

① 袁群、安晓敏：《南亚区域经济合作的现状、问题与前景》，《经济问题探索》2010 年第 10 期，第 164 页。
② 郎平：《区域经济一体化如何突破安全困境——以南亚区域合作联盟为例》，《国际安全研究》2014 年第 6 期，第 71 页。

开展经贸合作表现出了更高的热情。南亚大多数国家与域外国家保持着更为紧密的经贸联系。除阿富汗、不丹与尼泊尔外，南亚各国的国际贸易重心均位于地区之外（见表 6）。印度已经与海合会（Gulf Cooperation Council）、新加坡、毛里求斯等建立了全面经济合作关系或成立了自由贸易区，经贸合作水平远超与南亚区域内其他国家。[①] 巴基斯坦则与中东和中亚国家共同成立了"经济合作组织"。此外，该国与中国的经济合作关系也十分密切。[②]

表 6 南亚各国主要进出口对象

单位：%

国家	第一大进口对象国	第二大进口对象国	第一大出口对象国	第二大出口对象国
阿富汗	伊朗（17.07）	中国（15.74）	巴基斯坦（42.86）	印度（40.64）
孟加拉国 *	中国（21.53）	印度（12.24）	美国（19.35）	德国（14.73）
不丹 **	印度（78.80）	韩国（3.12）	印度（93.69）	孟加拉国（4.12）
印度	中国（14.63）	美国（6.30）	美国（16.02）	阿联酋（8.85）
马尔代夫	阿联酋（18.13）	中国（16.49）	泰国（36.26）	德国（12.71）
尼泊尔 ***	印度（64.65）	中国（12.63）	印度（56.72）	美国（11.15）
巴基斯坦	中国（24.78）	阿联酋（14.41）	美国（16.09）	中国（7.69）
斯里兰卡 ***	印度（21.08）	中国（19.65）	美国（24.87）	英国（8.88）

注：* 为 2015 年数据，** 为 2012 年数据，*** 为 2017 年数据，其余为 2018 年数据。
资料来源："Partner," World Integrated Trade Solution, 2020, http://wits.worldbank.org/CountryProfile/Country/LKA/Year/2014/TradeFlow/Export。

总体上，南亚的区域经济合作仍处于起步阶段，合作规模较小、层次较低、结构失衡，且离心倾向明显，尚未实现质的突破。究其原因主要有两点。

从经济角度看，南亚各国的进出口商品同质化明显，这导致各国在相互贸易中缺少比较优势，经济互补性较差（见表 7）。因此，南亚国家往往对开展与域外国家的经济合作更感兴趣。

表 7 南亚各国进出口主要商品

国家	主要进口商品	主要出口商品
阿富汗	燃料	纺织品、蔬菜

[①] "Brief on India's Current Engagements in RTAs," Department of Commerce, 2007, http://commerce.nic.in/india_rta_main.htm.

[②] "Brief History," Economic Cooperation Organization, 2015, http://www.ecosecretariat.org/MainMenu/briefhistory.htm.

续表

国家	主要进口商品	主要出口商品
孟加拉国	纺织品、机械与电子产品、蔬菜	纺织品
不丹	金属、燃料、机械与电子产品	金属、燃料、矿物
印度	燃料、机械与电子产品、石材与玻璃	燃料、石材与玻璃、纺织品、化学制品
马尔代夫	燃料、机械与电子产品	动物、食品
尼泊尔	燃料、蔬菜、金属、机械与电子产品	纺织品、金属、蔬菜
巴基斯坦	燃料、机械与电子产品、化学制品	纺织品、蔬菜
斯里兰卡	燃料、纺织品、机械与电子产品	纺织品、蔬菜

注：主要进口/出口商品指的是进口/出口额占总进口/出口额 10% 以上的商品。

资料来源："Product Groups," World Integrated Trade Solution, 2020, http://wits. worldbank. org/Country-Profile/Country/LKA/Year/2014/TradeFlow/Export/Partner/WLD/Product/sector/Show/Product Group；Export (US $ Thousand)；Export Product Share (`)；/Sort/Product Group。

从政治角度看，南亚地区各国间政治分歧较大。作为该地区的核心国家，印度几乎与周边所有国家都存在领土争端。此外，水资源分配问题也是妨碍印度与孟加拉国、尼泊尔外交关系发展的重要因素，泰米尔人等族群的问题也影响了印度与斯里兰卡等国的双边关系发展。[①] 面对大量尖锐分歧，南亚各国往往把阻止周边潜在对手获利作为首要考量，共同发展经济、实现互利共赢则退居次要位置，导致各国间难以就经济合作协议达成共识。2005 年阿富汗加入南盟，虽然扩大了南盟的影响范围，但由于阿富汗政治、安全局势的动荡及其溢出效应，南亚的区域经济整合难度进一步增加。总之，虽然南亚各国在经济困境的驱使下与地区一体化风潮的裹挟下走上了区域经济合作的道路，然而地区一体化意识的缺失，尤其是各国都紧紧抱持贸易保护主义与地缘政治零和博弈的思维，使得区域内经济合作无法取得实质性进展。

结　论

目前，虽然南亚地区已经建立了自由贸易区，区域经济合作相较 20 世纪 80 年代初有了巨大推进，但在该地区资源禀赋、经济结构以及地缘政治结构的制约下，取得的实质成果十分有限。在现有成果尚未巩固，大部分目标仍

[①] 袁群、安晓敏：《南亚区域经济合作的现状、问题与前景》，《经济问题探索》2010 年第 10 期，第 164 页。

未落实的情况下，南盟又将成立具有单一市场特征的经济联盟定为下一个目标。这种"跨越式"发展规划与其说是经济计划，不如说是政治宣传。

首先，"南亚"仅是一个地理概念，并不涉及政治与经济内涵。南亚次大陆虽然在地理上存在一定的独立性和完整性，但这并不意味着这一地区具有实现区域经济整合的必要性与必然性，更不能表明该地区拥有开展区域经济合作的充分条件。虽然古代南亚曾是一个独立的文化区域，在殖民时期也基本处于英国的势力范围之内，但印巴分治彻底地改变了南亚的权力分配及地缘政治、经济格局，也从根本上破坏了南亚的统一性特征。如今，印度已经提出了旨在加强与亚太经济圈合作的"东向政策"，致力于加入以东亚、东南亚为中心的"发展亚洲"。相比之下，巴基斯坦则深陷"动荡亚洲"之中。自 2001 年美国开展"反恐战争"后，巴基斯坦的安全局势被迫与阿富汗紧密绑定。同时，巴基斯坦政府选择了"向西看"的政策，即在政治、经济与文化等领域积极与中东伊斯兰国家开展合作。目前，南亚地区在政治、经济上的割裂态势已十分明显，并有逐渐加剧的趋势。从这个角度看，南亚在地缘经济上已难以成为一个整体。在未来，印巴边境可能成为该地区的经济边界，经济整合将会在两个地区平行开展。

其次，目前南亚的区域经济合作显然是在仿照欧盟模式，即由自由贸易区、关税同盟和共同市场，向经济和货币联盟过渡。该模式虽然在世界其他许多地区都收到了良好效果，但并不适合南亚地区。上文已述，该地区并不存在进行区域整合的条件，而将"区域经济合作"等同于"经济一体化"实际上是将目的（经济合作与经济发展）与手段（经济一体化）混淆。南亚虽难以在整体上实现经济整合，但却在交通、能源、农业、减贫等领域存在着共同利益，有着广阔的合作空间。以项目合作为主要方式的"南亚次区域经济合作项目"与环孟倡议的良好运行已证明了这一点。因此，绕过一体化议题，在部分技术性领域寻求突破很有可能会成为未来南亚区域经济合作的发展趋势。

[责任编辑：申玉辉]

Abstracts

Further Exploration of the History, Characteristics, Theory, and Methods of Area Studies

Huang Minxing

Abstract: Before 1945, the studies of foreign countries in Europe and the U-nited States experienced the evolution from classical studies, history, and social sciences on the "Civilized World" to the Oriental Studies, which studies "Non Western Advanced Civilization", and anthropology, which studies the so-called colonial world of primitive peoples. The symbols of the social science system in the 19th century were disciplinarization, institutionalization, independence, and internationalization. After 1945, a new disciplinary framework was formed, especially the rise of complexity science and cultural research, which posed a serious challenge to the traditional social science framework. Area studies refer to the studies on other areas and countries in the world in social, economic, political, military, religious, cultural, linguistic, international relations and history aspects. Their characteristics include special research objects, unique research theories and methods combining basic and applied research, micro and macro research, qualitative and quantitative research, emphasis on field research, special requirements for languages, and strong applicability. The value and significance of area studies include enabling people to understand and master the specific situations of various societies, and obtaining objective local knowledge; providing materials for theoretical generalization and abstraction;

validating the existing theories and provide possibilities for further development of theories; promoting the development of other disciplines. Area studies in the West have obvious advantages internationally, but there are also weaknesses. China's area studies has a long history, while the modern related research began in the 1950s and has developed rapidly in recent years, but there are still some problems.

Keywords: Area Studies; History Characteristic; Theories Methods; Discipline Pattern

On the Animal Images in *The Rig Veda* and Its Cultural Significance

Zhong Dezhi

Abstract: *The Rig Veda* is one of the most important religious classics in ancient India, and its Hymns are the indispensable historical data, as it to some extent reflects the real Indian society at that time. The Indian people observation of animal images can be first recommended from the Indus civilization and a large number of seals with animal images have been unearthed in its ruins, the people gradually described the animal images in their daily life concretely and even abstracted them. In *The Rig Veda*, there are a number of poems related to animal images with distinctive special features. Through analyzing the animal images in *The Rig Veda* and their basic characteristics or the difference and inheritance views of the animal images, and integrating it with the archaeological materials of Indus civilization and relevant research results, my paper tries to find out the historical connection between the animal images in *The Rig Veda* and the religious culture of India in the Vedic Era.

Keywords: *The Rig Veda*; India; Animal Images; Cultural Significance

Himavanta Worship in Ancient India
—An Approach Through the Chinese Buddhism Scriptures

Yao Teng

Abstract: From the many records in the Chinese Translations of Buddhist scripture, it can be seen that ancient India regarded the Himavanta mountains with a wide range of natural geography as sacred spaces, and people believed that snow mountain regions were a cool holy land without trouble, a place where magical herbs multiply to cure evil diseases and improve the quality of life. It is the habitat of rare birds and animals, the dragon kings, and the spiritual place where ghosts, spirits, immortals and Buddhas are located. Although the worship to the snow mountains in ancient India has not yet formed a complete system, the construction of various spiritual signs in the sacred space of the mountains combined with the traditional mountain concept in China after the eastward spread, which affected the development of the worships in the mountains of Chinese Buddhism and contributed to the formation of the belief system of the sacred mountains of Buddhism in China.

Keywords: Ancient India; Himavanta; Sacred Space

Historical Evolution and Development of Feminism and Women's Movement in Pakistan

Lv Yaojun, Luo Yujia

Abstract: In the history of Pakistan, the budding of feminist consciousness is closely related to the anti-colonial struggle for independence. Along with the awakening of female consciousness, some organizations aimed at promoting women's rights and protecting women's status were gradually established. After the founding of Pakistan, the relationship between women's organizations and the state tended to be smooth due to the heroism of women in the struggle for independence and the emergence of different feminist thoughts. At the end of 1970s, the Islamic Revival Movement in Iran obviously hindered the further development of women's movement, thus women's organization and movement fell into a trough. The situation did not improve until the 1990s. Since the 21st century, under the influence of modernism, the debate about feminism has become increasingly intense. How to improve the status of women, empower women and find a path suitable for the development of women's organizations in South Asia has become an important issue of social concern.

Keywords: Pakistan; Feminism; Women's Organizations; Human Rights

India Parsi Philanthropy and Its Dynamics and Dilemmas

Xie Zhibin

Abstract: Although the Parsi community is a tiny community in India, it has a significant impact on India's economy, culture, and politics, especially in the field of philanthropy, which is widely influential and highly regarded. Parsi philanthropy covers a wide range of areas, including religious architecture, education, health care, daily life issues, disaster relief, etc. Moreover, Parsis' philanthropic donations are made to both the Parsi community in India and other communities in India, and even outside India in Iran, the United Kingdom, Hong Kong, China and other regions. The most important reason for their philanthropy is the idea of "three good things" advocated by Zoroastrianism, which emphasizes the necessity and importance of making a choice between good and evil and putting it into practice; on the other hand, it also stems from the special characteristics of the Parsis as a small and foreign group in India and their survival strategy. However, there is also a social trust crisis and a lack of organizational management in the philanthropy of the Parsi community.

Keywords: Parsi; India; Charity; Zoroastrianism

An Analysis of the Indian Caliphate Movement in 1919-1924

Li Xiaojuan

Abstract: After World War I, Indian Muslims were faced with marginalization crisis under British colonial rule. Under the influence of Pan-Islamism, they took defending the Ottoman Caliphate as the banner, United with Hindus, and launched the Caliphate Movement by means of non-violent and non-cooperative struggle. The movement began with the establishment of the Caliphate Committee in 1919 and ended with the abolition of the Caliphate system by Kemal in 1924. This movement has positive significance for promoting India's independence, but Muslims took Pan-Islamism as their guiding ideology in the nationalist era, which was not conducive to uniting the majority of Indian society, and ultimately failed to achieve the anti-colonial goal.

Keywords: India; The Caliphate Movement; Pan-Islamism; Religious Nationalism

The Evolution and Reality of the Secularist Way in Bangladesh

Yang Yulong

Abstract: Secularism, as a socio-political doctrine, ideology and political system, is the main political foundation of contemporary Bangladesh's national system. The formation of the modern Bangladesh country is based on the revolution of the secular nationalist movement. As a ruling party after independence, the Awami league launched a political concept emphasizing "Bengali nationalism" and "Secularism", but it failed to effectively adapt to Bangladesh Political setbacks. From

1975 to 1990, Bangladesh entered a stage of rapid development of Islamiza-tion. Religious political parties interfered in state affairs. The relationship between re-ligion and politics was blurred. The education system was religiousized. The secularist system and its constitutional spirit were abolished. After 1991, Bangladesh entered the stage of democratization, the Awami league returned to politics, and the restora-tion of the democratic system created a stable environment for Bangladesh to re-im-plement secularist reforms. Against this background, after the victory of the 2008 e-lection, Prime Minister Sheikh Hasina formulated a new secularist reform process, and made a lot of reforms in the constitution, political and religious relations, women's empowerment, legal system, etc. The process of secularization has re-es-tablished the important position of the principle of secularism in the country and soci-ety.

Keywords: Secularism; Awami league; New Secularism; Bangladesh

On the Origins, Development and Challenges of South Asia Regional Economic Cooperation

Cao Fengyu

Abstract: The severe economic situation and unstable regional geopolitics con-dition South Asian Countries faced since their independence and the demonstration effect of the integration of Europe and Southeast Asia spurred South Asian leaders to begin the process of regional economic cooperation in 1980s. After many years of de-velopment, the regional economic cooperation of South Asia has achieved different degrees of progress in three levels. Among them, the bilateral cooperation is the main body of South Asian regional economic cooperation while the regional and sub regional economic cooperation played supplementary roles. The level of South Asian regional economic cooperation is low and its structure is imbalanced. It is also lack of substantive content and faces a strong centrifugal tendency. In the future, the regional economic cooperation of South Asia should be bypassed the topic of economic integration and sought a breakthrough in some technical fields to achieve the development which suited for the actual situation of South Asia more.

Keywords: Regional Economic Cooperation; SAARC; BIMSTEC; India

《南亚问题研究》约稿启事

　　《南亚问题研究》是西北大学中东研究所、西北大学南亚研究中心主办的专业性学术辑刊。本刊专注历史研究，鼓励跨学科视角、学术创新、学术争鸣、学术个性与学派意识。主要刊发关于南亚历史研究的学术论文，栏目设置有南亚古代史研究、南亚专门史研究、南亚文明史研究、南亚史学理论研究、外论译介、学术史及书评等。热忱欢迎国内外同仁赐稿。

投稿要求

　　一、来稿应具有学术性与理论性，并且在选题、文献、理论、方法或观点上有创新性。

　　二、来稿一般不少于 2 万字，有相应的学术史回顾。文末应附：作者姓名、职称、学历、工作单位、通信地址、邮政编码、联系电话、电子邮箱，以及英文题目、摘要、关键词。

　　三、本刊注释采用脚注形式，引用文献需严格遵守学术规范，注明出处。

　　四、来稿文责自负，本刊编辑部有权对来稿做一定的修改或删节，如不同意，请在来稿中注明。

　　五、本辑刊已被中国知网（CNKI）收录，如有异议，请在来稿中说明。

　　六、请勿一稿多投，本刊实行双向匿名审稿制。无论稿件采用与否、进展如何，一个月内必定回复投稿人。

　　七、来稿一经刊用即奉稿酬，并赠样刊两本。

联系方式

　　投稿邮箱：xbdxnysyj@163.com

　　通信地址：陕西省西安市长安区学府大道 1 号西北大学中东所《南亚问

题研究》编辑部

    邮政编码：710127

    电话/传真：029-88302834

《南亚问题研究》编辑部

2022 年 6 月 1 日

《南亚问题研究》格式规范

[1] 文章标题：黑体小二，居中。标题注释采用脚注，用"＊"，如项目信息等。

[2] 作者简介：姓名置于文章标题下，宋体小四加黑。简介用脚注，姓名后用"＊＊"，注明工作单位和职称。

[3] 摘要和关键词：首行缩进2字符，内容用仿宋五号，单倍行距；"摘要""关键词"用黑体五号。"摘要"中间空一格。关键词3~5个，用空格隔开。

[4] 一级标题：宋体小四加粗，居中，用"一、"等排序。

[5] 二级标题：宋体五号加粗，缩进2字符，用"1."等排序。

[6] 正文：首行缩进2字符，五号字，中文用宋体，数字和字母用Times New Roman体，单倍行距。

[7] 注释：文章注释一律采用页下注，用"①"等排序。序号与首字之间空一格。所有脚注首行缩进2字符，其他行悬挂缩进与首行首字对齐。小五号字，中文用宋体（中文标点符号也要用宋体），数字和字母用Times New Roman体，单倍行距。同一文献注释第二次出现时不简写。

[8] 正文引用大段析出文献，前后不加双引号，五号楷体，首行缩进4字符，其他行缩进2字符。

附：注释规范

[1] **中文著作和译著类：**

①吴云贵、周燮藩：《近现代伊斯兰思潮与运动》，社会科学文献出版社，2007，第106页。

②彭树智主编《中东史》，人民出版社，2010，第257页。

③亚历山大·温特：《国际政治的社会理论》，秦亚青译，上海人民出版社，2014，第 110~111 页。

[2] **中文文章类：**

①胡雨、欧东明：《论哈桑·班纳的政治伊斯兰思想》，《阿拉伯世界研究》2010 年第 1 期。

②肖天祎：《一套埃及硬币里的中国功绩》，《光明日报》2019 年 6 月 19 日，第 12 版。

③张明华：《凯末尔时期土耳其妇女解放问题研究》，硕士学位论文，山西大学，2017，第 1~2 页。

④于涛、郑凯伦：《"一带一路"为阿中合作注入新动力——访埃及前总理埃萨姆·谢拉夫》，新华网，2018 年 7 月 13 日，http://www.xinhuanet.com/world/2018-07/13/c_1123122546.htm。

[3] **外文著作类：**

①Habib Boulares, *Islam: The Fearandthe Hope*, London and New Jeresy: Zed Books Ltd., 1990, p. 87.

② İlber Ortaylı, *İmparatorlu ġun EnUzunYüzyılı*, Istanbul: Kronik Kitap, 2018, pp. 63-65.

[4] **外文文章类：**

①George W. Gawrych, "Şemseddin Sami, Women, and Social Conscience in the Late Ottoman Empire," *Middle Eastern Studies*, Vol. 46, No. 1, 2010, pp. 97-102.

②Alfred W. McCoy, "How a Little Pink Flower Defeated the World's Sole Superpower," Foreign Policy in Focus, February 24, 2016, https://fpif.org/little-pink-flower-defeated-worlds-sole-superpower/.

③W. J. Hennigan, "The U. S. Sent Its Most Advanced Fighter Jets to Blow Up Cheap Opium Labs. Now It's Canceling the Program," TIME, February 21, 2019, https://time.com/5534783/iron-tempest-afghanistan-opium/.

④〔埃及〕萨阿德丁·沙兹利：《十月战争：萨阿德丁·沙兹利将军回忆录》（阿文版），开罗：观点出版发行社，2011，第 5 页。

图书在版编目（CIP）数据

南亚问题研究. 2024 年. 第 1 辑：总第 1 辑／韩志斌
主编；西北大学中东研究所，南亚研究中心主办. -- 北
京：社会科学文献出版社，2024. 1
ISBN 978-7-5228-2241-9

Ⅰ.①南… Ⅱ.①韩… ②西… ③南… Ⅲ.①南亚 -
历史 -研究 Ⅳ.①K350.7

中国国家版本馆 CIP 数据核字（2023）第 144714 号

南亚问题研究 2024 年第 1 辑（总第 1 辑）

主　　编／韩志斌

出 版 人／冀祥德
责任编辑／李明伟
文稿编辑／许文文
责任印制／王京美

出　　版／社会科学文献出版社 · 国别区域分社（010）59367078
　　　　　地址：北京市北三环中路甲 29 号院华龙大厦　邮编：100029
　　　　　网址：www.ssap.com.cn
发　　行／社会科学文献出版社（010）59367028
印　　装／三河市龙林印务有限公司

规　　格／开 本：787mm×1092mm　1/16
　　　　　印 张：14　字 数：231 千字
版　　次／2024 年 1 月第 1 版　2024 年 1 月第 1 次印刷
书　　号／ISBN 978-7-5228-2241-9
定　　价／89.00 元

读者服务电话：4008918866